사람이
먼저랍니다

사람이 먼저랍니다

어느 작은 농촌 중학교 목사가
길어 올린 글샘

초판 인쇄 2015년 5월 11일
초판 발행 2015년 5월 15일

지은이   한승진
발행인   윤석현
발행처   박문사
등 록   제2009-11호

주소   서울시 도봉구 우이천로 353 성주빌딩 3F
전화   (02) 992-3253 (대)
전송   (02) 991-1285
전자우편   bakmunsa@daum.net
홈페이지   http://www.jncbms.co.kr

편   집   최현아
책임편집   김선은

ISBN 978-89-98468-64-4 03230   정가 19,000원

사람이 먼저랍니다

어느 작은 농촌 중학교 목사가 길어 올린 글샘

한승진 지음

박문사

"삼가 이 책을 드립니다."

　지난 2001년 서울 변두리에서 살다가 지금의 자리로 오면서 귀한 분을 만났습니다. 이 분은 황등교회 고(故) 최규섭 장로님(1938년 9월 21일~2001년 5월 25일)이십니다. 장로님은 낯설고 숫기 없는 저와 제 아내에게 사랑으로 다가와 훈훈한 정으로 함께해 주셨습니다. 젊은 전도사가 멀고 먼 곳에 와서 적응 잘하여 좋은 일 많이 하기를 바라는 마음으로 제가 살 집을 손수 알아봐 주셨습니다. 또한, 교회에서 새벽 기도를 마치고 그냥 지나치지 못하시고 저희 집 앞에서 기도하기도 하셨습니다. 그렇게 사랑을 베풀어 주셨는데 안타깝게도 하나님의 부르심을 받으셨습니다. 서울 연세대 신촌 세브란스 병원에서 임종이 가까워졌다는 소식에 한달음에 달려갔습니다. 그때 저는 하나님의 품으로 가시는 장로님의 인자한 모습에 큰 감명을 받았습니다. 말씀은 제대로 못하셨지만 제가 와 준 것에 반가워하며 웃으시는 것만 같았습니다. 결국 장로님은 하나님의 품으로 떠나셨지만 지금까지 제 가슴 깊은 곳에는 사랑 받음의 기쁨과 도란도란 이야기 나누던 추억이 남아 있습니다. 장로님의 깊은 믿음과 사랑을 본받아 살아갈 것을 다짐하면서, 삼가 이 책을 고 최규섭 장로님께 바칩니다.

책을 펼치며

어쭙잖은 글을 쓰고 여러 번 책을 출간해 왔지만 이번 책은 제게 매우 뜻깊은 의미를 지닙니다. 이번 책이 지금까지 낸 책들보다 우수하거나 깊은 내용을 담아내서가 아니라, 잊지 못할 귀한 분을 그리워하면서 그분에게서 받은 사랑을 되새겨 보았고, 이런 만남과 사귐이 독자들에게도 있을 것 같기에 이를 되새겨 보시라는 의미를 담았습니다. 사람이 살다 보면 이런 사람, 저런 사람으로 수많은 사람과 만나고 관계 맺으며 삽니다. 저 또한 오랜 세월을 살아온 것은 아니지만 중년에 이른 지금 돌이켜 보면 참으로 소중한 사람들, 감사한 분들이 많았습니다. 사람됨이 모자라 그때그때 마음에서 우러나오는 감사를 표현하고 살아야 하는데 내향적인 성격과 게으름으로 이를 잘 표현치 못하여 미루다가 때를 놓치는 경우가 있어 안타깝습니다.

제 인생의 전환점이라고 할 수 있는 사건은 바로 지금의 터로 오게 된 것입니다. 서울 변두리에서 살다가 하나님의 섭리 가운데 아무런 연고도 없던 전북 익산시 황등이란 동네에 와서 산 지 벌써 15년째가 됩니다. 어느새 이렇게 세월이 흘러버렸습니다. 그동안 어찌 살았나 싶기도 하지만 가만히 생각해 보니 오랜 세월 동안 이런 일, 저런 일로 힘들기도 했고, 보람과 행복감도 맛보았습니다. 이제는 제게 소중한 아내와 네 아이도 함께합니다. 돌이켜 보니 모든 게 다 하나님의 은혜요, 저를 아껴 주신 분들의 사랑입니다.

제가 가끔 지난 세월을 반추하다 보면 꼭 떠올리는 분이 계십니다. 이 분은 고 최규섭 장로님이십니다. 장로님이 폐암으로 안타깝게도 하늘나라로 이사를 가신 바람에 더 많은 사랑의 깊이를 간직하지는 못했지만 제 가슴 깊은 곳에는 아직도 생생하게 간직하고 있는 분입니다. 이번에 책을 탈고하면서 번뜩 장로님이 떠올랐습니다. 제 책을 보시면 그 특유의 어린아이 같은 미소로 좋아하며 제게 덕담을 건네실 것만 같았습니다. 이 생각에 곧바로 유가족 대표이신 조정자 권사님께 이 뜻을 전했습니다. 권사님은 괜스레 제 책에 누가 될까 염려하셨지만 제가 꼭 그러고 싶다고 간청하니 흔쾌히 허락해 주셨습니다.

이 책만으로 장로님을 기리고 그리워하는 제 마음을 모두 담기에는 부족합니다. 사실 장로님과의 만남과 사귐을 담아낸 책이나 장로님의 전기를 써야 하는데 아직은 제 역량이 미치지 못하여 송구스럽습니다. 혹, 제 역량이 축적된다면 이 일을 해볼 수도 있겠지만 그저 이번에는 장로님과 이런저런 이야기를 풀어가던 그 시절처럼 그저 이런 생각, 저런 생각을 주저리주저리 장로님께 풀어 놓는 것이라고 생각해 보렵니다.

어느 저자의 책에서 큼지막한 글자체로 써 있던 '적자생존'을 보고 눈살이 찌푸려졌습니다. 지나치게 경쟁으로 치닫는 세상을 당연시하는 것 같아 마음이 매우 불편했습니다. 이런 이유로 안 읽으려다가 뭐든 배울 게 있기에 알아두려는 생각에 더 읽어 보니 웃음이 나왔습니다. 세상에, 적자생존은 제가 생각한 것처럼 약육강식의 무한경쟁을 말하는 피도 눈물도 없는 세상을 지향한다는 게 아니라 뭐든지 적어 두어야 잘 산다는 뜻이었습니다. 이건 요즘 제가 체감하는 것과 같습니다. 요즘 하도 바쁘다 보니 뭐든 적어두지 않으면 잊어버리곤 하여 메모의 중요성을 체감하는 중이었습니다. 글감을 찾거나 글쓰기에서도 메모 습관은 큰 도움이 되었습니다. 그러고 보니 적자생존이란 말이 참 멋집니다. 고 최규섭 장로님도 제게 꼼꼼하게 적어두는 게 당장은 귀찮아도 나중에 큰 재산이 된다는 조언을 해 주신 적이 있었습니다. 이 책은 알게 모르게 이제는 습관이 된 저의 메모 습관이 결실을 본 것이기도 합니다.

"글은 머리가 아니라 엉덩이로 쓴다."라는 말처럼 가슴에 와 닿는 말도 없을 것 같습니다. 이는 글이란 게 시간과 노력이 곁들어져야만 가능하다는 말일 것입니다. 그렇습니다. 저는 이렇다 할 취미 생활이나 사교 모임을 즐기지 않습니다. 그저 조용히 글을 읽고 사색하고 이를 메모해 두었다가 글로 다듬어내곤 하였습니다. 이렇게 꾸준함이 하나의 결실을 내는 것 같습니다. 보고 또 보고, 생각하고 또 생각하고, 쓰고 또 쓰고, 다듬고 또 다듬어야 하나의 책이 만들어지는 것 같습니다. 그러기에 잡다하게 시간을 허비하거나 일을 벌려 놓을 수 없습니다. 뭐든지 하나를 목표로 세웠으면 그 일에 집중하고 몰입해야 목표한 성과를 얻어낼 수 있습니다. 꼼꼼함과 진지함 그리고 철저함이 장로님의 모습이셨습니다. 제가 글 쓰는 작업에선 장로님을 닮은 듯하여 즐겁습니다. 그러면서도 늘 여유가 있고 사람 향기가 가득하시고 훈훈한 기운을 내뿜으셨던 장로님처럼 제 글에도 여유와 너그러움으로 향긋한 사람됨이 드러나기를 소망해 봅니다.

이 책의 제목을 고민 끝에 '사람이 먼저랍니다'라고 지어 보았습니다. 장로님은 제게 교회든 학교든 크고 화려한 것이 중요한 게 아니라 작은 사람 하나도 소중히 여기고 사람을 섬기는 것이 중요하다고 하시며 혹여 내 말이나 행동이 상처를 주는 건 아닌가 생각해 본다고 말씀하고는 하셨습니다. 교회와 지역사회의 존경 받는 어르신임에도 올곧은 정신으로 사람을 존귀히 여기시고 한참 어린 제게도 예의를 다하셨습니다. 이처럼 사람을 먼저 생각하시는 그 뜻을 되새기는 의미로 책의 제목을 지어 보았습니다. 이렇게 제목을 지은 이유는 제가 지향하는 생각과 삶이기도

하기 때문입니다. 이 책에서 인용하는 성경구절은 독자들의 이해를 돕고자 알기 쉽고 읽기 쉽고 그래서 이해하기 쉬운『우리말 성경』으로 하였습니다.

이 지면을 빌어 먼저 장로님과 평생을 함께해 오신 조정자 권사님과 자녀손들에게 감사를 드립니다. 또한 저의 삶의 터전이요, 글의 샘터인 황등중학교에서 어려운 교육 여건에서도 그 사명을 감당하느라 노고를 아끼지 않으시는 홍석종 교장 선생님 이하 교직원들 그리고 같은 재단 성일고등학교 변정수 교장 선생님과 교직원들에게도 감사의 말씀을 전하며 학교 법인 황등기독학원 재단이사회 조춘식 이사장님과 이사님들, 황등교회 정동운 담임목사님과 교인들, 황등교회 중등부 서병학 부장님과 교사들에게도 감사의 말씀을 전합니다.

책을 내는 작업마다 그랬듯이 이번에도 감사한 분들의 사랑에 힘입어 책을 내게 되었습니다. 글을 연재하도록 해 주신 주간『크리스챤신문』장석찬 부장님과 주간『전북기독신문』임채영 보도국장님에게도 감사한 마음을 전합니다. 바쁘신 중에도 이메일로 소통하는 사귐을 즐기시면서 서툰 글모음에 추천사를 써 주신, 한신대학교 신학대학원 동기이자 지금은 연세대학교 연합신학대학원 교수(기독교윤리학)로 살아가시는 김동환 목사님에게도 깊은 감사의 말씀을 올립니다. 제 글의 애독자로서 지난해 말 드디어 가정을 이룬 오랜 글벗 조소연 출판 편집전문가님과 늘 넉넉한 웃음으로 격려하며 엉성한 글을 교정해 주신 황등교회 김순자 권사님에게도 감사의 마음을 전합니다. 책을 낼 수 있도록 노고를 아끼지 않은 도서출판 박문사 윤석현 대표님을 비롯하여 이 책을 만드는 과정에서 노고를 감당하신 노동의 일꾼들께도 진심으로 감사드립니다.

끝으로 매달 연재 글을 쓰고, 단행본으로 엮어내는 작업을 하는 동안 남편으로, 아빠로서 정성을 다하지 못함을 이해하고 용납해 주는 아내와 아이들에게 고마운 마음을 담아 사랑을 전합니다. 지나고 나니 모든 게 다 은혜요, 감사임을 깨닫습니다. 모든 게 다 하나님의 은혜요, 모든 분에게 감사합니다.

장로님, 그립습니다. 저를 보시고 함박웃음 지으시던 그 모습을 잊지 못합니다. 제 인생에 정말 소중한 만남과 사귐이었습니다.

크신 어른의 은혜를
소중히 간직하였기에 행복한

한 승 진

추천사

신학 이전에 인간학을 알아야 한다는 통찰을 준 독일의 신학자 볼프하르트 판넨베르크(Wolfhart Pannenberg, 1928~2014)를 거론하지 않더라도, 그간 신학을 공부하고 목회하면서 마주한 것은 다분히 모순적이며 참담하기까지 한 인간에 대한 이해 부족과 인간 존중이 결핍된 현실이었습니다. 이 책 『사람이 먼저랍니다』는 그 제목이 말해 주듯, 인간들에 의해서 굴러가는 세상, 그러나 정작 인간에 대하여 무심하게 된 이 이상한 세상을 향한 한 명의 통찰력 있는 신학자요, 한 명의 순수한 목사의 외침을 담고 있습니다. 현대 한국 사회는 굳이 세월호와 같은 큰 사건을 논하지 않더라도 전반적으로 사람에 대하여 너무나도 무심한 것이 사실입니다. 사람보다 사람에 의하여 만들어지고 조정되는 조직·체제·직위·관습·체면·재물·명예·권력 등에 이상하리만큼 지나친 관심과 애정을 보이며, 심지어 그 속에서 낑낑대며 살아가고 있는 바로 우리에게 이 책은 "그래봤자 사람이지요, 사람이 먼저랍니다."라고 잔잔하면서도 또렷이 이야기해 주고 있습니다. 21세기 대한민국의 "광야에서 외치는 자의 소리"(요한복음 1장 23절)가 분명합니다.

김동환 목사
연세대학교 연합신학대학원 기독교윤리학 교수

차례

이야기 하나
행복의 기준

사랑이란 앎이 아니라 삶입니다

퇴근해서 집으로 돌아온 아버지에게 아들은 자랑스러운 듯이 이렇게 말했습니다.

"아빠! 나 오늘 학교에서 100점 받았어요."

그의 아들은 중학교에 입학한 지 열흘 남짓 지났습니다. 그날 학교에서 선생님이 학급생들을 하나씩 앞으로 불러서 자기소개를 시켰는데 자기가 선생님에게서 100점을 받았다고 자랑한 것입니다. 아버지는 아들에게 어떤 식으로 자기소개를 했는지 물어보았습니다. 아들은 자기가 학교에서 했던 것을 다시 한 번 아버지 앞에서 되풀이했습니다.

"안녕, 친구들아. 내 이름은 ○○○이야. 우리 아빠는 학교 선생님이고, 아빠와 엄마와 나 이렇게 세 식구가 아파트에 살고 있어. 나는 아빠와 엄마를 무척 사랑해. 그리고 아빠와 엄마를 사랑하는 만큼 선생님과 모든 친구를 사랑할 거야. 그럼 이만 내 소개를 마칠게. 친구들아, 모두 사랑해."

이렇게 말하면서 손으로 하트(♡)를 그렸다고 합니다.

그의 아들의 말에 따르면, 자기 반 친구들 가운데는 공부를 잘한다고 하거나 바이올린을 잘 연주한다고 자기소개를 한 친구도 있었다고 합니다. 또한 이다음에 과학자가 되어 노벨상에 도전해 보겠다는 당찬 포부를 밝힌 친구들도 있었다고 합니다. 그러나 그 누구도 100점을 받지 못했다고 합니다. 그런데 그의 아들의 자기소개를 들은 선생님은 박수를 치면서 "100점!"이라고 점수를 발표했고, 자기 반의 친구들은 모두 "와~"

하는 함성을 지르며 깜짝 놀랐다고 합니다. 그날 그 선생님은 학생들 마음속에 참으로 귀중한 교훈을 심어 주었을 것입니다. 학생들은 이런 생각을 했을 것입니다.

'우리 학교는 공부만 우선하는 곳이 아니구나', '공부를 잘하거나 바이올린을 잘 연주하는 특별한 재능을 가지고 있어도, 가족과 이웃에 대한 사랑에 비하면 십분의 일의 가치도 안 되는구나!'

이 이야기는 사랑이 얼마나 소중한 것인지 깨닫게 해 줍니다. 사랑받고 사랑하는 사람들이 있음이 얼마나 소중하고 감사하고 행복한 것인지를 잘 드러내 줍니다. 이것은 우리가 얼마나 남보다 성실한지, 우수한지, 장래가 촉망되는 인재인지보다 더 중요합니다. 제가 학교 담임교사라고 해도 자신을 소개할 때, 이와 같이 한 학생에게 100점을 줄 것 같습니다. 기독교 정신을 한 마디로 말하면 무엇일까요? 이 질문에 누구나 '사랑'이라고 대답할 것입니다. 맞습니다. 기독교인이 아니더라도 잘 아는 것처럼 기독교의 근본정신은 사랑입니다. 어느 기독교학교 강당에 이렇게 적혀 있었던 것이 기억납니다.

"GOD IS LOVE(하나님은 사랑이시다.)"

고린도전서 13장은 흔히 일컫는 바와 같이 '사랑을 기록한 장(章)'입니다. 어쩌면 이렇게 사랑에 대한 의미와 가치를 명료하게 잘 드러냈을까 싶을 정도입니다. 가끔 공중파에서 가수 김세환이 고린도전서 13장 성경구절을 노래로 만든 〈사랑은 언제나 오래 참고〉(정두영 작곡)를 통기타 치면서 불렀던 기억이 납니다. 이처럼 이 구절은 기독교 신앙인이 아닌 사람들도 알 정도로 유명합니다. 이 구절은 아주 간결하게 되어 있고 맛깔스러운 노래로 나왔기에 누구나 쉽게 접할 수 있습니다. 이 구절을 아는 것, 아주 잘 아는 것은 자랑할 만한 일입니다. 그러나 더 중요한 것은 이 구절대로 '잘 사느냐' 하는 것입니다. 하나님은 '이 구절을 잘 알고 있는가'보다는 '이 구절대로 잘 살아가고 있는가'에 관심을 갖고 지켜보십니다. 하나님은 어제도, 내일도 아닌 오늘 우리의 삶에 사랑의 실천이 있는가를 끊임없이 물으십니다.

이처럼 중요한 '사랑의 실천'은 무엇일까요? 기독교 교리를 몰라도 좋습니다. 신학적 지식이 없어도 좋습니다. 성경을 잘 몰라도 좋습니다. 오늘 우리에게 주어진 하나님의 말씀을 그대로 실천하는 것이 중요합니다. 고린도전서 1~3절입니다.

> 내가 만일 사람의 언어와 천사들의 말을 한다 할지라도 내게 사랑이 없으면 울리는 징이나 소리 나는 꽹과리와 같을 뿐입니다. 내가 만일 예언하는 은사를 가지고 있고 모든 비밀과 모든 지식을 알고 또 산을 옮길 만한 믿음을 가지고 있다 할지라도 내게 사랑이 없으면 나는 아무것도 아닙니다. 내가 만일 내가 가진 모든 것으로 남을 돕고 또 내 몸을 불사르게 내줄지라도 내게 사랑이 없으면 나는 아무 소용이 없습니다.

이 구절을 보면서 참으로 놀랐습니다. 왜 이런 말씀을 기록하여 전하는 것일까요? 어쩌면 사랑이 없으면서도 천사의 말을 하고 산을 옮길 만한 믿음을 가지고 심지어 모든 재산과 몸을 넘겨주는 희생을 하려는 사람들이 있다는 말씀으로 볼 수 있습니다. 정작 가장 중요한 사랑이 없는데, 사랑 아닌 다른 것을 채워 나가면서 하나님께 간절히 기도하고, 추구하고, 확신하면서 살아가는 어처구니없는 삶이 있을 수 있다는 말씀입니다. 하나님은 안타까워하면서 말씀하십니다. 사랑이 없으면 아무것도 아닙니다. 이어서 4~8절입니다.

> 사랑은 오래 참고 친절하며 사랑은 시기하지 않으며 자랑하지 않으며 교만하지 않으며 무례하지 않으며 자기 유익을 구하지 않으며 성내지 않

18

으며 원한을 품지 않으며 불의를 기뻐하지 않으며 진리와 함께 기뻐하고 모든 것을 덮어 주고 모든 것을 믿으며 모든 것을 바라고 모든 것을 견딥니다. 사랑은 결코 없어지지 않습니다. 그러나 예언도 사라지고 방언도 그치고 지식도 사라질 것입니다.

사랑이 무엇인지, 어떻게 실천해야 하는지 아주 쉽게 알려 주고 있는 구절입니다. 모든 것이 사라져도 마지막까지 남는 것이 바로 사랑입니다. 그만큼 사랑은 마지막까지 놓치지 말아야 할 우리의 삶입니다. 사랑은 인간관계의 가장 기본으로 나와 네가 아닌 우리를 가능하게 합니다. 그래서 사랑은 '내 안의 네가 있고, 네 안에 내가 있어, 더불어 한길'을 가능하게 만들기도 합니다. 사랑은 구체적인 실천입니다. 눈에 보이는 표현입니다. 증명 가능한 삶입니다. 『탈무드』에 나오는 이야기입니다.

하루는 아버지가 아들에게 이웃집에 가서 낫을 빌려 오라고 하였습니다. 그러나 아들은 빈손으로 돌아왔습니다. 며칠 뒤, 그 이웃이 호미를 빌리러 왔습니다. 그러자 아버지는 호미를 챙겨 주었습니다. 이웃이 가고 난 후 아들은 아버지에게 물었습니다.

"아버지! 저 사람은 우리에게 빌려 주지 않았는데, 우리는 왜 빌려 주어야 하나요?"

아버지는 아들에게 이렇게 말했습니다.

"아들아! 그 이웃이 우리에게 도움을 주지 않았다고 해서 우리도 그렇게 한다면 그것은 복수와 증오란다. 하지만 상대방의 행동이 어떠했든지 상관없이 필요할 때 도울 수 있는 것은 용서이자 사랑이란다."

지금 우리의 마음에는 어떤 마음이 더 크게 자리 잡고 있는지요? 용서와 사랑은 복수와 증오의 마음을 덮을 수 있습니다. 적을 없애는 가장 좋은 방법은 복수와 증오심이 아니라 용서와 사랑입니다. 우리는 사랑을 주고받으며 살아갑니다. 그러나 구체적으로 사랑이 무엇이라고 말이나 글로 표현하기가 쉽지 않습니다. 사랑은 정신적 실체이므로 보지도 못하고 만지지도 못하고 오직 마음으로 느낄 뿐입니다. 전기가 무엇이라고 증명하지는 못하여도 빛과 열, 힘의 작용을 보고 그것이 전기라고 아는 것처럼 사랑도 서로 주고받음으로 무엇인지 스스로 느끼게 됩니다. 사랑은 어떤 작용을 하는 실체입니다. 사랑은 미움, 시기, 질투, 고민, 분노, 불의를 녹이는 도가니입니다. 그리고 인내, 겸허, 진실, 신의, 용기가 흘러나는 샘물입니다. 사랑이 과연 그런 작용을 하는지는 우리가 직접 체험해 보아야 합니다. 사랑은 누구의 설명이나 책에서 얻은 지식으로 얻어지는 것이 아닙니다. 사랑이 무엇인지 확실히 알려면 사랑하는 것보다 더 확실한 방법은 없습니다. 사랑하려면 사랑의 대상이 있어야 합니다. 대상이 없는 사랑은 짝사랑입니다. 짝사랑은 상대방의 반응을 얻지 못해 혼자서 애만 쓰다가 비극의 결과를 가져옵니다. 구체적으로 사랑할 대상은 바로 우리 곁에 있습니다. 우리의 가족, 우리의 친구는 경쟁관계가 아니라 서로 잇대어 살아가야 하는 소중한 이웃입니다.

사랑에는 세 가지 법칙이 있습니다. 첫째는 모자이크의 법칙입니다. 모자이크는 중세 비잔틴 시대에 유행했던 회화 예술입니다. 모자이크는 벽이나 바닥에다 조각조각을 배열해서 어떠한 현상을 연출합니다. 모자이크는 약간 떨어져서 보아야 아름다운 그림을 볼 수 있으며 너무 가까이에서 보면 별 의미를 느끼지 못합니다. 사랑도 상대방의 단점 하나에만 집착하면 깨지기 쉽지만 상대방의 일면을 넘어서 상대방의 아름다운 전체를 바라볼 때 완성됩니다.

둘째, 장미의 법칙입니다. 가시가 있음에도 장미가 꽃 중의 왕인 것은 짙은 향기와 농염한 색깔 때문입니다. 또한 장미는 홑겹이 아니라 수많은 아름다운 꽃잎이 겹쳐져서 완성됩니다. 마찬가지로 상대방의 가시 때문에 상대를 향한 사랑을 버려서는 안 됩니다. 사랑은 관심과 이해와 격려의 꽃잎으로 완성됩니다.

셋째, 태극의 법칙입니다. 서양에서는 이상적 배우자를 좋은 반쪽이라고 하지만 반쪽끼리 만났기 때문에 쉽게 떨어집니다. 그러나 동양은 음양의 법칙으로 만납니다. 음양은 서로가 부족한 점을 보완하면서 기어처럼 맞물려서 원을 이룹니다. 남편이 양이라면 아내는 음입니다. 그래서 성경은 "둘이 합하여 한 몸이 될지라." 했고, "사람이 나누지 못할지니라." 하였습니다. 단테는 『신곡』에서 이런 말을 남겼습니다.

"사랑의 원리는 온 우주를 지배하는 힘이요, 세계와 모든 별들을 움직이는 힘이다."

사랑이 실천되는 곳에는 평화가 있습니다. 사랑은 말이 아닌 실천입니다. 앎이 아닌 구체적인 삶이며 마음이 아닌 실천입니다.

오늘날 우리 교육의 문제는 지식 전달을 위한 제도적 장치나 재정, 교사의 질이나 기자재의 부족이 아닙니다. 오히려 이런 것들은 이전 시대보다 더 풍성하고 알차게 갖추어져 있습니다. 그럼에도 학교 교육과 교회 교육에서 여러 가지 문제가 발생하는 이유는 무엇일까요? 그것은 우리 교육이 지나치게 지식 전달이라는 앎의 영역에 급급하기 때문입니다. 그러다 보니 누가 더 많이, 정확하게 아는지를 평가하는 시험과 입시가 중요하고 이에 따라 사람의 가치를 규정하고 서열화합니다.

판검사를 뽑는 사법고시와 고급 관료를 뽑는 행정고시나 외무고시 등은 물론 교원임용고사에서도 지식 습득의 양과 정확도가 우선입니다. 이것은 우리 기독교도 만찬가지입니다. 몇몇 신학대학원 입시는 3~4대 1의 치열한 경쟁률을 자랑합니다. 이것이 자랑인 것은 다른 이들보다 성경, 영어 등을 더 많이 알고 더 정확히 맞췄기 때문입니다. 그러다 보니 목사후보생의 자격이 지식의 습득에 따른 것 같고, 이들은 이전 시대에 비해 실력은 갖췄으나 고매한 인성과 사람의 향기가 부족한 듯한 느낌입니다. 이들 중 더러는 부도덕한, 아니, 비윤리적인 일들을 서슴치 않는 경우도 있습니다.

이제는 앎이 아닌 삶을 가르쳐야 할 때라고 봅니다. 이는 탁월한 교육 과정이나 교과서, 교사의 교수법으로 되지 않습니다. 이런 것들은 좀 부족해도 상관없습니다. 중요한 것은 교육현장에서 교육자가 먼저 본을 보이는 것입니다. 교육에서 보여 주기보다 더 좋은 교육 방법은 없습니다. 가정에서, 교회에서, 학교에서 기성세대인 우리가 말하고 행동하는 것이 바로 살아 숨 쉬고 움직이는 교과서입니다. 우리의 다음 세대들은 우리의 모습을 주의 깊게 보고 배워 나갈 것입니다. 정말 우리가 보여 줄 삶의 내용에 대한 하나님의 말씀입니다. 요한 1서 3장 18~19절입니다.

자녀들이여, 우리가 말과 혀로만 사랑하지 말고 행동과 진실함으로 사랑합시다. 이렇게 행해야 우리가 진리에 속한 줄을 알고 하나님 앞에서 확신을 갖게 될 것입니다.

밥 한번 같이 먹자

노랫말이 좋고 곡조가 좋아서 자주 듣는 노래가 두 곡 있습니다. 가수 채환이 부른 '밥 한번 먹자'라는 곡과 자두가 부른 '식사부터 하세요'라는 곡입니다. 우리가 살면서 누군가에게 수도 없이 하는 말이 "언제 밥 한번 같이 먹읍시다.", "식사하시죠." 입니다. 이런 말들은 오랜 기간 자신의 무관심을 숨기며 헤어질 때의 아쉬움을 표현하기 위해 하는 흔한 인사말입니다. 그러나 쉽게 뱉은 이 약속을 지키기엔 많은 노력이 필요한 어려운 말이기도 합니다. 밥 한번 먹는 게 뭐가 그리 어려운 건지 싶습니다. 그런데 사실 밥 한번 같이 하는 게 일상 가운데 서로의 일정을 맞춰 시간을 따로 정하고, 나의 동선을 벗어난 물리적인 공간까지 이동을 해야 하는 수고도 필요합니다. 게다가 함께하는 그 사람과의 친밀도가 높지 않으면 식사하는 그 자체가 곤욕스러운 일이 되어 버립니다. 그러면 밥 먹는 자리가 즐겁고 편한 게 아니라 바늘 방석이 되고 맙니다. 높은 분이나 잘 모르는 분과 식사를 하는 경우, 어려운 자리에서 식사를 마친 사람은 "밥이 입으로 들어갔는지 코로 들어갔는지 모르겠다."라는 표현으로 그 자리의 불편함을 빗대어 말하기도 합니다.

예수님 당시 유대 사람들은 함께 밥을 먹는 것에 매우 엄격한 사회적 기준이 있었습니다. 바로 '율법'이라는 잣대입니다. 그래서 함께 둘러앉은 식탁, 그곳에는 율법에 거스름이 없는 사람들, 이른바 '거룩한' 사람들만이 초대되었습니다. 성경에서 흔히 '부정하다'고 표현하는 사회적 약자들로 이방인들, 여성들, 가난한 사람들, 몸과 마음에 상처 입

23

은 사람들은 그 자리에 함께할 수 없었습니다. 그러나 이런 율법의 틀을 일부러 넘어서신 예수님은 사회적 약자로 '부정하다'고 규정된 이들과 함께 둘러앉아 먹고 마시는 친구가 되어 주셨습니다. 그 누구도 배제하지 않고 아무 때나 아무 곳에서나 아무나와 식탁 공동체를 이루신 것입니다.

성경에 보면 예수님을 싫어하고 적대시하던 그 당시의 기득권층인 바리새인들과 서기관들이 예수님을 지칭하여 '먹보'라 했습니다. 이는 사회적인 지위와 체면을 중시하는 그들의 기준으로 품위와 격식 없이 사람을 가리지 않고 아무데서나 식사를 하시는 예수님을 빈정대는 말이었습니다. 사실 예수님은 그 당시에 무시당하고 꺼려지는 사람들까지도 찾아가 그들과 함께 식사를 하셨습니다. 이런 모습에 기득권층은 예수님을 비난하고 헐뜯었지만 사람들은 소탈하시고 소박하시고 격의 없으시고 아무 것이나 잘 드시는 예수님과 함께하는 식탁이 영광이었고, 감동이었습니다. 세리장 삭개오는 자신과 함께 식사를 하시는 예수님의 모습에 자신의 재산을 내놓고 새 사람이 되겠다는 고백을 하였습니다.

신약 성경 마가복음 2장 14~17절에는 예수님이 바리새인과 서기관들뿐만 아니라 죄인 및 세리들과 함께 식사를 하시는 장면이 나옵니다. 예수님은 죄인을 단지 죄인으로 보지 않으시고, 위로 받고 격려 받고 회복될 사람으로 보셨습니다. 그리고 그들도 건강하고 의로운 삶을 살 수 있는 사람들로 보셨습니다. 그러시기에 그들과 함께 식사하실 수 있었습니다. '죄인들도 용서를 받을 수 있고 병자들은 고침을 받을 수 있다'는 것이었습니다.

이러한 '공동식사'는 사람을 차별하여 혈연으로, 계급으로, 성별로 나누는 벽을 허문 혁명적인 사건이었습니다. 바리새인들이 정한 죄인의 범위를 의도적으로 없앰으로써 소외됨이 없이 모두가 행복한 세상을 꿈꾸시며 사랑을 실천하셨습니다.

그러나 동시에 예수님의 이런 식탁공동체가 당시의 사회지도층에게
는 눈엣가시 같은 불편함 그 자체였습니다. 왜냐하면 그들의 눈에는 나
와 너를 구분 짓는 경계선 너머에 있는 대상과의 분리선을 없애는 위험
한 행동으로 보였기 때문입니다.

사도 바울은 고린도교회의 교인들에게 "먹을 때는 서로 기다리라."라
고 권면하였습니다. 이 말은 경제적·시간적으로 여유 있는 사람들에게
가난하고 고단하게 일하는 사람들의 사정을 헤아려 주고 나누어 먹으라
는 뜻입니다. 식사는 단순히 허기를 채우는 수단이 아닙니다. 나와 함께
하는 상대방을 나의 친구로, 사랑의 대상으로 받아들이고 환대하고 내가
가진 시간과 물질을 나누는 아주 기초적이면서도 거룩한 행위입니다.
그러므로 함께 밥 먹는 것 하나만으로도 그 의미가 매우 큽니다. 그러기
에 예수님도 사도 바울도 사람들에게 함께 밥을 먹을 수 있도록 초대하
고, 또 그들을 기다려 함께 먹을 것을 당부한 것입니다.

오늘도 우리 사회를 돌아보면 개인의 문제로 혹은 혼자 넘을 수 없는
사회구조적인 문제로 아파하며 신음하는 외롭고 힘든 수많은 사람들이
있습니다. 가난은 나라님도 못 막는다는 말처럼 사회의 모든 배고프고
외로운 사람들을 다 해결할 수는 없지만, 그래도 내가 그리고 우리가
주변의 누군가에게 '밥 한번 먹자'는 말을 건넴이 그저 공허한 외침이
아니라는 것을 그리고 상대방의 밥 먹는 속도와 여건을 배려하는 나와
우리가 있다는 것을 알려줄 수는 있을 것 같습니다.

사랑은 거대담론을 필요로 하지 않습니다. 그저 작은 것부터 하나하
나 내 주변부터 실천해 나가면 됩니다. 또한 혹시라도 서운한 인간관계
가 있거나 은혜를 입은 사람이 있다면 지금 당장 연락하여 채환의 노래
가사처럼 "김치찌개라도 좋아." "된장찌개인들 어떻습니까"라고 하며 나

의 공간으로, 나의 시간 안으로 깊숙이 내 주변의 사람을 초청해 보면
어떨까요?

"오늘 시간 어때요? 제가 밥 살게요!"

또래상담부와 함께한 보람

2014년 11월 1일은 뜻깊은 날이었습니다. 수년간 학교에서 상담 담당 교사의 역할을 맡아 오다 올해는 처음으로 또래상담부를 지도하며 아이들에게 또래상담우수사례 공모에 응해볼 것을 권했습니다. 서툰 남학생들로 글쓰기를 꺼리던 아이들에게 그냥 마음 편하게 또래상담 교육 과정의 경험들을 정리해 보도록 했습니다. 자신의 상담을 정리해 보고 또래상담부 아이들과 공유하는 기회로 삼기 위해서였습니다. 처음에는 꺼리던 아이들을 하나둘씩 설득한 결과 여덟 명이 자신의 상담 사례를 썼습니다. 막상 그것을 읽어 보니 놀라웠습니다. 글이 좀 서툴고 어느 부분에선 '이러면 안 되는데…….' 하는 생각도 들었지만 진지하게 또래상담에 임한 모습들이 고맙고 자랑스럽게 여겨졌습니다. 그러면서 왠지 모르게 또래상담 담당 교사로서 뿌듯함이 마음을 훈훈하게 했습니다. 제가 교육하고 권면한 것 이상으로 아이들이 잘해 준 것 같은 생각에 한 달음에 달려가 안아 주고 싶었습니다.

아이들의 사례는 천차만별이었습니다. 게임 중독에 빠진 친구, 따돌림을 받는 친구, 외모에 열등감을 가진 친구, 진로문제 등 고민도 다양하였습니다. 이런 아이들의 고민을 미처 파악하지 못한 것 같아 상담 담당 교사로서 부끄러움도 느꼈기에 또래상담부 아이들이 더없이 고마웠습니다. 아직 서툴지만 아이들의 활동으로 학교 폭력이 예방되었고, 문제학생 예방도 된 것 같았습니다. 그러고 보니 우연인지 지난해에 비해 교내 학교 폭력 건수가 줄었고 학교 분위기도 밝아졌습니다. 아이들에게 이런 이야기로 격려하고 칭찬하니 쑥스러워하면서 아니라고 하지만 입가에는 웃음이 가득한 것을 보니 인정받아 기분이 좋아 보였습니다. 아이들에게 해 줄 것이 없어 마침 학교에서 실시하는 그린마일리지 상점을 주고, 아이들의 또래상담 우수사례를 다듬어 전북청소년상담복지센터에 보냈습니다. 아이들이 열심히 상담하고 우수사례를 썼는데 '공모에서 남들 상 받는데 들러리를 서는 건 아닌가' 하는 생각이 들기도 하였습니다. 아무래도 14개 시군 지역에서 중·고교생들이 우수사례를 낸다면…….

학교 전문상담사의 계약 해지로, 처음 서툴게 진행한 것이라 자신이 없었습니다. 아이들의 글도 국어교사로서 볼 때 서툰 구석이 많았지만 아이들의 순수한 실제 이야기가 자칫 훼손될까 봐 조언으로만 그쳤기에 자신이 없었습니다.

그런데 전북청소년상담센터 또래상담 우수사례 담당자에게서, 학교에서 중등부 최우수상과 우수상이 나오고 그 외 아이들도 격려 차원에서 장려상을 주기로 했다는 연락을 받았습니다. 사실 합격자 발표를 기다리는데 마치 수험생 부모의 심정으로, 홈페이지에 수상자 공지가 떴을까 하여 20여 차례는 확인한 듯 합니다. 그 정도로 긴장과 기대와 설렘을 갖고 받은 연락이었습니다. 전교생 107명의 작은 농촌학교 교사로서 규모가 큰 학교에 비해 상담 예산이 적고, 전문상담교사나 전문상담사도 없는 학교다 보니 저 자신도 모르게 매사에 주눅이 든 듯합니다. 사실 국어과로 글쓰기 등을 아이들에게 가르치면 예선 탈락이 부지기수이기도 하였으니 말입니다.

그렇기 때문에 이번 수상 결과는 정말로 기뻤습니다. 곧바로 아이들에게 연락을 하고 교장 선생님께도 알렸습니다. 저도 모르게 얼마나 신이 났는지 들떠서 말씀드리니 교장 선생님이 애들보다 제가 더 좋아한다고 웃으시면서 격려해 주셨습니다. 그리고 보니 저는 아무런 혜택도 없는데 신이 나서 어쩔 줄을 몰라 하는 제 모습이 대견했습니다.

11월 1일, 수상식 겸 청소년상담 거리 축제에 아이들과 함께 참석하였습니다. 이날 아이들을 위해 개인적으로 중요한 일정도 파기하고 인솔하여 참석하였습니다. 이날 수상할 아이들 여덟 명과 체험을 위해 함께한 아이들 두 명, 어머니 세 분까지 대부대였습니다. 감사하게도 아이들의 수상과 상담축제 체험을 위해 어머니들이 자청해서 운전하는 수고를 해 주셨습니다. 수상식장에 선 아이들이 어찌나 멋져 보이는지 스마트폰으로 사진을 찍어댔습니다. 아이들도 수상에 기분이 좋은지 신이 났습니다. 수상의 영광에 청소년상담 체험과 공연이 즐거움을 더했습니다. 아이들이 여기저기 다니면서 내게 상장과 짐들을 맡기는데도 기분 좋았습니다. 그저 짐꾼으로 전락한 제 모습이었지만 기분이 좋았습니다. 선생의 보람이 이런 것인가 싶었습니다. 돌아오는 길에 아이들과 이런저런 이야기꽃으로 즐거웠습니다. 처음엔 억지로 또래상담부에 들어온 아이도 잘 시작했다고 하면서 이다음에 청소년상담가나 사회복지사로 진로를 정하겠다고 하였습니다. 서툴지만 나름대로 또래상담 활동을 하면서 즐거움과 보람을 느꼈기 때문입니다. 그리고 한 아이는 이런 말을 하였습니다.

"또래상담부이다 보니 그냥 지나칠 수 있었던 친구들의 모습이 눈에 들어옵니다. 급식소에서 혼자 밥 먹는 친구, 갑자기 짜증이 는 친구, 체육 시간에 멍하니 하늘을 보는 친구도 보입니다."

이런 이야기를 들으니 저보다 낫다는 생각이 들었습니다. 이제 갓 중학생들인데 이처럼 야무지고 진지할 수 있다는 것에 놀랐습니다. 그리고 자랑스러웠습니다. 역시 또래상담 우수사례 심사자들의 안목이 느껴졌습니다. 성적과 품행이 우수한 아이들보다는 상담이 필요해 보이는 아이들과 다문화 아이들 위주로 또래상담부를 시작한 저의 모험이 효과를 거두었기에 더욱 기뻤습니다. 제가 학교에서 다문화와 상담과 학생 돕기 등의 업무를 맡다 보니 이 아이들을 자주 접합니다. 그래서 또래상담부를 만들면서 이 아이들을 선별해서 또래상담 교육으로 아이들을 만났고, 이 아이들이 자신을 힐링하는 데 조금이라도 도움이 되도록 하는 것도 또래상담부의 목적으로 삼았습니다. 남을 상담하기 이전에 자신을 상담하는 것도 유익하리라 여겼습니다. 이 목표가 다 이루어진 것은 아니나 나름 저와 아이들의 친분이 두터워지는 계기는 되었습니다. 그리고 이 아이들이 자신도 심리적인 돌봄이 필요했었기에 비슷한 또래의 고민도 쉽게 찾아낸 것 같습니다.

앞으로도 이 아이들과 같이 만나고 격려해 가면서, 함께 뒹굴면서 아이들의 아픔을 고민해 보렵니다. 저는 학교 목사이면서 선생이기에 아이들의 사례를 들으면서 혼자 기도하곤 합니다. 그리고 내담자가 된 아이들에 대한 고민을 담임교사, 교과 교사들과 협의하기도 합니다. 앞으로도 또래상담부를 통해 즐거운 학교, 모두가 행복한 학교를 만들어 가는 데 힘쓸 생각입니다.

자기 자리에서 자원봉사하기

저는 기독교 신앙인으로, 학교 목사이기도 합니다. 기독교에서는 사랑의 실천을 강조합니다. 어려서부터 교회에서 이웃에 대한 사랑의 실천에 대한 설교와 교육을 통해 참 많은 이야기를 접했습니다. 그러니 제 머릿속에는 사랑이 무엇인지, 사랑의 실천이 얼마나 중요한 것인지는 어렴풋하게나마 담겨 있습니다. 그래서 여기저기 이웃돕기나 사회단체에 성금을 보내곤 합니다. 그러나 정작 제가 이웃을 사랑하기 위한 직접적인 몸의 실천은 별로 없었습니다. 제가 이제는 목사와 선생이 되어 사랑하라고 권면하면서 말입니다. 이에 대해 자책해 오던 차에 마침 제가 학교에서 맡은 업무가 다문화이기에 이를 좀 더 잘 준비해 보면 어떨까 하는 생각을 하였습니다.

사실 저는 학교 정식 교사 신분의 목사요, 선생이다 보니 그냥 학교 일을 하는 만큼만 해도 됩니다. 그야말로 정규직으로 만 62세의 정년이 보장된 자리입니다. 이전에는 배움의 기회를 놓친 어르신들과 근로청소년들에게 제가 가진 재능인 국어교사 자격으로 문맹이신 분들을 위한 문해교육도 하고 검정고시 준비하는 분들을 돕는 교육 재능기부도 하였지만 교회에서 무료 봉사로 교육 파트 목사를 하다 보니 주말에도 분주합니다. 또한 나름대로 박사학위 과정을 거치며 학술 논문을 쓰고, 집필 작업을 계속하여 13권의 책을 내기도 했습니다. 거기다가 뜻한 바 있어 딸을 낳고 연이어 아들 셋을 입양하여 아직 어린 나이인 아이들 넷을 키우느라 늘 바쁩니다. 그러니 다른 곳에 가서 자원봉사하기는 버거운 것이 사실이지만 이를 핑계 삼기보다는 제게 주어진 여건 안에서 자발적으로 봉사할 것을 찾으니 제게 주어진 일터가 참 소중하였습니다. 이왕 하는 일을 마지못해 하기보다는 이를 좀 더 적극적으로 시간을 내서 해나가면 이것이 자원봉사이고 의미 있겠다 싶었습니다. 이렇게 해서 올해 나름 분주하게 살았습니다.

아무래도 저 혼자는 어려울 것 같아 학교의 다문화학생들과 비다문화학생들이 한데 어우러진 동아리로 '내꿈네꿈누리에'(전북교육청과 전북청소년활동진흥센터에서 지원동아리로 인정됨)를 만들었습니다. 이 동아리를 통해 저와 아이들이 함께 다양한 자원봉사로 나눔의 기쁨을 맛보았습니다. 제가 국어과 교사이기도 하여 방과 후와 주말을 이용해서 아이들과 함께하는 독서 모임도 갖고 독서 캠프도 진행하였습니다. 또한 익산시립도서관 주최, 한 도시 한 책읽기 운동 독서 릴레이 운영단에도 참여하였습니다. 익산공공미디어센터에서 열린 여성인권과 양성평등의식 고취 영화제에 인솔하고 학교에서 이 행사에 대한 알리는 봉사도 아이들과 함께하였습니다. 영등시립도서관 앞 공터에서 학교에서 미리 안내하여 기증받은 도서와 물품들을 가지고 가서 판매하여 그 수익을 이웃돕기로 썼습니다. 지역의 다문화공동작업장에 가서 다문화요리체험을 하고 청소를 돕기도 했습니다. 이 외에도 저는 학교 돌봄이 필요한 아이들의 상담을 위해 저희 집에 초대해서 음식을 나누고 이야기를 나누는 활동을 꾸준히 하였습니다.

지난 2014년 6월 12일 밤에는 학교 다문화 담당자로서 기획한 '어울누리, 아시아 문화축제'를 준비하고 진행하면서 힘들기는 했지만 보람으로 즐거웠습니다. 이 행사를 위해 재능기부로 출연진을 섭외했는데 필리핀 여성들의 전통 노래와 베트남 여성들의 전통 부채춤(무곽), 황등중학교와 세인고등학교와 한일장신대 등의 학생들이 아시아권 노래를 익혀 그 나

라 말로 선보인 공연이 눈길을 끌었습니다. 이 축제는 기존의 다문화이
주자들이 한국문화를 배우는 동화를 목적으로 하는 것에서 벗어나 결혼
이주 여성들과 그 자녀들을 우리의 소중한 이웃으로 받아들이고 이들의
전통과 이들의 문화를 이해하는 데 초점을 두었습니다. 그리고 이어서
6월 26일 밤에도 '새터민 초청, 나라사랑 열린 음악회'를 개최하여 지역
새터민과 함께하는 행사를 위해 후원을 이끌어내고 새터민 사랑의 의식
을 함양하고 새터민정착협의회가 운영하는 '북녘사랑쉼터' 아이들과 함
께 청소와 사귐으로 봉사하였습니다.

　이러한 행사를 통해 저는 아이들에게 기부는 그저 돈으로만 하는 것
이 아니라 자발적인 봉사와 재능 기부로도 가능함을 아이들과 직접 함께
하며 교육했습니다. 봉사는 특정 전문가의 일이나 해외봉사처럼 멀리
가야 하는 것이 아니라는 생각이 듭니다. 거창하게 하기보다 그냥 제
집 주변의 담배꽁초를 줍는 일과 학생들의 이야기에 귀 기울여 주는 마
음의 여유부터 시작하였고 제게 주어진 일을 봉사로 연결하였습니다.
앞으로도 다문화와 함께하는 동아리를 이어가며 이를 통해 모두가 행복
한 세상, 함께하는 즐거움, 나눔의 기쁨을 만끽할 것입니다.

　저희 집 아이들도 아직 어리기는 하지만 한 달에 한 번 정도라도 함께
하는 봉사를 해 보렵니다. 특히 세 아들에게는 입양이라는 아픔을 치유
하는 데도 봉사를 통한 마음의 힘을 길러나가는 게 유용할 것 같습니다.
저 혼자 가끔 입양 시설에서 봉사하던 것을 이제는 아이들과도 함께할
생각입니다. 나눔과 봉사는 남을 위한 것만이 아니라 우리 자신의 치유
와 힐링이기도 합니다. 화려하지는 않지만 꾸준히 봉사와 나눔을 이어갈
생각입니다.

나 자신만을 위해서가 아닌

　미국 명문 사립고등학교로 손꼽히는 학교가 있습니다. 이 학교는 졸업생 35명 중 1명꼴로 미국 명사(名士) 인명사전에 올라와 있고, 미국을 움직이는 백만장자가 된 비율도 가장 높습니다. 미국 아이비리그로 불리는 하버드, 예일, 프린스턴 등 명문 대학 진학률도 가장 높습니다. 오늘날 지구상에서 매우 뛰어난 두뇌로 불리는 페이스북의 창시자 '마크 주커버그', 그는 기부도 많이 하고 깊이 있는 고전 독서가로도 유명합니다. 그도 이 학교 출신입니다. 대통령을 비롯하여 국회의장, 상·하 국회의원, 주지사, 대법관, 교수, 경영자(CEO) 등 많은 사람들이 이 학교 출신입니다. 그러기에 이 학교는 미국을 비롯한 전 세계 청소년들과 학부모가 선망(先望)하는 학교로 유명합니다. 이 학교가 어디인지 아십니까? 이 학교가 바로 그 유명한 필립스 엑시터 아카데미(Phillips Exeter Academy)입니다.

　이 학교는 어떤 이유로 이토록 대단한 성과를 내는 명문으로 자리잡은 것일까요? 시설, 재정, 규모 이런 것들이 우수한 건 사실입니다. 그러나 이런 것들로 명문이 된다면 이 학교보다 더 좋은 여건의 학교가 많습니다. 이 학교가 명성을 이어 가는 이유는 이 학교의 건학 정신 때문입니다. 이 학교의 건학 정신은 "Not for Self"입니다. 무슨 말일까요? 우리말로 "나 자신을 위해서가 아닌", "이기심이 아닌"이라는 뜻입니다. 이 학교의 교육은 자신의 특기와 적성과 재능과 능력을 최대한 발휘하되, 이런 것들의 바탕이요, 뿌리는 자신의 이익과 입장과 주도를 위해서가 아니라 다른 사람을 위해서, 사회와 국가와 인류를 위해서 쓰라는 것입니다. 이를 매일같이 가슴 깊이 되새기고 공부하며 생활하기에 이 학교 학생들은 자신이 왜 공부해야 하는지, 어떻게 사는 것이 바른 삶인지를 분명히 압니다. 이 학교는 단어 하나, 수학 공식 하나 더 외우고 익히고 점수를 1점이라도 더 올리는 것보다는 건학 정신을 몸에 익히는 것을 더 강조합니다. 이 학교는 다른 학교보다 공부는 덜 가르칠지도 모릅니다. 그러나 모든 구성원들은 누가 보든, 보지 않든 상관없이 봉사심과 협동심과 겸손이 생활 습관입니다. 이 학교가 대학 진학률 면에서도 미국은 물론 전 세계에서 명문으로 꼽히는 것은 공부해야 하는 이유를 분명히 알고, 자신만이 아닌 보다 성숙한 학습 동기를 가지고 공부하는 것이 더 높은 학업성취도를 올릴 수 있음을 입증한 것입니다. 이 학교의 건학 정신은 누가복음 6장 38절 말씀에 기초한 것입니다.

> 남에게 주라. 그러면 너희가 받을 것이다. 그것도 많이 꾹꾹 눌러 흔들어서 넘치도록 너희 품에 안겨 줄 것이다. 너희가 남을 저울질하는 만큼 너희도 저울질 당할 것이다.

우리는 일반적으로 행복의 기준이 나에게 있다고 생각합니다. 어떤 사람은 지구의 중심이 자신이고 나를 중심으로 지구가 돌아간다고 생각합니다. 그러니 나만 옳고 내가 최고입니다. 자신의 입장과 생각과 느낌에 모든 것을 짜맞춥니다. 다른 사람의 말을 듣기보다는 나의 말을 다른 사람에게 주입하는 데 열중합니다. 이런 삶의 방식이 점점 체질화되면 결국 모든 일에 "나 자신을 위해서"라는 생활 신조가 자리 잡게 됩니다. 이런 사람은 일을 하면 할수록, 말을 하면 할수록 사회에 도움이 되는 것이 아니라 해가 됩니다. 이런 사람이 공부를 잘하고 높은 지위를 얻고 지도자가 되면 자신은 물론 그가 속한 가정과 공동체는 시간이 가면 갈수록 분쟁과 갈등으로 어려움이 늘어만 갑니다.

"과거를 보되 진사 벼슬 이상은 하지 말고 재산은 만 석 이상 지니지 마라. 과객은 후하게 대접하며 흉년 때는 땅을 사지 마라. 며느리들은 시집온 후 3년 동안 무명옷을 입어라. 사방 백 리 안에 굶어 죽는 사람이 없게 하라."

위의 글은 12대 300년 동안 만석꾼을 유지하면서 가문의 전통으로 지켜 온 최부자집의 삶의 지표입니다. 전해 오는 이야기에 의하면 최부 자집은 경상북도 인구의 약 10퍼센트 사람들에게 구휼을 베푼 것으로 회자되고 있습니다. 요즈음도 나눔을 실천하면서 21세기를 움직이는 사람들이 있습니다. 이 중 한 사람이 워렌 버핏(Warren Buffett)입니다. 그는 단돈 100달러로 주식 투자에 입문하여 매년 매출액 400억 달러에 달하는 투자 회사 바크셔 헤더웨이의 회장이 되었습니다. 그는 거부(巨富)가 되기까지 햄버거 하나로 점심을 때웠습니다. 그러나 2006년 6월 25일 '빌엘멜린다 게이트 재단'에 310억 달러를 기부했습니다. 당시 자산의 85퍼센트에 달하는 돈이었습니다. 그는 이 엄청난 재산을 25살 어린 친구인 마이크로소프트사 빌 게이츠가 만든 재단에 기부했습니다. 1991년에 만난 이 두 사람은 나이 차이와 상관없이 우정을 나누고 있습니다. 게이츠가 자신의 재산 30조 원을 투척하여 자선 사업에 관심을 갖게 된 것은 바로 버핏 때문이었습니다. 당시 게이츠는 버핏의 권유로 세계 빈곤 문제를 분석한 세계은행의 개발 보고서를 읽고 눈을 뜹니다.

버핏 집안은 미국 사회에서 기부를 실천하는 가문으로 유명합니다. 그는 가치는 있지만 저 평가된 기업을 발굴해 주식을 매입하고 그 기업이 가치를 발산할 때까지 주식을 장기간 보유한다는 가치 투자의 선봉장입니다.

"돈은 거름과 같다. 여기저기 뿌려놓으면 좋은 결과를 가져오지만, 한 곳에 쌓아두면 썩은 악취가 난다."라는 클린턴 마리슨의 말을 가슴에

새겨봅니다.

　언제부터인가 우리 기독교인들은 자기중심주의라는 무서운 사슬에 매여서 이기주의자의 모습으로 전락하였습니다. 예수님은 이웃을 네 몸처럼 사랑하라 하지만 이는 기독교의 전설 같은 구호가 된 지 오래입니다. 수단 방법을 가리지 않고 자신의 목적과 꿈을 이루려는 수치스러운 추태가 기독교인들의 중심 가치관이 된 지 오래입니다. 나 혼자만 잘되면 된다는 잘못된 가치관이 언제부터인가 신앙인들 사이에 자리 잡으면서 한국 기독교는 비난의 대상으로 전락하고 말았습니다. 나만 잘되면 그만이라는 올무가 기독교를 병들게 하였습니다.

　우리가 분명히 알아야 할 것은 사람은 혼자만 행복할 수 없고, 스스로를 행복하게 할 수 없다는 사실입니다. 사람은 의미를 추구하는 존재입니다. 혼자 즐거운 것보다 다른 사람들과 함께할 때, 다른 사람의 칭찬과 인정을 받을 때 더 행복합니다. 사람은 혼자서는 진정한 행복을 이룰 수 없습니다. 진정으로 행복해지고 싶다면 내 것을 내 것이라고 하지 않고, 다른 사람과 나누고 함께해야 합니다. 그런 나눔과 섬김의 어울림을 통해서 사람은 사람다운 삶을 살아갈 수 있습니다.

　성경 야고보서에 보면 초기 기독교 교회가 생길 때의 모습이 생생하게 묘사되어 있습니다. 이들이 하나님을 믿고 기도 생활 중에 성령 충만함을 받은 후 처음 한 일 중 하나는 자기 재산을 팔아 가난한 이웃과 나누는 것이었습니다. 이들은 놀라운 믿음의 체험 이후 분명한 삶의 기준을 깨달았습니다. 이들은 자신의 행복이 자신의 편안함에 있는 것이 아니라 다른 사람을 행복하게 하는 데 있음을 깨달았습니다. 그래서 자신의 재산을 자신과 가족만을 위해서가 아니라 가난한 이웃을 위해 내놓았습니다. 이들이 부자라서, 돈이 풍족해서 그런 것은 아니었습니다. 기독교 초기 교회의 신자들은 대부분 가난한 사람들이었습니다. 이것이 바로 성령 충만함의 증거입니다. 기도 생활을 많이 하다가 방언 기도하는 것, 교회를 성심성의껏 섬기다가 목사나 장로나 권사나 집사 등의 직분을 맡는 것은 좋습니다. 그러나 이런 것들이 성령 충만은 아닙니다. 이런 것을 넘어서는 진정한 성령 충만은 삶의 기준이 세상의 가치가 아닌 하늘나라의 가치를 믿고 그것을 실천하는 것입니다. 기독교 초기 교회 사람들이 보여 준 것처럼 진정한 성령 충만함은 기도와 교회 생활과 직분이 아니라 나를, 내 가족을, 우리 교회를 넘어서는 다른 사람을 위한, 세상을 향한 사랑의 실천입니다. 이를 예수님은 분명하게 말씀해 주셨습니다. 마태복음 5장 13~16절 말씀입니다.

> 너희는 이 땅의 소금이다. 그러나 만일 소금이 짠맛을 잃어버리면 어떻게 다시 짜게 되겠느냐? 아무 데도 쓸 데가 없어 바깥에 버려지고 사람들이 짓밟게 될 것이다. 너희는 세상의 빛이다. 산 위에 세워진 도시는 숨겨질 수 없다. 등잔을 켜서 그릇으로 덮어 두지 않고 등잔대 위에 두어 그 빛을 온 집안 사람들에게 비추는 것이다. 이와 같이 너희도 너희 빛을 사람들에게 비추라. 그래서 그들이 너희 선한 행실을 보고 하늘에 계신 우리 아버지께 영광을 돌리도록 하라.

오늘날 이 땅에 많은 기독교학교가 있습니다. 초·중·고등학교는 물론 수많은 대학들이 우리 기독교학교들입니다. 이들은 저마다 분명한 건학 정신을 학교의 근본정신으로 표방하며 교육합니다. 그러나 어느 순간 건학 정신은 그저 허울 좋은 이미지일 뿐, 실제는 경쟁에서 이기는 인재를 양성하고 규모와 재정에서 우수하기만을 바라는 양상인 것 같아 안타깝습니다. 우리는 지식 습득이나 부귀영화가 아니라 하나님의 말씀 위에 터 잡고 사람을 살리는 교육을 되새겨야 합니다. 이런 학교가 무늬만 기독교학교가 아닌 진정한 기독교학교로서 그 사명을 감당해 나갈 것입니다. 하나님의 말씀 위에 기초한 기독교학교는 그 어떤 어려움과 시련이 있다 해도 흔들림은 있어도 변질되지 않고 굳건하게 참된 사람 교육을 해 나갈 것입니다. 마태복음 7장 13~29절 말씀입니다.

"좁은 문으로 들어가라. 멸망으로 인도하는 문은 크고 그 길은 넓어 그곳으로 들어가는 사람이 많다. 그러나 생명으로 인도하는 문은 좁고 그 길은 험해 그곳을 찾는 사람은 적다. 거짓 예언자를 조심하라. 그들은 양의 탈을 쓰고 다가오지만 속은 사나운 늑대다. 그 열매를 보면 너희가 그들을 알아볼 수 있을 것이다. 가시나무에서 포도를 따고 엉겅퀴에서 무화과를 얻겠느냐? 이처럼 좋은 나무는 좋은 열매를 맺고 나쁜 나무는 나쁜 열매를 맺는다. 좋은 나무가 나쁜 열매를 맺을 수 없고 나쁜 나무가 좋은 열매를 맺을 수 없다. 좋은 열매를 맺지 않는 나무는 모두 찍어 불에 던진다. 이와 같이 너희는 그 열매를 보고 그들을 알게 될 것이다. 내게 '주님, 주님' 하는 사람이라고 다 하늘나라에 들어가는 것이 아니다. 하늘에 계신 내 아버지의 뜻대로 행하는 사람이라야 하늘나라에 들어갈 것이다. 그날에는 많은 사람들이 내게 말할 것이다. '주님, 주님, 우리가 주의 이름으로 예언하고 주의 이름으로 귀신을 쫓아내며 주의 이름으로 많은 기적을 일으키지 않았습니까?' 그때 나는 그들에게 분명히 말할 것이다. '나는 너희를 도무지 알지 못한다. 무법을 행하는 사람들아, 썩 물러가라!' 그러므로 내가 하는 말을 듣고 그대로 실천하는 사람은 바위 위에 집을 지은 지혜로운 사람과 같다. 비가 내려 홍수가 나고 바람이 불어 세차게 내리쳐도 그 집은 무너지지 않았다. 바위 위에 기초를 세웠기 때문이다. 그러나 내가 하는 말을 듣고도 실천하지 않는 사람은 모래 위에 집을 지은 어리석은 사람과 같다. 비가 내려 홍수가 나고 바람이 불어 세차게 내리치니 그 집은 여지없이 모두 다 무너졌다." 예수께서 이 말씀을 마치시니 사람들은 그 가르침에 놀랐습니다. 이는 그들의 율법학자들과는 달리 예수께서는 권세 있는 분답게 가르쳤기 때문입니다.

변하지 않으면 망합니다.

저는 아프리카의 세렝게티 공원에서 생존을 위해 자신의 목숨을 걸고 드넓은 초원을 찾아나서는 누(Wildbeast)들의 비장한 모습에서 많은 교훈을 얻곤 하였습니다. 누는 생존 가능성을 조금이라도 더 높이기 위해 떼를 짓습니다. 화합하고 협동하는 아름다운 모습이 아닐 수 없습니다. 또한 이동 도중에 사자, 하이에나, 악어들의 공격으로 수많은 누 떼가 희생을 당하지만, 누의 리더는 그것에 아랑곳 하지 않고 '앞으로의 전진!' 만을 선택합니다. 결국 전진에 성공한 누 떼는 신선한 초원을 발견하고 생존과 번식의 기쁨을 만끽하게 됩니다. 저는 세렝게티 공원의 누에게서 두 가지를 배웠습니다. 하나는 미래를 향한 꿈을 갖지 않으면 전진할 동력(動力)을 얻을 수 없다는 것이고, 다른 하나는 도전하지 않으면 행운을 만날 수 없다는 사실입니다.

가수 이정현이 1999년에 발표한 정규앨범 1집 〈Let's Go My Star〉에 수록된 〈바꿔〉라는 곡이 있습니다. 지금도 가끔 TV프로그램이나 인터넷에서 접할 수 있습니다. 이 노래는 그저 스쳐 지나가는 유행가 가사답지 않은 강렬함으로 머리에 남아 있습니다. 아래는 이 노래의 가사입니다.

바꿔

모두 제정신이 아니야 다들 미쳐가고만 있어
어느 누굴 믿어 어찌 믿어 더는 못 믿어
누가 누굴 욕하는 거야 그러는 넌 얼마나 깨끗해
너나 할 것 없이 세상 속에 속물들이야
바꿔 바꿔 바꿔 모든 걸 다 바꿔
바꿔 바꿔 사랑도 다 바꿔
바꿔 바꿔 거짓은 다 바꿔
바꿔 바꿔 세상을 다 바꿔
Thangth it was a must to trust you now I crush you analysin my brain
너의 가식적인 사랑 날 다시 사랑하길 바라
내가 다시 돌아오길 바라 그럼 바꾸길 바래 늦기 전에 날 잡길 바라
한 여자의 지난 과거가 왜 용서받지 못할 일이야
맘에 걸렸다면 처음부터 왜 날 사랑해
모든 것이 변해 버렸어 예전의 나로 착각하지마
나를 버린 것을 후회해도 이미 늦었어
바꿔 바꿔 바꿔 모든걸 다 바꿔
바꿔 바꿔 사랑도 다 바꿔
바꿔 바꿔 거짓은 다 바꿔
바꿔 바꿔 세상을 다 바꿔
바꿔 바꿔 모든걸 다 바꿔
바꿔 바꿔 사랑도 다 바꿔
바꿔 바꿔 거짓은 다 바꿔
바꿔 바꿔 세상을 다 바꿔 바꿔

이 노래가 청춘 남녀 간의 사랑을 주제로 한 것인지는 잘 모르겠습니
다. 노래가 빠르고 춤이 현란하여 저는 제대로 가사를 되새기진 못했지

만 그저 인상 깊게 와 닿은 단어가 있었습니다. 바로 '바꿔'입니다. 이 곡에서는 '바꿔'라는 말이 무려 39번이나 나옵니다. '바꿔'를 외치면서 노래를 부르던 가수의 비장한 표정과 안무도 생각납니다.

한때 서울을 비롯해서 여러 도시의 시내버스 유리창마다 "이젠 한국을 바꿉시다."라는 표어가 붙어 있던 것을 기억합니다. 기존의 것을 벗어버리고 새롭게 하자는 열망을 캠페인으로 전개한 것입니다. 이 표어처럼 국가나 도시, 교회나 학교 같은 조직, 사람 개개인에게서 바꿔야 할 것은 분명히 바꿔 나가야 합니다.

언젠가 119 구조 대원들의 활동을 소개하는 프로그램에서 〈누렁이 구출 작전〉이라는 편을 방영한 적이 있었습니다. 한 농가에서 강아지 한 마리를 사 왔습니다. 단단히 목줄을 매고 헐렁한 끈으로 기둥에 묶었는데 끈이 풀어졌습니다. 끈이 풀어진 강아지는 그렇게 방치된 채 1년, 2년, 3년, 4년을 보냈습니다. 세월이 흐르면서 강아지는 큰 개가 되었습니다. 그런데 어릴 때 묶어둔 목줄 때문에 이 개는 몹시도 고통스러워했습니다. 붙들어서 풀어 주려고 하면 후다닥 도망을 갑니다. 하는 수 없이 119 구조 대원들에게 구조를 요청하게 되었고 마취 총을 쏴서 개를 잡았는데 목줄을 풀어 보니까 이미 목 살이 썩어 가고 있었습니다. 급하게 수의사가 수술해서 겨우 치료가 가능했습니다. 강아지는 성장하고 있는데 그대로인 목줄 때문에 죽음의 문턱에 다다랐던 것입니다.

영국의 간호사 나이팅게일(Florence Nightingale)은 크림전쟁 중 이스탄불에서 야전 병원장으로 활약하였으며, 이후 간호사 직제의 확립과 의료 보급의 집중 관리, 오수 처리 등 의료 체계 향상을 위해 지속적인 노력을 기울였다. 또 근대 간호학의 창시자인 그녀는 병원·의료 제도의 개혁자이자 통계학자이기도 하였습니다. 그녀의 말입니다.

"인간은 반복에 둔감하고 변화에 민감하다는 말 속에 행복의 비밀과 원리가 있습니다."

둔감화(desensitization) 또는 습관화(habituation)는 똑같이 반복되는 자극에 반응이 무뎌지는 현상으로, 매 끼니마다 반찬이 같거나 변함없는 능력과 성적, 그리고 생각 등 과거의 반복은 우리가 행복감을 느끼게 하는 것과는 반대입니다. 병실의 환자들 또한 하루하루 똑같은 상황입니다. 내일이 만약 정해진 결과라면 굳이 열심히 치료를 받으며 살아가야 할 이유가 없을 것입니다. 우리의 삶은 매일 똑같지 않습니다. 다만 우리가 알아차리지 못할 뿐입니다. 하루하루 더 나아지는 작은 변화가 우리에게 희망을 주고 버티며 살아가는 원동력이 되는 것입니다.

최근 인생의 종착역인 양, 마지막 성적표인 양, 최후의 만남인 양 여러 이유로 자살을 시도하는 사람들에 대한 논리의 반박자료 중에 하나는 '확실성에 대한 부정'입니다. 반대로 말하면 "마지막은 없으며 현재의 불확실성은 우리가 변화의 개연이 있는, 변혁의 가능이 있는 상황이다."라는 논리입니다. 김난도 교수의 『아프니까 청춘이다』의 주제도 아직 마지막이 아닌, 정해지지 않은 청춘의 나날은 조금은 미래에 대한 불안도 있지만 내일을 희망으로 바라볼 수 있는 것이기에 청춘은 아름답다고 말하는 것입니다.

그런데 한순간에 급변하는 세상 흐름을 접하게 되면 온몸이 움찔거리면서 가슴이 답답하고 갑갑해지는 것이 사실입니다. 나이를 먹는다는 건 단지 숫자에 불과하며 열정을 갖고 살면 영원한 젊음이라고 자부해 왔는데 실제로는 그렇지 못한 자신을 발견할 때마다 한없이 초라해집니다. 급변하는 시스템을 보면서 망연자실하며 어디서부터 어떻게 적응해 나가야 할지 주춤거리는 저 자신을 추스르기 위해 우선 혁신이라는 단어의 의미와 어원부터 되새겨 봅니다.

원래 한자어 '革新(혁신)'은 가죽 '革(혁)'과 새로울 '新(신)' 자의 합성어로

"동물의 껍질을 벗겨 무두질함으로써 유용한 가죽으로 새롭게 창조시킨다."라는 의미를 내포하고 있습니다. 영어에서 혁신을 의미하는 'innovation'의 어원은 라틴어 'innovates'이며, 여기서 'in'은 'into' 또는 'inside' 그리고 'nova'는 'new'를 의미합니다. 그러므로 'innovation'을 이해하기 쉽게 도해하면 'in(=inside) + nov(=new) + at(=make) + ion(=suffix)'가 됩니다. 즉, '안에서 새롭게 만들다'라는 의미이며 확대 해석하면 내부에 새로운 것을 쌓아, 보다 나은 걸 창조해 간다는 뜻으로 정의내릴 수 있습니다. 그러나 여기에 오류를 범할 수 있는 허점 또한 있습니다. '내부 또는 안'의 의미가 바로 유아독존(唯我獨尊)인 자신만을 고집해서 외부와의 배타적 태도를 고집하는 'NIH증후군(Not Invented Here syndrome)'에 걸리는 어리석음을 범하기 쉽기 때문입니다. 즉, 자신 내부의 혁신과 더불어 외부에서의 혁신을 어떻게 조화롭게 융합해 소우주인 자신뿐만 아니라 대우주인 공동체의 구성원으로서 역할을 충실히 수행하느냐가 가장 핵심일 것입니다. "일신일일신우일신(日新日日新又日新)", 즉 늘, 항상, 언제나 새로운 걸 추구해야 한다는 한자어구가 가슴을 울립니다. 그렇습니다. 매순간 새로운 걸 추구한다는 건 우리 자신뿐만 아니라 자신을 둘러싸고 있는 주변 환경의 변화에도 항상 새롭게 접근하고 새로운 시각으로 받아들일 준비가 되어 있어야 하며 또 그렇게 사는 것이 혁신적인 삶일 것입니다. 미국의 경영 사상가인 피터 드러커(Peter Ferdinand Drucker)는 혁신을 이렇게 정의하였습니다.

"혁신은 기존의 자원이 부(富)를 창출하도록 새로운 능력을 부여하는 활동이다. 페니실린도 한때는 자원이 아니라 병균일 뿐이었다."

영국의 미생물학자 플레밍의 노력에 의해 페니실린이라는 곰팡이는 가치 있는 자원이 되었습니다.

한편, "모든 것은 변한다는 진리가 유일하게 변하지 않는 진리입니다."라는 말이 있습니다. 시대가 변화하고 있습니다. 하나님이 우리에게 주신 선물 중 하나가 '내일'이라는 불확실성입니다. 불확실성을 원동력으로 미래에 대한 도전의 기회가 주어집니다. 점심 메뉴를 가끔 참신한 것으로 바꿔 보고, 조금 돌아가더라도 걷는 코스를 다르게 해 보고, 자신의 외모나 행동에 변화도 줘 보고, 새로운 학문에 도전해 보는 등, 창의성의 발휘가 지금 살아있음을 느끼는 행복의 지름길입니다. 불확실성을 받아들이고 오늘의 정진(精進)과 내일의 도약(跳躍)에 필요한 요건으로 활용해야 할 것입니다.

제가 재직하는 학교는 바로 이러한 개혁 교회의 전통을 이어가는 기독교학교입니다. 오늘 우리의 현장에서 학교의 역사와 전통에 흐르는 정신을 되살려 내는 것, 그것이 바로 기독교학교와 교회의 과제입니다. 그 정신은 무엇일까요? 일제강점기와 6·25를 겪은 고난의 현장에서 오직 배움으로 사람됨의 도리를 알고 실력을 쌓아 나도 살고, 가족도 살고, 민족을 살리고, 온누리에 빛이 되고자 함이었습니다. 제가 재직하는 학교의 시작도 뜻있는 선각자들이 자신의 논과 밭을 자기 것이라고 하지 않고 돈과 시간과 정성을 아낌없이 내놓는 결단의 결과였습니다.

"기존의 조직, 노동조합이든 정당이든 교회든 병원이든 이노베이션, 즉 자기 혁신을 하지 않으면 몰락하고 새로운 조직은 매니지먼트 즉, 경영 관리를 하지 않으면 탈락합니다."

이 말은 피터 드러커가 쓴 책 『새로운 현실(The New Realities)』에 나오는 말입니다. 자기 쇄신 즉, 이노베이션이 없는 사람과 교회와 조직은 반드시 망하게 된다는 것이 피터 드러커의 주장입니다. 자기 쇄신의 문제는 생사의 문제입니다. 기업에도 수명이 있습니다. 1868년 메이지유신 이후 100여 년 동안 설립되었던 500개의 기업을 조사해 보니 기업의 평균 수명이 고작 30년이었다고 합니다. 그럼에도 50년, 100년 수명을 자랑하는 기업은 이노베이션 즉, 자기 혁신에 최선을 다한 기업들이었습니다. 산야에서 살아가는 뱀도 계절을 따라 껍질을 벗습니다. 껍질을 벗는 것은 살기 위한 뱀의 몸부림입니다. 껍질을 벗지 못한 뱀은 자기 껍질에 갇혀 죽게 됩니다. 새로움이 없다면 몰락하고 맙니다. 변하지 않으면 죽습니다. 세상은 달라지고 변화되고 있는데 변하지 않는다면 어떻게 될까요? 고인 물은 썩기 마련입니다. 달라질 줄 모르는 사람은 앞으로 달려 나갈 줄 모릅니다.

기독교 개혁+ 이후 가톨릭에서 분리되어 새롭게 신앙의 진정성을 구현하고자 형성된 분파를 지칭하는 용어가 '개신교'입니다. 이를 영어로는 'Reformed Church'라고 합니다. 'Re'는 다시를 의미하고 'forme'은 본

+ 저는 종교 개혁이라는 말보다는 기독교 개혁이라는 말이 맞다고 생각합니다. 제가 굳이 종교 개혁을 기독교 개혁이라고 표현한 이유는 1517년 독일의 비텐베르크 성당 정문에 당시 신학 교수이자 신부였던 마르틴 루터가 로마 교황청에서 베드로 성당 건축 기금을 마련하기 위해 면죄부 판매를 하였는데, 이는 성경의 가르침에 위배된다고 하여 교황청의 잘못을 비난하는 95개조의 반박문을 붙였습니다. 이것은 당시 르네상스라는 인문 운동과 농민 개혁 운동과 맞물리면서 유럽 사회의 지각을 뒤흔드는 거대한 혁명으로 발전하게 되었습니다. 이를 흔히 종교라는 말을 붙여 종교 개혁이라고 부릅니다. 그러나 이 단어는 본의 아닌 여러 가지 오해를 불러일으킵니다. 만약 불교에서 '종교 개혁의 날'을 지정하여 선포하면 우리 기독교인들은 자연히 '아니 종교가 자기 종교 하나만 있는 줄 아나?' 하고 반발을 하게 될 것입니다. 마찬가지입니다. 우리 예수님은 '남에게서 대접을 받고자 하는 대로 남을 대접하라' 하셨으니, '종교' 개혁이라는 말은 우리와 다른 종교인들과 비기독교인들을 배려하지 않은 말이 되기에 사용하지 않는 것이 옳은 것 같습니다. 서양에서는 'the Reformation(개혁)'이라 부르지 'Religion(종교)'이라는 단어를 붙이지 않습니다. 일본 학자들이 번역한 '종교 개혁'이라는 단어를 무비판적으로 사용하면서 우리 안에서는 자연스러운 단어가 되었습니다만, 이는 다른 종교에 대한 모독일뿐더러 특히 우리 개신교의 모태가 되는 가톨릭을 이단으로 보는 자기 정당화의 단어로도 사용되고 있습니다. 개혁이라고 말할 때는 '자기 개혁'이 우선시되지만 종교 개혁이라고 말하면 '자기'는 쏙 빠지고 종교 일반, 특히 가톨릭에 대한 개혁으로 시선이 밖으로 향하게 됩니다. 오늘도 수많은 교회가 종교 개혁이라는 명칭을 사용하면서 마틴 루터(Martin Luther)와 진 칼뱅(Jean Calvin)을 거론하는데, 그 핵심은 가톨릭에 대한 비판입니다. 물론 교황무오설이나 성모마리아설 등 개신교가 받아들이지 못할 교리는 분명 있습니다. 오늘날 일반 사람들은 개혁을 말할 때의 일차적 대상은 개신교회이지 가톨릭이 아니라고들 봅니다. 타락과 부패가 심각한 쪽은 개신교이지 가톨릭이 아니라고들 생각합니다. 그런 점에서 우리는 개혁을 통해 스스로를 돌아보는 계기로 삼아야 합니다. 그러기에 루터 시대보다 어쩌면 더 절실한 기독교 개혁의 요구 앞에 서 있는지 모릅니다. 루터가 '교리의 개혁'을 이뤘다면 우리는 '삶의 개혁'을 요청받고 있습니다.

래의 형태를 말합니다. 즉 본래의 형태로 돌아간다는 말입니다. 그러므로 종교 개혁은 성경으로, 초기 교회로 돌아간다는 의미입니다. 즉 환원(還元) 운동입니다. 개신교 교파 중 하나인 '그리스도의 교회협의회'는 기독교 초기 교회 정신으로 돌아가자는 환원을 교단의 주된 모토로 삼기도 합니다.

안타깝게도 개신교 신앙인들이 비신앙인들에게 모범이 되고 귀감이 되어야 하는데 그렇지 않은 것이 사실입니다. 저를 비롯해서 신앙인들의 모습이 기대치에 못 미칠 뿐만 아니라 실망스럽다는 공감대가 사회적인 분위기이기도 합니다. 이런 시점에서 우리는 교회를 성장시켜 나가고, 교회 건축하는 데 열을 내는 것도 중요하지만 뭔가 우리의 체질을 개선하고 변화를 모색해야만 합니다. 이것은 더 이상 늦춰서는 안 될 시급하고 중요한 일입니다. 교회가 속한 세상이, 교인들이 살아가는 세상 사람들이 더 이상 실망하고 멀어지기 전에 우리가 변화해야 합니다. 우리는 무엇보다도 기독교 초기 교회의 그 순수하고 열정적인 사랑의 공동체를 회복하여 오늘날 되살려 내야 할 것입니다.

변화는 시대에 역행할 수 없는 중요 화두입니다. 우리가 사는 세상은 새로운 시대적 환경의 변화가 진행되고 있으며, 이에 따라 우리 자신의 모습도 변화시켜야 할 때입니다. 많은 사람들이 변화의 필요성을 공감하고 있습니다. 그러나 진정한 변화는 함께하는 마음을 가지고 있을 때만이 긍정적인 결과를 기대할 수 있습니다. 조직이나 공동체에서 구성원이 함께하는 마음을 갖게 하기 위해서는 어떻게 해야 할까요? 첫째, 어디로 가고자 하는지 목표가 명확해야 합니다. 우리의 미래 모습을 명확히 그릴 수 있어야 합니다. 이는 지도자의 몫이며 그릇이라 할 수 있을 것입니다. 미래 모습에 대한 구성원의 공감대를 얻을 수 있을 때만 함께하는 변화가 가능합니다.

둘째, 솔선수범의 모습을 보여야 할 것입니다. 대부분의 사람들이 변화는 타인에게 우선적으로 요구하는 경향이 있으며, 그 결과는 참담한 실패로 끝나는 모습들을 보이곤 합니다. 진정한 변화를 위해서는 이를 요구하는 주체가 선도적으로 행하여, 희생하는 모습을 보여야 합니다. 이를 구체적으로 실행할 때만이 구성원의 마음을 얻고 함께 변화에 대한 동참하고자 하는 마음을 얻게 됩니다.

셋째, 구성원을 위하는 마음을 가져야 합니다. 누구나 세상에서 가장 귀중한 존재는 자신입니다. 자신이 없으면 마음 또한 없습니다. 변화가 구성원 개개인의 미래를 위한 것이라는 마음을 갖게 해야 합니다. 어려운 상황을 극복하기 위하여 보다 많은 희생만을 구성원들에게 요구할 경우, 피곤한 마음으로 능력의 발휘 및 동참을 능동적으로 하지 않는 결과를 낳을 것입니다.

변화의 핵심은 마음입니다. 가장 어려운 것 중 하나가 사람의 마음을 얻는 것입니다. 사람의 마음을 얻는 것은 천하를 얻는 것과 같다고 할 수 있습니다. 함께 미래를 보고, 함께 노력하며, 희생할 수 있는 구성원의 마음을 얻지 못할 때 우리의 미래는 긍정적이지 못할 수 있습니다. 마음은 그 마음 자체도 중요하나, 구성원의 마음을 얻고 함께하는 조직을 만들 수 있는 현실로 승화되어야 할 것입니다.

힐링 그 너머의 자기 찾기

1990년대에 대히트를 쳤던 가수 벅(buck)의 〈맨발의 청춘〉이라는 노래
가 있습니다. 지금 청소년들에겐 생소하겠지만 30, 40대들은 젊은 시절
이 노래를 자주 흥얼거렸을 것입니다. "이렇다 할 빽도 비전도 지금 당장
은 없고 젊은 것 빼면 시체지만 난 꿈이 있어……." 대충 이런 내용의
가사를 가진 노래였습니다.

해마다 3월이 되면 대학 캠퍼스는 겨우내 움츠렸던 겨우살이를 끝내
고 푸르른 신록의 4월을 준비합니다. 귀염둥이 새내기들은 대학 생활의
설렘과 기대감을 안고 정신 없는 3월을 보낼 것이고, 2학년과 3학년들은
자신의 스펙 쌓기에 나름 분주할 것이며, 4학년들은 이제 코앞에 다가온
취업 준비에 자신이 할 수 있는 모든 노력들을 기울이기에 여념이 없을
것입니다.

얼마 전 우리나라 청소년들의 장래희망을 설문조사한 결과가 뉴스에
보도된 적이 있습니다. 뉴스의 제목은 "꿈이 없는 우리나라 청소년"이었
습니다. 제목부터 자극적인 이 뉴스에서 주목할 만한 것은 우리나라 청
소년들의 장래희망 1위가 공무원, 2위는 선생님이었다는 점입니다.

1970년대 고도 성장기를 지나 1980년대를 거치며 비약적인 경제 성장
을 체감하며 자란 세대들은 1980년대 말 민주화의 바람과 함께 그야말로
바람이 들기 시작했습니다. '무엇이든 할 수 있다, 무엇이든 될 것이다.'
그렇게 막연한 낙관적 기대만으로 모든 것이 허락되었습니다. 아직 스펙
쌓기가 무엇인지도 몰랐던 그때는, 무엇을 하든 무엇을 꿈꾸든 젊음의

특권으로 허락됐던 시절이었습니다.

그러나 IMF가 너무 많은 것을 앗아가 버렸습니다. IMF로 인한 비정규직 증가와 청년 실업 확대로 미래를 꿈꿀 수 없게 되면서, 더 이상 청년들도 꿈을 꿀 수 없게 되었고 쫓기듯 현실로 내몰려 비관과 절망을 배웠습니다. 이에 따라 갈수록 안정된 삶만을 원하니 장래희망 1위, 2위가 공무원, 선생님 순으로 나타난 것입니다.

놀 수 있을 때 날 새우며 신명나게 놀고, 공부할 수 있을 때 죽도록 공부 한번 해 보고, 사랑할 수 있을 때 심장이 타 버리도록 사랑해 보고, 그대들이 정녕 원하는 꿈이 무엇인지 노력이나 해 보고, 그렇게 다 해본 뒤 그래도 안 되면 그때 포기해도 좋지 않을까요? 설령 이루어지지 않은들 어떠한지요?

"갈 길이 멀기에 서글픈 나는 지금 맨발의 청춘······. 나 젖 먹던 힘을 다해 내 꿈을 이룰 거야 간다 와다다닥······. 맨발에 땀나도록 뛰는 거야 내 청춘을 위하여······."

그러나 이렇게 말하기 어려운 게 우리가 직면한 오늘날의 청년 실업의 심각한 현실입니다. 아무리 숨 가쁘게 대학 생활을 열심히 보내도 청년 실업은 만성질병이 되었고, 취업을 해도 비정규직, 88세대, 삼포세대에 편입되기 십상입니다. 신자유주의의 여파로 기회의 불균형과 소득의 양극화 현상이 가속화되고 있고, 제한된 사회구조 속에서 더 많은 물질적 혜택을 누리기 위하여 치열한 경쟁이 벌어지고 있습니다.

오늘날 신조어로 '워킹 푸어(working poor)'라는 말도 있습니다. 이 말은 직장은 있지만 아무리 일을 해도 가난을 벗어나지 못하는 근로빈곤층을 말합니다. 이들은 정규직 또는 비정규직에 상관없이 풀타임으로 일을 해도 빈곤을 벗어날 수 없는 가족, 개인입니다. 임금 차별, 복지 차별, 고용 불안으로 고통 받는 비정규직들은 물론 임금과 복지가 열악한 영세

사업장에서 일하는 정규직 노동자도 워킹 푸어입니다. 이들의 소득은 최저생계비에 못 미치거나 간신히 웃도는 수준에 머물고 있습니다. 워킹 푸어는 1990년대 중반 미국에서 처음 사용되기 시작했으며 2000년대 중반부터는 전 세계적으로 널리 쓰이는 용어가 됐습니다. 이들은 고정적인 수입처가 있지만 저축할 여력이 없어 가난을 피할 수 없기 때문에 질병이나 실직이 곧바로 절대빈곤으로 이어질 수 있는 취약 계층입니다. 일본의 경제전문가인 가도쿠라 다카시는 미국의 계층 간 소득 격차의 원인을 사회구조 변화라고 정리하고 있습니다. 우선 경제의 주도권이 고임금인 제조업에서 저임금인 서비스업으로 이동한 데다 IT사업을 대표적으로 하여 전문직에 대한 수요가 확대되면서 비전문직과의 소득 격차가 심화됐으며, 외부에서 대량 유입된 이민도 저소득층의 임금 상승을 방해하고 있다고 보았습니다.

1990년대 들어 전 세계 노동자의 20% 정도가 공식적인 빈곤선 이하의 임금을 받고 일하고 있으며, 경제적 상황은 고용되어 있지만 여전히 빈곤한계선 이하의 생활을 유지하고 있는 사회계층을 부르는 말로, 노동 빈민이라고도 합니다. '노동 시장 참여=일정 소득 생활자, 노동 시장 불참=빈곤자'의 이분화된 일반적인 인식과 달리, 노동 시장의 불안정성과 노동 형태의 변화로 인해 많은 일을 하면서도 여전히 빈곤한 사람들과 가족들을 뜻합니다. 서구사회에서는 구조적인 문제로 등장했으며, 노동 시장의 불안정성과 노동 형태 변화로 인해, 1997년 이후 우리나라에도 노동 빈민 계층이 등장하기 시작했습니다. 소득은 있지만 주택문제로 인해 빈곤한 사람들을 가리키는 유사 용어들도 있습니다. 주택 보유 빈곤층(house poor, 하우스 푸어)는 자산 가치의 상승을 기대하고 과도한 채무를 동원하여 집을 마련하였으나 부동산 경기가 침체되면서 대출이자를 감당하기 어려워 가난하게 살아가는 사람들을 말합니다. 주택 임대 빈곤층(rent poor, 렌트 푸어)은 주택 임대비용을 감당하는 데 소득의 상당액을 지출해야 해서 저축 여력이 없는 사람을 말합니다.

우리 사회는 이른바 스펙과 성과 중심의 사회로, 계속되는 긴장과 변화에 대한 요구로, 사람들을 피곤하게 만들고 있습니다. 치열한 경쟁에서 살아남으려면 남보다 더 나은 상품 가치를 지녀야만 합니다. 그러니 여유롭게 쉼을 즐길 수 없습니다. 그야말로 '피로에 지친 사회'입니다. 뼈 빠지게 노력해도 '개천에서 용 나기' 힘든 개천까지 말라버린 사회에서는 세대 간의 갈등, 남녀 간의 갈등만 증폭되고 있습니다. 한병철의 『피로사회』는 3주 만에 판매 부수가 1만 권을 돌파하며 큰 반향을 일으켰습니다. 그 이후 한국 사회의 모습을 특징하는 '○○사회'란 제목의 책들이 연이어 등장하고 있습니다. 투명 사회, 단속 사회, 분노 사회 등 여러 책의 제목을 통해 현재 한국 사회의 모습이 어떠한지 짐작할 수 있습니다. 우리 사회는 경쟁으로 인해 지쳤고, 소셜네크워트서비스(SNS)의 과다한 이용으로 인해 오히려 피로를 호소하고 있으며, 가상공간에만 적응된 청소년들은 현실생활에서 원활한 인간관계를 맺지 못하고 집에만 머무는 '은둔형 외톨이'가 되어 가고 있습니다. 또한 최근 통계청 발표에 따르면, 완만한 증가 추세를 보이던 청년(15세~29세) 실업률은 올해 2월 11.1%로 1999년 7월 이후 15년 7개월 만에 최고치를 기록했습니다. 소득의 불평등 정도를 나타내는 지수를 '지니계수'라고 합니다. 이 지수가 '1'에 가까울수록 소득 불평등이 심각함을 뜻합니다. 2013년 11월 통계청에서 발표한 우리나라의 지니계수는 0.353으로 아시아 28개국 중 5위입니다. 몇몇 경제학자들은 국세청의 국세통계연보(소득세)를 자료로 할 경우가 지니계수가 훨씬 높아질 것이라고 주장하기도 합니다.

"매화 향기 가득한 봄의 문턱에서 설렘 하나쯤 있으련만 왜 이렇게 가슴이 답답한지 모르겠다."라던 어느 선생님의 말씀이 가슴에 저며 옵니다. 여기저기서 사람들의 신음소리가 들려옵니다. 자라나는 세대들은 무한 경쟁의 입시 위주 교육으로 비인간적인 삶을 강요당하고 있으며, 젊은이들은 일자리가 없거나 있어도 비정규직으로 생계 유지조차 어려운 임금으로 생활하고 있고, 중장년들은 언제 해고당할지 모르는 위험에 처해 있으며, 노인들은 섬김을 받지 못하고 버려지고 있습니다. 그래서 그런지 어느 사이에 우리 사회는 지구상에서 출산율이 가장 낮고, 자살률이 가장 높으며, 행복지수가 가장 낮은 국가가 되었습니다. 그러다 보니 우리나라는 한강의 기적을 이룩한 위대한 나라의 이미지보다는 행복을 잃어버린 나라로 여겨지고 있습니다.

무한 경쟁과 경제 성장에만 올인해 온 사회, 경제적 가치나 효율성만을 중시하며 운영하는 회사형 조직, 취업률을 주요 지표로 삼아 대학을 구조조정하려는 정부, 대학의 존립 목적이나 근본 과제를 망각하는 대학들, 오직 돈 많이 버는 일이 삶의 목적이 된 사람들……. 이 모두가 우리가 사는 사회를 위태롭게 이끌고 가는 우리 시대의 자화상들입니다. 성공주의, 성과주의, 물질주의의 덫에 빠져 '빨리빨리' 해야만 한다는 조급증과 강박은 우리가 지켜야 할 중요한 가치들을 하나씩 뿌리 뽑아 버렸습니다. 최근 각종 방송과 서적에서 힐링, 치유, 위로, 공감이라는 말들이 많아진 것은 그만큼 우리 사회에 이런 것들이 고갈되어 가고 있다는 반증일지도 모릅니다.

오늘 우리의 현실은 위태위태한 상황입니다. 경제 호황기가 지나고 저성장 시대에 접어들면서 전례 없는 위기가 다가오고 있습니다. 국민은 힘들고 지쳤으며 정치는 비전을 보여 주지 못하고 있습니다. 이런 상황에서 2014년 4월 16일 '세월호 사건'이 터졌고 이 사건은 우리의 현실을 적나라하게 보여 주었습니다. 책임을 져야 할 사람은 현장에서 도망쳤고, 그 이후에라도 사건을 수습해야 하는 자들은 우왕좌왕했습니다. 그

동안 천하보다 귀한 304명의 생명이 바다 속으로 사라지고 말았습니다.

언젠가 아는 분이 김난도 교수의 책 『아프니까 청춘이다』을 선물로 주었습니다. 감사하게 받고 인사를 건네고 보니 책 제목이 특이하고 인상 깊었습니다. 그리고 '왜 많은 책 중에서 굳이 이 책을 내게 준 것인가?' 하는 생각이 들었습니다. '내가 보기에 아파 보인다는 것인가, 청춘을 생각해 보라는 것인가?'

그때는 바빠서 책장에 꽂아만 두고 있었는데 제목이 자꾸만 눈에 띄어 시간을 내서 읽어 보았습니다. 책은 아주 쉽게 읽혔습니다. 워낙 글이 깔끔하고 적절한 예화와 체험담이 곁들여져 마음을 사로잡기에 충분하였습니다. 독자들의 마음은 다르지 않았는지 인터넷 검색을 해 보니 이 책이 베스트셀러였습니다. 그동안 책을 십여 권 냈지만 판매부수가 신통치 않은 저로서는 부럽기도 하고, 하나의 자극이기도 하였습니다. 이 책이 베스트셀러인 이유는 글의 우수함도 있지만 그만큼 우리 사회가 이 책을 필요로 하기 때문일 겁니다. 이런 것을 보면, 우리 사회에 아픈 사람이 많은가 봅니다.

그런데 문제는 사람들이 아픔에서 벗어나기 위해 너무도 쉽고 간단하고 단기간적인 효과를 찾으면서 일종의 만병통치약을 찾는다는 것입니다. 한두 권의 힐링 서적으로 위안을 얻고 해법을 발견하고자 합니다. 각종 TV프로그램에서도 하나의 유행처럼 힐링, 치유, 감성이라는 말들이 지나칠 정도로 남발되고 있습니다. 또한 아무래도 더 강한 무기를 위해 남들이 하는 것을 따라 하는 스펙 쌓기에 열중합니다. 이처럼 얄팍한 마음의 위안을 찾아보고, 남보다 잘난 그 무엇을 획득하려고 애를 쓰지만 결국은 또 다시, 치열한 전쟁터로 내몰려 치명상을 입기 일쑤입니다.

진정한 힐링과 치유를 이루고 감성지수를 높여 경쟁력을 갖추고 자신감을 높이려면 그저 그런 위로나, 마지못해 축적하고 유행을 쫓듯 쌓는 스펙으로는 안 됩니다. 진정으로 아픔을 극복하고 참된 자신을 찾아 힘차게 살아가려면 지금과는 다르게 생각하고 행동해야 합니다. 아인슈타인의 말입니다. "똑같은 일을 계속 반복해서 하면서 다른 결과를 기대하는 것은 미친 것입니다." 지금까지 학습된 자신의 생각의 틀에서 벗어나 새로운 시각으로 세상과 자신을 보고, 다르게 생각하고 행동해야 합니다. 이런 깊이는 요즘 중요하게 제기되는 인문학적 소양과 교양에서 나오기도 합니다. 풍부한 독서와 사색을 통한 삶의 성찰을 통한 자기 찾기를 꾸준히 해 나가야 가능합니다.

우리의 아픔이 시대와 사회의 산물일 수도 있지만, 진짜 아픈 이유는 자신을 잃어버리고 시대와 사회에 순종하는 우리의 어리석음 때문입니다. 세상이 요구하는 대로 새장을 만들고, 그 안에 스스로 자신을 가두고 있기 때문에 아프고 괴로운 것입니다. 새장에 갇힌 솔개는 얼마나 고통스러울까요? 근본적인 아픔을 극복하려면 새장을 걷어내고 잃어버린 자신을 찾아야 합니다. 자신의 정체성을 분명하게 하고 주위 사람들의 평가를 의식하고 눈치를 보는 것이 아니라 자신의 눈으로 자신의 세상을 보고, 그들의 목소리를 흉내 낼 것이 아니라 자신의 목소리로 자신의 노래를 불러야 합니다. 자신의 진정한 가치를 깨닫게 되면, 존재가 편안해지고 아픈 현실마저 평안으로 수용할 수 있습니다.

아무리 추운 겨울이라도 시간은 흐르게 마련입니다. 그러면 어김없이 우리에게는 봄이 찾아옵니다. 봄이 되면 언제 그랬냐는 듯이 개나리, 목련, 벚꽃, 진달래, 철쭉이 흐드러지게 피어납니다. 길거리마다 꽃동네, 꽃대궐을 이룹니다. 즐거운 웃음소리와 사진 찍는 청춘들의 목소리가 상쾌합니다. 세상을 아름답게 만들어 주는 봄의 꽃들은 어디서 왔을까요? 꽃들은 하늘에서 뚝 떨어진 것이 아닙니다. 땅에서 솟은 것도 아닙니다. 나무 속에서 돋아난 것입니다. 우리가 애타게 찾고 있는, 아픔을 치유해 주고 자존감을 살려 주며 마음의 평화를 가져올 해답은 어디에 있을까요? 이미 우리 마음속에 있습니다. 추운 겨울, 그 혹독한 매서움 속에서 잘 보이지 않고 느껴지지는 않지만 생기가 샘솟는 희망이 있습니다.

조선조 세종대왕 때의 일입니다. 아버지 태종이 모든 정사를 세종에게 넘기고 풍양궁에 살고 있었는데 어느 날 우연히 두 하급 관리가 서로 하늘과 사람의 이치를 논하고 있는 것을 들었습니다. 갑이 말하길, "부귀와 영달은 모두 임금에게서 나온다." 이에 을은 "아니 그렇지 않다. 한 계급이 오르거나 한 벼슬을 하게 되는 것은 모두 하늘이 정하는 것이다. 비록 임금이라도 그것은 어쩔 수 없다." 하며 서로 자기 주장을 굽히지 않았습니다.

태종이 그 말을 엿듣고 나서 "지금 이 글을 가지고 가는 아전을 한 직급 올려 주기 바라오."라는 글을 종이에 써서 갑을 시켜 세종에게 보냈습니다. 그런데 갑은 갑자기 복통이 나서 그 쪽지를 을에게 대신 부탁하였습니다. 다음날 인사 발령 내용을 보니 을은 직급이 올랐으나 갑은 그대로였습니다. 이상히 여겨 그 까닭을 알아보고 난 태종은 경탄해 마지않았다고 합니다. 이처럼 우리의 삶은 뜻대로 되는 것이 아닌 것입니다.

살다보면 예상치 못한 어려움에 힘들 때가 많습니다. 세상사 뜻대로만 되는 것도 아닙니다. 그러니 그 과정에서 좌절하거나 우울해 하지 말고 냉정하게 더 멀리 더 깊이 바라보아야 합니다. 지금 당장의 고난에 매몰되지 말고 그것 너머의 미래를 바라보아야 합니다. 막다른 길에서도 꿈은 이루어지고 길은 열립니다. 성경에 보면 예수님이 병자들을 치료해 주시면서 즐겨 하신 말씀이 있습니다. 그것은 하나의 물음이었습니다.

"네가 낫고자 하느냐?"

병자에게 병이 낫는 것은 당연히 절박한 궁극적 소원입니다. 그걸 뻔히 아시면서도 예수님은 물으셨고 예수님께 간절하게 자신의 소원을 분명하게 말하도록 하셨습니다. 예수님의 질문에 "네, 제가 낫고 싶습니다."라고 말하는 목소리는 예수님과 제자들과 수많은 사람들에게 또렷이 들렸습니다.

이렇듯 분명하게 자신을 표현하는 것, 자신의 문제와 소원이 무엇인지를 분명히 하는 것이야말로 진정한 힐링이요, 치유의 시작입니다. 또한 예수님은 병자들을 고치면서 이런 말씀을 하곤 하셨습니다. "네 믿음이 너를 구원하였다." 육체적인 병을 고치는 것으로 사람의 근본적인 문제가 해결되지는 않습니다. 더 중요한 것은 육체의 병으로 인해 나약해지고 주눅 든 마음과 부정적인 마음일 것입니다. 어쩌면 그런 마음의 병이 육체의 병을 유발했을 지도 모릅니다. 그러나 이제 예수님을 만나면 치료가 가능하여 새로운 삶을 살 수 있다는 믿음과 확신으로 먼 거리를 마다않고 사람들의 무시와 몸의 불편도 감수하면서 예수님을 찾아나섰습니다. 그 용기와 결단이 새로운 존재로 나아가게 하였습니다. 누가 시켜서가 아닌 스스로의 결정이었습니다. 이와 같은 자기 결정 능력은 우리 내면 깊숙한 곳에 있습니다. 오늘 우리가 직면한 현실은 바꿀수 없지만 현실을 직시하고 대처하는 우리의 마음은 바꿀 수 있습니다. 우리 안에 있는 해답을 찾아 활짝 꽃 피워 봅시다.

좋은 노래를 들어요

예부터 우리나라 사람들은 함께 모이면 노래하며 즐기는 삶을 살았습니다. 홍세화가 쓴 『나는 파리의 택시운전사였다』에 보면, 우리나라 사람들처럼 노래를 좋아하고 노래를 잘하는 나라도 드물다고 합니다. 그의 말대로 우리나라 사람들은 노래를 즐기고 즐겨 듣는 것 같습니다. 그래서 그런지 세계적으로 뻗은 한류열풍과 함께 K-POP의 인기, 특히 가수 싸이의 인기가 온누리에 퍼져 나가고 있습니다. 아이돌 스타들의 춤과 노래를 보면 감탄할 지경입니다.

제가 섬기는 작은 농촌학교에서도 노래를 참 좋아하는 것을 쉽게 찾아볼 수 있습니다. 학생들은 수업시간에 엠피스리(MP3)로 노래를 듣다가 선생님에게 걸리기도 합니다. 이렇게 우리 생활에서 빼놓을 수 없을 정도로 노래는 참으로 중요합니다. 한편으로는 학교에서 흘러나오는 찬양곡에 교회를 다니지 않거나 다른 종교인임에도 흥얼거리며 따라부르는 경우가 많아 노래의 영향력이 얼마나 중요한가를 느끼곤 합니다.

언젠가 노랫말을 연구하는 어느 연구회가 노래를 부른 가수들의 삶을 조사했는데, 놀랍게도 가수들은 자신들이 부른 노랫말대로 산 경우가 많았다는 결과가 나왔습니다. '죽겠다'는 주제로 노래를 부른 가수는 요절한 경우가 많았고, '슬픔'을 노래한 사람들은 인생이 슬펐다는 것이었습니다. 우리나라 근현대사에서 최초의 여가수로 추앙받는 윤심덕은 1926년 현해탄에서 극작가 김우진과 동반 자살을 했습니다. 그런데 그녀가 자살하기 전에 부른 노래가 바로 〈사(死)의 찬미〉였습니다. 그녀는

58

"이래도 한 세상 저래도 한 세상, 돈도 명예도 사랑도 다 싫다." 하며 죽음을 찬미하다가 자살했습니다. 남인수는 "운다고 옛 사랑이 오리요 만은……."으로 시작되는 〈애수의 소야곡〉을 불렀습니다. 그는 44세의 젊은 나이에 죽었습니다. 목포의 자랑으로 불리는 이난영 역시 〈목포의 눈물〉을 애절하게 부르다가 49세에 죽었습니다. 차중락은 〈낙엽 따라 가버린 사랑〉을 부르고서 29세가 되던 11월에 낙엽 따라 가 버렸습니다. 1985년 〈님〉이라는 노래를 부른 김정호는 34살에 죽었습니다. 그가 부른 〈님〉이라는 노래의 가사가 이렇습니다. "간다. 간다. 나는 간다." 이 노래를 부르다가 노랫말처럼 가버렸습니다. 이 외에도 슬픈 노랫말에 슬픈 가락의 노래를 부른 가수들의 삶은 그들의 노랫말이 그들의 삶과 죽음이 되는 경우가 많았습니다.

이에 반해 송대관은 "쨍 하고 해 뜰 날 돌아온단다"라는 노래로 데뷔했습니다. 이 노래를 부른 이후로 그는 지금까지 이런저런 아픔과 고통을 겪었지만 오늘날까지도 왕성하게 활동하고 있습니다. 그의 노래대로 된 것입니다. 이 노래는 제가 가르치는 중학교 국어 교과서에도 실렸습니다.

몇 가지의 사례를 가지고 모두가 그렇다고 단정 짓는 것은 과도한 일반화의 오류일 것입니다. 그러나 어떤 노랫말을 즐겨 부르는가의 문제는 그저 심심풀이나 여가 선용의 차원을 넘어서 삶 전체를 결정짓는 중요한 의미일 수도 있습니다. 사람들이 좋아하는 노랫말이나 말투나 말의 분위기를 보면 그 사람의 삶의 자세를 짐작해 볼 수 있습니다. 이처럼 좋은 음악을 듣고 즐기는 것은 매우 중요합니다. 가만히 보면 우리가 하는 노래에 따라 각각 다른 열매가 열립니다. 행복한 열매를 원하십니까? 그렇다면 행복한 노래를 부르시기 바랍니다. 이 열매는 우리의 상상 이상일 것입니다. 우리의 몸과 마음은 우리의 삶은 노래하는 말대로 되는지 모릅니다. 평소의 입버릇처럼 노래하는 대로 우리의 인격과 생활과 미래는 결정됩니다. 그래서 그 사람이 좋아하는 노래가 그 사람의 생활이요, 미래일지 모릅니다. 그러므로 긍정적인 자세로 노래하고 칭찬하고 격려하고 위로하는 노래를 즐겨 하시기 바랍니다. 이런 노래와 함께하면 기분이 좋아지고 즐거워집니다. 이런 노래는 목마를 때 마시는 샘물처럼 시원해서 좋고, 생기가 넘칩니다. 이런 사람의 얼굴에는 늘 웃음꽃이 만발해서 좋습니다.

저는 올해로 15년째 학교에서 매일 아침기도회를 진행합니다. 매일 아침 CCM을 듣고 기도회로 하루를 시작하는 학교의 중점 사업입니다. 이 일을 하다 보니 제가 무슨 CCM을 들려주는 라디오 방송국 DJ인 양 곡을 고르곤 합니다. CCM이란 말은 컨템포러리 크리스천 뮤직(Contemporary Christian Music)의 약자로 '현대기독교음악', '기독교실용음악', '기독교대중음악'이라고 말합니다. 이 곡들의 가사를 잘 들어 보시면 자신과 세상을 바라보는 긍정적인 시각과 희망과 꿈을 전해 줍니다. 그리고 이기심이 아니라 공동체를 생각하게 합니다. CCM은 교회 음악에서 매우 중요시되는 하나님 찬양의 측면은 상대적으로 적습니다. 그러기에 교회를 다니지 않는 사람들도 쉽게 접할 수 있습니다. 제가 자주 들려주는 CCM 〈당신은 사랑받기 위해 태어난 사람〉이라는 곡에는 하나님, 예수, 교회와 같은 단어가 몇 번이나 나올까요? 찾아내기도 어려울 정도로 적습니다. 어떤 CCM은 이런 단어가 단 한 번도 나오지 않습니다. 그러나 CCM이 담아내는 노랫말과 곡조는 우리에게 유익을 주는 깊은 의미가 담겨 있습니다. 이러한 CCM곡들이 담아내는 성경 말씀입니다. 베드로전서 2장 9~10절 말씀입니다.

"그러나 여러분은 택하신 족속이요, 왕 같은 제사장들이요, 거룩한 나라요, 그분의 소유된 백성이니 이는 여러분을 어둠에서 불러내어 그분의 놀라운 빛으로 들어가게 하신 분의 덕을 선포하게 하시기 위한 것입니다. 여러분이 전에는 백성이 아니었으나 이제는 하나님의 백성이며 전에는 자비를 얻지 못했으나 이제는 자비를 얻은 사람들입니다."

진심으로 기도하는 삶

2014년에 개봉한 영화 〈카트〉가 많은 사람에게 공감과 분노를 불러일으켰습니다. 〈카트〉는 대형마트의 비정규직 노동자들을 그린 영화로 줄거리는 이렇습니다. 대한민국의 대표 마트 '더 마트'에서 일하던 비정규직 노동자들은 마트로부터 일방적인 해고를 당합니다. 비정규직 노동자들은 부당한 해고에 대항하기 위하여 노조를 결성하고 '더 마트'를 상대로 싸움을 시작합니다.

인천국제공항에도 〈카트〉와 같은 비정규직이 있습니다. 바로 청소노동자들입니다. 지난 2013년 인천 국제공항 청소노동자들의 이야기가 기사에 보도되며 많은 사람의 분노를 샀습니다. 청소노동자들은 VIP가 공항에 뜨면 숨어야 할 뿐만 아니라 간식 또한 계단에 숨어서 먹기를 요구받았다고 합니다. 또한, 명절 연휴란 존재하지 않았고 4개월에 한 번 쉬는데 경력이 높다고 연봉이 높은 것도 아닙니다. 독립 언론 '미디어몽구'의 말에 따르면 인천 국제공항 청소노동자들의 13년 경력과 1년 경력 연봉은 똑같다고 합니다. 인천국제공항 노동자들은 이런 부당한 대우에 파업으로 맞섰습니다.

대학가에서도 파업의 바람이 불었습니다. 홍익대학교를 시작으로 인덕대학교, 광운대학교, 중앙대학교의 청소노동자들은 인간과 노동자로서의 정당한 대우를 요구했습니다. 현재 청소노동자뿐만 아니라 감정노동자 등 다양한 분야에 많은 비정규직이 있습니다.

우리나라에는 비정규직 보호법이 있습니다. 2년 동안의 계약기간을 거치면 정규직으로 전환되는 법안입니다. 하지만 대부분의 기업은 비정규직 보호법을 피해 2년 미만의 계약을 합니다. 또한 비정규직은 정규직과 달리 똑같은 일을 해도 낮은 연봉을 받을 뿐만 아니라 회사 복지에도 제한이 가해지는 등 차별을 받는 경우가 많습니다.

노동자들을 슬프게 하는 것은 비정규직뿐만이 아닙니다. 최저 임금도 그들을 슬프게 하는 요인 중 하나입니다. 현재 우리나라 최저 임금은 5,580원입니다. 다른 나라에 비하면 아직도 적은 금액에 속합니다. 일본의 최저 임금은 8,200원 정도입니다. 맥도날드 빅맥의 가격으로 임금 수준을 따지는 '빅맥지수'를 비교했을 때 우리나라는 약 4,100원이지만 일본은 약 3,400원 정도입니다. 비록 엔저 현상으로 일본의 빅맥이 더 싼 이유가 있겠지만, 우리나라의 물가에 비하면 최저 임금이 턱없이 낮은 것은 사실입니다. 하지만 최저 임금도 받지 못하고 아르바이트를 하는 경우도 허다합니다.

2013년 남양 영업사원의 밀어내기 사태 이후로 '갑의 횡포'라는 단어가 이슈화됐습니다. 이제는 정부가 나서서 '을'을 보호해야 합니다. 최근 국가는 비정규직 문제의 해결 방법으로 계약 기간을 2년에서 4년으로 늘리는 계획을 하고 있다고 발표했습니다. 이 발표는 많은 비정규직의 반발을 샀습니다. 비정규직들을 위한 좀 더 실질적인 대책이 필요합니다.

1970년 11월 13일은 아름다운 청년 전태일이 평화시장의 어린 소녀 노동자들이 피를 토하며 죽어가던 모습 속에서 자신의 목숨을 다해 근로기준법의 이행을 위해 자신의 몸을 던져 헌신했던 날입니다. 그는 모든 것을 걸었습니다. 무엇 때문이었을까요? 사람을 살리는 일, 어린 노동자들의 삶이 더 이상 비참해지지 않도록 하기 위함이었습니다. 그리고 그러한 사랑의 힘으로 행한 전태일 동지의 죽음은 세상의 수많은 노동자들의 현실을 알도록 눈을 뜨게 했습니다. 우리가 앞으로 갈 길은 약자들을 사랑하는 것입니다. 그 일이 결국 대중을 움직여 갈 것입니다. 약자들의 힘이 미약해서 우스워보일 정도로 하찮게 보이던 그 힘이 결국 끈질기게 버티며 살아와 우리에게 힘을 주고 있듯이, 지금 여기를 사는 우리도 악한 세상 속에서 힘겨워하고 있지만 하느님의 정의는 살아서 우리를 살게 할 것입니다.

분명 오늘날은 1970년대보다 노동의 환경적 현실은 더 나아졌을지도 모릅니다. 하지만 비정규직과 최저 임금 등 노동자들을 슬프게 하는 것들은 아직도 많이 존재합니다.

서울시는 최근 비정규직 청소노동자들을 정규직으로 전환했습니다. 비록 비정규직의 정규직 전환과 최저 임금 상승은 기업에 많은 부담이 갈지도 모르지만 서울시처럼 차근차근히 해 나간다면 노동자들이 더 행복한 사회가 구현되지 않을까 생각해 봅니다.

홈플러스나 롯데마트 등에 가면 단정한 옷을 입고 입가에는 미소를 지으면서 정중히 인사하는 이들을 볼 수 있습니다. 이러한 모습은 각종 편의점이나 제과점, 카페, 식당 등에서도 쉽게 찾아볼 수 있습니다. 언젠가 이런 분들을 보면서 이런 생각이 들었습니다. '이들은 친절과 미소가 타고난 것일까? 어떻게 매일 매시간 모든 사람에게 저렇게 웃어 주고 정중하고 친절할까?' 저라면 도저히 못 할 것 같았기 때문입니다. 그리고 이들의 보수가 생각보다는 많지 않은 것으로 압니다. 이런 생각을 하니 그들의 친절에 존경스러운 마음이 들었습니다.

그런데 어느 시사프로그램에서 이들의 이야기를 심층취재한 것을 보니까 이들의 고통이 엄청나다는 것을 알게 되었습니다. 그도 그럴 것이 사람의 감정이란 게 즐거울 때만 있는 것이 아닌데 슬프고 힘들고 짜증날 때도 모르는 사람에게 웃으면서 친절을 베푼다는 게 쉬운 일은 아닐 것입니다. 미국 버클리 대학 러셀 혹실드(Arlie Russell Hochschild) 교수는 직업상 원래의 감정을 숨긴 채 표정과 몸짓을 해야 하는 것을 '감정노동'이라고 지칭하고 연구하고 있습니다. 이처럼 언뜻 보기에는 미소가 가득하고 정중하고 친절하여 존경스럽지만 자세히 보면 그게 다가 아닐 수가 있습니다.

이렇게 감정노동이라는 걸 조금이나마 알고부터는 이분들을 접하는 마음과 자세가 조금 달라졌습니다. 전에는 존경스러운 마음만 가득하였지만 이제는 이분들의 인사에 반드시 정중히 인사를 합니다. 고마운 친절에는 마음 깊이 감사함을 표현합니다. 그리고 이제는 존경하는 마음보다는 안쓰러운 마음으로 바라보기도 합니다.

이처럼 우리가 바라보는 사람들의 마음과 행동은 보이는 게 다가 아닌 경우가 많습니다. 때로는 우리가 보는 건 진심이 아닌 꾸며진 것, 마지못해 하는 것인지도 모릅니다. 사람관계도 마찬가지입니다. 진심어린 마음을 담아서 하는 것이 아니라 직업 때문에, 주어진 역할 때문에, 잘 보이면 좋을 것 같은 마음에 아첨으로 하는 경우가 참 많습니다. 세상이 하도 이렇다 보니 진심인지, 아닌지 구별하기가 어려울 때도 있습니다. 어쩌면 우리 자신과 우리가 관계 맺는 많은 사람들의 말과 행동에는 솔직함보다는 가식이 더 많은 지도 모릅니다. 때로는 나는 진심으로 대했는데 상대방이 이를 이용하거나 거짓으로 대한 것을 알고는 상처받고 배신감에 괴로울 때도 많습니다. 이러한 괴로움과 배신감에 어찌할 바를 모르며 힘들어합니다. 이러한 때 우리에게 꼭 필요한 것이 무엇일까요? 이것이 바로 기도입니다.

성경에 보면 자신의 진심을 몰라주고 미워하고 죽이려고 한 이들로 인해 고통을 경험한 다윗의 삶이 나옵니다. 다윗은 자신이 목숨을 걸고 충성한 사울 왕의 미움을 받았고 자신의 아내 미갈 그리고 자신의 사랑하는 아들 압살롬의 배신으로 도망쳐야 하는 등 수많은 고통 속에서 살았습니다. 그런 그가 처참한 마음의 고통을 이겨낸 비결이 하나 있습니다. 그는 그럴 때마다 사람을 의지하지 않고 하나님만 바라보았습니다. 결코 거짓이 없고 진실하신 그분의 품에 안겨 위로받고 새 힘을 얻는 기도 생활을 많이 하였습니다. 신구약 성경의 중앙에 위치하는 성경이 시편입니다. 이 시편의 많은 부분을 지은 사람이 다윗입니다. 시편 17편 1절입니다.

여호와여 의의 호소를 들으소서. 나의 울부짖음에 주의하소서. 거짓되지 아니한 입술에서 나오는 나의 기도에 귀를 기울이소서.

다윗은 사람 관계의 거짓과 배신을 경험하면서 하나님께 향하는 마음이 진심임을 참된 것임을 강조합니다. 적어도 하나님께 나아가는 마음은 정직한 영혼의 울림이어야 합니다. 이런 마음으로 기도하는 사람은 하나님의 마음을 품고 다른 사람을 대함에 진심을 담아냅니다. 갈라디아서 6장 9절 말씀입니다.

선한 일을 하다가 낙심하지 맙시다. 포기하지 않으면 때가 이르면 거두게 될 것입니다.

여기에는 다른 사람이 이를 악용할지, 다른 사람이 거짓으로 대할지를 계산하지 않습니다. 그저 묵묵히 하나님이 주신 진심으로 다른 사람을 섬기기에 최선을 다할 뿐입니다. 다른 사람이 어떠하든 그것은 우리의 진심의 분량을 적게 할 근거나 이유나 핑계가 되지 않습니다. 우리가 바라보아야 할 것은 오직 하나님의 마음입니다. 그런데 이것은 불가능한 일입니다. 어떻게 우리가 이렇게 온전하게 살아갈 수 있습니까? 어쩌면 이것은 불가능한 일입니다. 그런데 하나님은 이렇게 살라고 말씀하십니다. 불가능한 것을 가능하게 하라는 것입니다. 말이 안 되는 것을 말이 되게 하라는 것입니다. 참으로 난감한 일입니다.

그런데 하나님은 이것이 가능하도록 힘과 능력을 주십니다. 비록 완전하지는 않지만 한걸음 한걸음 하나님을 닮아가도록 해 주십니다. 이것이 바로 기도입니다. 우리가 매일 손과 얼굴을 씻는 세수를 하듯이 우리의 마음을 정결하게 하는 기도를 해야 합니다. 하나님께 우리의 생각과 감정을 맞추는 기도를 지속적으로 해야 합니다.

자라나는 세대들이 우리 어른들을 싫어하는 이유 중 하나가 '잔소리'입니다. 이들이 보기에는 어른들은 지나치게 지적하고 간섭합니다. 매사에 못 믿어합니다. 그러니 전에는 어떻고 지금은 어떻고 앞으로는 어떻다는 식으로 이야기를 합니다. 그러다 보니 말이 길어지고 감정이 섞이니 이들로서는 듣기 싫은 잔소리요, 짜증입니다. 만약 우리 하나님이 우리에게 그러신다면 우리는 어찌할 바를 몰라 견딜 수 없이 괴로울 것입니다. 하나님의 지적이면 그 누가 합당할 수 있을까요? 그런데 하나님은 우리처럼 잔소리를 하지 않으십니다. 뻔히 실수할 것을 아시지만 기다려 주시고 격려해 주시고 알게 모르게 도와주십니다. 이런 하나님처럼 우리도 자라나는 세대를 향해 믿어 주고 참아 주면서 살며시 도와주는 역할을 해야 합니다. 그리고 말을 많이 하기보다는 입을 다물고 자라나는 세대들의 고민과 아픔과 계획을 들어 주어야 합니다. 듣다보면 어색하고 서툴고 부실할지 모릅니다. 그렇다고 중간에 말을 끊지 말고 묵묵히 사랑의 눈빛으로 들어 주고 공감해 주고 경청해야 합니다. 이것이 바른 대화법입니다.

우리가 자라나는 세대에게 주절주절 잔소리하는 모습은 우리가 하나님께 간구하는 기도의 모습이기도 합니다. 마치 우리가 자라나는 세대보다 더 높고 깊고 지혜로운 사람인 것으로 확신하여 길을 일러주고 지적하고 지시하듯이, 우리는 하나님께 올려드리는 기도를 그렇게 합니다. 그러다 보니 하나님께 쉼 없이 요구하는 것만 마구 쏟아내고 끝을 맺습니다. 이렇게 기도를 마치니 정작 하나님이 말씀하실 시간적 여유나 기회를 드리지 않게 되고 맙니다. 이런 기도는 바람직하지 않습니다. 아니, 기도가 아닙니다. 기도의 중심은, 바른 기도는 주절주절 내뱉는 말이 아니라 하나님의 음성을 듣는 것입니다. 말을 많이 하는 기도보다는 그저 눈을 감고 손을 모으고 무릎 꿇고 가만히 고요히 하나님의 세미한 음성에 집중하며 귀 기울이는 기도를 해야 합니다.

지혜로운 노년기 맞이

"나는 노인을 존경한다. 그러나 나는 인생 황혼을 무덤덤하게 바라보
는 사람을 사랑하지는 않는다. 즉 저녁의 어둠이 눈물어린 눈가에 모이고
황혼의 그림자가 인간의 자각에 넓고 깊게 드리우는 그 시기를 무감각하
게 바라보는 사람을 사랑하지 않는다."

이는 미국의 시인 롱펠로(Longfellow)의 말입니다. 우리는 이른바 '100세
시대'를 살아가고 있습니다. 이제 장수 만세는 소수의 사람이 아니라 일
반적 현상이 될 것으로 보입니다. 실제로 우리 주위에는 이전 시대에
비해 고령 인구가 많습니다. 그리고 이들은 이전 세대에 견주어 보면
놀라울 정도로 건강합니다. 또한 지식정보화 시대에 따라 이들의 지적
수준도 높고 고학력 전문직 퇴직자들도 많습니다. 제 주위에도 남다른
학력과 경력과 건강을 자랑하는 이들이 많습니다. 이에 따라 건강 100세
고령사회에서 노인의 삶을 어떻게 영유해 나가야 하는지에 대한 문제와
대안은 개인이나 사회에 커다란 과제로 제시되고 있습니다.

노인은 사전적인 의미로 청춘과 대비되는 말입니다. 옛말에 노인의
시기를 검을 '현(玄)', 겨울 '동(冬)'을 써서 '현동(玄冬)'이라고 하였습니다.
이 말대로 노인은 어둡고 침침한 시기로 인식되었습니다. 퇴계 이황이
예순넷일 때, 도산서원을 찾아온 김취려라는 젊은 제자에게 써 준 '자탄
(自歎, 나는 탄식한다)'이라는 시는 노년기를 맞은 노(老) 학자의 아쉬움과 여
유로움이 잘 드러납니다.

나는 이미 지난 세월이 안타깝지만
그대는 이제부터 하면 되니 뭐가 문제인가?
조금씩 흙을 쌓아 산을 이룰 그날까지
미적대지도 말고 너무 서두르지도 말게.

아마 이황은 예순넷을 넘기면서 몸이 쇠약해지고, 공부한 것들도 가물가물해지는 것을 느낀 것 같습니다. 조선 시대 평균 수명에 비해서 예순넷을 넘긴 그의 나이는 공자가 말한 예순이면 이른다는 '이순(耳順)'이라는 말처럼 다른 사람의 말이나 평가에 쉽게 화를 내거나 마음이 상하지 않는 여유로움이 돋보입니다. 그리고 이제 권력이나 명예나 부를 이루려는 욕심에서 벗어나기도 한 것으로 보입니다. 그러나 그의 적지 않은 나이는 선한 뜻의 바람과 이룸을 주저하게 하는 발목잡기이기에 아쉬움도 컸을 것입니다. 그러기에 그는 젊은 제자에게 이렇게 말한 것입니다.

"너는 아직 세월이 있지 않냐. 지금부터 열심히 해 봐라. 지금부터 공부해도 늦지 않으니 차근차근 준비해 보렴."

이처럼 나이가 들어 노인이 된다는 것은 대학자에게도 피할 수 없는 안타까움입니다. 나이 들어감에 따라 청장년에 비해 어쩔 수 없이 받아들여야 하는 신체적, 정신적 어려움은 노인 개인의 발달 과정의 문제만이 아닙니다. 제가 고등학교 때 배운 시 중에서 우탁의 '탄로가(백발가)'가 생각났습니다.

한 손에 가시 쥐고 또 한 손에 막대 들고
늙는 길 가시로 막고 백발은 막대로 치려했더니
백발이 제 먼저 알고 지름길로 오더라.
춘산에 눈 녹인 바람 건듯 불고 간데 없다.

잠시만 빌려다가 머리 위에 붙게 하여
귀밑에 해묵은 서리를 녹여볼까 하노라.
늙지 말고 다시 젊어져 보려했더니
청춘이 날 속이고 백발이 다 되었구나.
이따금 꽃밭을 지날 때면 죄 지은 듯 하여라.

그 옛날 우탁도 늙어감이 달갑지 않고, 거부하고 싶었나 봅니다. 저도 그렇습니다. 이는 누구나 그럴 것입니다. 인간의 네 가지 숙명인 생로병사(生老病死) 중 하나가 '로(老; 늙음)'입니다. 늙음이 싫은 건 늙음 다음에 '사(死; 죽음)'가 직접 연결되기 때문이기도 합니다. 사무엘 울만(Samuel Ullman)은 '청춘'이라는 시에서 청춘이 나이로만 규정되는 것이 아님을 제시하였습니다.

청춘이란
인생의 어떤 시기가 아니라 마음가짐이다.
장밋빛 볼, 붉은 입술, 부드러운 무릎이 아니라
강인한 의지, 풍부한 상상력, 불타오르는 열정을 말한다.

청춘이란
인생의 깊은 샘에서 솟아나는 신선한 정신이다.

청춘이란
두려움을 물리치는 용기와 안이함을 선호하는 마음을 뿌리치는 모험심을 뜻한다.
때로는 스무 살 청년보다 예순 살 노인이 더 청춘일 수 있다.
나이를 더해 가는 것만으로 사람은 늙지 않는다.
이상을 잃어버릴 때 비로소 늙는 것이다.

세월은 피부에 주름살을 늘게 하지만 열정을 잃어버리면 마음이 시든다.
고뇌, 공포, 실망에 의해서 기력은 땅을 기고 정신은 먼지가 된다.
예순이든 열여섯이든 인간의 가슴에는 경이로움에 이끌리는 마음,
어린아이와 같은 미지에 대한 끝없는 탐구심,
인생에 대한 즐거움과 환희가 있다.
그대에게도 나에게도 마음 한가운데 무선탑이 있다.
인간과 신으로부터 아름다움, 희망, 기쁨, 용기, 힘의 영감을 받는 한 그
대는 젊다.

그러나
영감이 끊어져 정신이 싸늘한 냉소의 눈에 덮히고,
비탄의 얼음에 갇힐 때 스물이라도 인간은 늙는다.
머리를 높이 쳐들고 희망의 물결을 붙잡는 한 여든이라도 인간은 청춘으
로 남는다.

얼마 전에 예순다섯으로 교수직을 정년퇴임한 경성대학교 신학과 김
명수 교수는 퇴임사에서 이런 고백을 하였습니다.

"나이 들고 보니, 늙는 것도 그렇게 나쁜 것만은 아니구나 하는 생각이
듭니다. 매사에 예전보다 흥분도 덜하고, 화도 덜 내는 편입니다. 나와
다른 의견에도 귀를 기울일 수 있는 마음의 여유도 생겼습니다. 역지사
지(易地思之)로 생각하고, 나와 달리 생각하는 사람과 타협하는 지혜도 늘
었습니다. 무슨 일을 당하든지 당황하거나 조급해하지 않고, 느긋해진
면도 있습니다."[+]

이 글을 보면서 저도 언젠가는 마치게 될 제 일에 충실하고자 하는
마음을 가졌습니다. 그리고 마칠 때 이처럼 여유롭게 노년기를 맞이하고

[+] 『신학비평』(총권 제 52호, 2014년 봄호), 77~78쪽.

싶다는 생각을 했습니다. 그러면서 퇴임사를 읽어 나가다 보니 인상 깊은 이야기가 눈길을 끌었습니다.

김명수 교수는 15년 전 제자와 함께 충주 남한강변에 위치한 농촌마을에 작은 규모의 노인요양시설을 시작하였습니다. 예수가 함께하는 곳이라는 뜻에서, '예함의 집'이라고 이름 붙였다고 합니다. "이웃을 네 몸처럼 사랑하라" 말한 예수의 정신을 본받아, 노인성 질환으로 고생하는 어르신들의 삶의 질을 향상시키는 생활공동체를 만든 것입니다. 이처럼 교수가 퇴임을 기쁘게 맞이할 수 있었던 것은 15년 전부터 큰 뜻을 품고 준비해 온 결과였습니다. 갑작스럽게 정년퇴임이나 명예퇴직을 맞이하여 당황하지 않으려면 미리미리 준비해야 합니다. 이것이 진정한 의미의 '청춘'일 것입니다.

예전에 장로회신학대학교 학장을 역임한 맹용길 목사는 신학과 교수로서 수십 권의 저서와 역서를 내면서, 굳이 숭실대학교 대학원 사회사업학과 석사과정을 수료하여 사회복지사 자격증을 취득하였습니다. 그렇게 준비하여 퇴임 이후 대한예수교장로회(통합) 총회가 운영하는 노인요양원 원장으로 선임되어 일하고 있습니다.

제가 한신대학교 신학대학원 재학 시 인상 깊게 본 모습입니다. 도서관에 가 보면 아주 연로한 노(老) 신사가 언제나 그 자리에 꼿꼿이 앉아서 책을 읽으면서 메모를 하는 것이었습니다. 어느 날 사서에게 "저 분이 누구시기에 도서관에 매일같이 오시는지요?"라고 물어보았습니다. 대답은 이랬습니다. "그 분은 한신대학교 신학과 신약학 교수로 정년퇴임하신 전경연 명예교수이십니다." 전경연 교수님은 그 당시 춘추가 여든다섯이었던 것으로 기억합니다. 그 연세에, 그 학식에 지식의 목마름이 있으신가 싶었습니다. 그렇게 독서하고 연구하면서 계속 책을 출판해 나갔습니다. 교수 생활에서 벗어나니 더 연구에 매진하였습니다.

이런 분은 지금도 많습니다. 한신대 기독교교육학과 교수로 퇴임한 문동환 목사는 올해 춘추가 아흔넷인데도 독서와 연구를 계속합니다. 2013년에 이어 2014년에도 책을 한 권 더 출판하였습니다. 얼마 전에 메일이 한 통 왔기에 열어 보니 문 목사가 후배들에게 지금 쓰는 책에 대한 코멘트와 난상토론을 제기하는 내용이었습니다. 송기득 선생은 목원대학교 신학과 교수로 퇴임 이후에도 바쁩니다. 전남 순천에 거주하면서 지역 교회 목사 교육도 하고 계간지로 『신학비평』을 간행하고 있습니다. 지금 그의 춘추가 여든둘입니다. 대전의 묵점 기세춘 선생도 여든인데도 왕성하게 글쓰기에 전념합니다. 나름대로 독서하고 글쓰기를 즐겨하는지라 이들의 열정과 투지와 성과물에 입이 딱 벌어집니다. 이제 나이 마흔일곱이 되니, 가끔은 체력적으로나 시간적으로 새로운 일은커녕 주어진 일에도 힘겨워하면서 청춘들을 부러워하였는데 참 부끄럽게 하는 어르신들로 인해 각오를 새롭게 합니다.

아직은 노인이라는 말이 낯설고 남의 일처럼 느껴집니다. 그런데 어느 날 생각해 보니 중년기는 현재를 지칭하는 개념일 뿐, 다가오는 미래를 준비하는 시기이니 중년기는 곧 '노인준비기'이기도 합니다. 노인준비기, 예비노인이라 생각하니 갑자기 온 몸이 쭈뼛 서는 듯하고 멍~해지는 느낌이었습니다. "가는 세월, 그 누구가, 막을 수가 있나요?"라는 유행가 가사처럼 늙음을 두려워하고 꺼린다고 거부할 수는 없습니다. 피할 수 없으면 즐기라는 말처럼 노인이 되어 감을 준비하고 긍정적으로 맞이하는 자세로 마음을 고쳐먹었습니다. 저도 그렇지만 학교에서 아이들을 보면 어떤 과제가 주어질 때 그 기간에 맞춰 미리 준비하면 좋으련만 그렇지 않은 경우가 많습니다. 언제까지 하라고 하면 내내 잊어버리고 있다가 마감 전날이 되면 부랴부랴 서두르다 보니 실수도 많고 제대로 해내지도 못합니다. 과제 기간이 사전에 공지되니 계획을 세워 차근

차근 준비하면 실수도 적고 완성률도 높습니다. 뭐든지 준비는 빠를수록
좋고, 치밀한 계획과 미래지향적인 게 좋습니다. 이제 저는 차근차근
노년기를 준비하렵니다.

이야기 둘
따뜻한 손길

봄에 맞는 추위

모세의 지도력은 살인자로 도망다니던 미디안 광야에서, 40년의 고독 속에서 하늘로부터 주어졌습니다. 요셉의 탁월한 지혜는 자신의 친형들에게 미움을 받아 노예로 팔려가고 성폭력미수범으로 모함 받아 3년의 교도소 생활이라는 대가로 나타났습니다. 다윗이 하나님 앞에서 겸손한 왕으로 다듬어진 곳은 우리아의 아내 밧세바와 간통한 후 그의 아들 압살롬의 난으로 비참하게 쫓기던 들길에서였습니다. 사도 베드로가 참다운 예수님의 으뜸 제자가 된 곳은 스승을 세 번이나 모른다고 부인하고 나서 듣게 된 새벽녘 닭이 울던 그 치욕의 자리에서였습니다. 성자 프란시스코의 찬란한 오상(五傷)의 장소는 놀랍게도 초기의 청빈 정신을 잃은 수도회를 떠나 비통한 마음으로 오른 알베르나 산이었습니다. 예수님의 십자가는 그 모든 것의 모든 것이었습니다. 버림당한 우리를 위해 스스로 버림당하셨던 해골이라 불리는 골고다의 십자가는 고통의 절정이었지만, 하나님은 그 숨막히던 현장을 구원의 찬란한 장소로 뒤바꿔 놓으셨습니다.

봄에 오는 추위는 봄을 더욱 봄 답게 하며, 봄에 피는 꽃들의 향기를 더욱 짙게 할 것이며, 하늘에서 쏟아져 내리는 태양 빛을 더욱 눈부시게 할 것이기에, 이 봄에 오는 추위는 달갑지는 않지만 싫지만은 않은 반가움이 느껴집니다. 그러기에 봄을 생각하는 시기라는 뜻의 '사춘기(思春期)'라 이름 붙여진 우리의 다음 세대들의 좌절과 방황과 흔들림은 실패가 아닌 지나가는 과정 중의 실수로, 더 단단해지는 소중한 경험을 통한 성장의 자극제가 될 것입니다. 그러므로 봄에 맞이하는 추위는 쌀쌀함을 느끼게 하지만 우리의 마음을 걱정스럽게 하지는 않습니다. 왜냐하면 아무리 춥다 해도 금세 따뜻해지리라는 것을 분명히 알고 있기 때문입니다.

그러나 가을에 맞는 추위는 그렇지 않습니다. 곧 찾아올 혹독한 추위를 예고하는 것이기에, 따뜻한 날이 몇 날 계속되어도 겨우살이의 걱정이 우리의 마음을 움츠러들게 합니다. 하지만 가을에도 우리의 마음은 절망의 수렁 속에서 힘겨워하지 않을 수도 있습니다. 겨울 뒤에 오는 봄을 미리 볼 수만 있다면 다가오는 추위도 근심으로 여기지는 않을 것입니다. 그러므로 봄을 보는 눈과 마음만 있다면 우리의 삶은 늘 희망으로 가득할 것입니다. 아무리 추워도 봄날의 추위는 추위를 극복하고 피어나는 꽃들의 찬양을 막을 길이 없습니다. 아무리 길어도 겨울은 겨울을 유익함으로 받아들이는 씨앗들의 소망을 꺾을 수가 없습니다. 지금이 시기가 아무리 어려워도 어려움을 필수 과정으로, 꿈의 힘찬 실현으로 이겨 나가는 우리의 발걸음을 막을 수는 없습니다.

모든 것이 기지개를 켜고, 가지마다 소망의 물이 오르고, 어디선가 겨울을 잘 견뎌 낸 사람의 심호흡 소리가 들릴 때 봄은 화신(花信)을 안고 성큼 우리에게 다가옵니다. 때때로 아무 일도 할 수 없을 때, 지루하고 무기력한 나날들이 계속될 때, 죽어가고 있다는 절망감이 엄습하여 소스라칠 때가 있습니다. 이때는 바로 꽃이 외롭고 추운 겨울을 잘 견딘 씨앗 속에서 터져 나오는 것이라는 사실을 잊었을 때와 같습니다. 매미의 청소년 시기인 굼벵이는 축축하고 어두운 땅속에서 추한 모습으로 여러 해를 견디다가, 어느 여름 화려한 날갯짓으로 하늘을 향해 날아오르며 하나님을 찬양합니다.

점점 힘들게 느껴지는 학업이나 생업을 감당하는 우리에게 어디서부터인지도 모를 한파(寒波)가 간절히 기대해 온 봄이 오는 길목을 막고 있다고 느낄지 모릅니다. 아니 봄은 영영 안 올 것 같다는 절망감이 이미 온 봄을 느낄 수 없게 하는 지도 모릅니다. 그러나 우리는 알아야 합니다. 새벽은 칠흑 같은 밤의 끝에 있다는 사실을요. 아무리 추위가 심해도, 아무리 단단한 장벽과 같은 막힌 담이 있다고 해도 다가오는 봄을 막을 수는 없다는 사실을요. 오히려 그 시련의 때는 씨앗의 발아(發芽)를 위해 꼭 필요한 영하의 추위처럼 우리네 인생과 영혼을 위해 꼭 필요한 것임을 우리는 분명히 알아야 합니다.

어르신들은 요즘 젊은이들은 고생을 하지 않고 자라서 열심히 살지 않는다고 걱정하십니다. 우리의 부모님들은 그분들이 살아온 삶보다 훨씬 더 나은 세상을 자식들에게 물려주기 위해 참으로 열심히 살아오셨습니다. 앞으로 이 세상을 어떻게 만들어 갈 것인지는 젊은이들의 몫입니다.

오늘의 현실이 아무리 어렵다 해도, 쓴 것이 다하면 단 것이 오고, 고생 끝에 즐거움이 온다는 인생의 참뜻을 알아야 합니다. 어떤 환경에서든 인생의 뚜렷한 목표를 향해 성실하게 해 나간다면 어떠한 어려움도 해결되지 않을까 싶습니다. 여름의 고진감래(苦盡甘來)가 풍성한 가을이 되고, 겨울의 고통이 찬란한 봄이 되듯이……. 오늘 우리가 흘린 땀방울은 풍요로운 내일의 값진 열매가 될 수 있습니다. 열대우림에서 자란 나무는 나이테가 없습니다. 좋은 재질로 쓸 수 있는 나무의 나이테는 사계절의 변화 속에 혹독한 비바람을 견뎌 내고 겨울을 이겨 내면서 자란다고 합니다. 오랜 시간 그늘에서 잘 건조된 나무일수록 상량으로 또는 중심 기둥으로 제 역할을 할 수 있습니다.

초기 기독교 시대에, 로마의 카타콤베는 로마의 공동묘지였는데 예수를 믿는 사람들이 대부분 그곳에 더 굴을 파고 숨어 살았습니다. 터키의 카파도키아는 더 크고 웅장한 규모였습니다. 지하 20층까지 굴을 파고 내려갈 수 있었고 한 곳에 2만 명 이상, 적어도 5,000명 이상의 교인들이 촌락을 이루며 살았습니다. 그뿐만 아니라 그곳에는 신학교도 있었으며 성경을 암송하고 공부하기도 했습니다. 그러다가 로마군에게 잡히면 화형(火刑)을 당하고 사자 밥이 되었으며 기름통에 던져지기도 했습니다. 그들은 오직 예수 신앙을 위해서 토지와 재산, 직장을 버리고 고난의 삶을 택했던 것입니다.

그들은 고난 속에서 오직 하나님만을 섬기는 영성과 이웃을 사랑하며 섬기는 영성을 꽃 피우며 기독교 최고의 영성의 시대를 창조하였습니다. 고난이 그런 현상을 만들었던 것입니다. 그래서 핍박의 시대가 지나고 난 다음에도 이런 정신을 잃을까 싶어 그레고리 같은 교부들은 수도원 운동을 하면서 예수 공동체를 이루었습니다. 그런 영성의 향기가 기독교 신앙의 뿌리입니다. 고난과 시련, 그 거친 아픔을 토양삼아 향기로운 영성의 꽃을 피울 수 있습니다.

옛 속담에 "궁하면 통한다."라는 말이 있습니다. 매우 궁박한 처지에 이르면 도리어 헤어날 방도가 생긴다는 말입니다. "노루를 피하니 범이 나온다."라든지 "재는 넘을수록 험하고 내는 건널수록 깊다."라는 말은 작은 화를 피하려다 도리어 큰 화를 만나니 피하지 말고 도전하여 뜻을 이루라는 말입니다. "하늘이 무너져도 솟아날 구멍이 있다."라는 말처럼 아무리 어려운 경우를 당했다 하더라도 그것을 벗어날 방법과 길은 있습니다. 희망을 잃지 않는 이상 절망은 없습니다. "비 온 뒤에 땅이 굳어진다."라는 말처럼 어려움을 한 번 겪고 나면 더 단단해지고 강해지고 일이 더 든든해집니다. 고려 무신 지배기의 학자 이규보가 억울하게 귀양을 간 벗에게 위로하며 한 말입니다. "하늘이 성취해 주려는 것이 있으면 먼저 고난을 주어 시험하게 하는데, 이것은 음양의 이치입니다. 따라서 지금 그대가 아무 잘못 없이 그곳까지 밀려가게 되니 꼭 천복이 있을 징조입니다."

사전에서 '희망(希望)'이란 "어떤 일을 이루고자 기대하고 바라는 마음", "좋은 일이 일어나길 바랄 때의 감정", "밝은 소망"이라고 정의하고 있습니다. 학식, 권세, 돈, 명예, 모든 것을 다 얻어도 희망이 없으면 가치가 없는 사람입니다. 그래서 철학자들은, 사람은 희망을 먹고 산다고 말합니다. 특히 유태인 철학자 에리히 프롬은 사람을 가리켜 "호모 에스페란스(Man of hope; 희망의 사람)"라고 했습니다. 희망은 용기의 근원이며, 약 중의 약이며, 가능성에 대한 소망이요, 반드시 이루어진다는 적극적인 신념입니다. 희망이 없으면 절망, 낙심, 근심, 염려가 옵니다. 이것은 우리의 모든 병 중에 가장 예민하고 파괴적인 것으로, 우리를 죽음으로 몰고 가는 가장 무서운 적입니다. 염려는 마음을 놓지 못하고 쉬지 못하는 것입니다. 걱정은 안심이 되지 못하여 속을 태우는 일입니다. 현대 의학은 걱정이 건강에 악영향을 준다는 연구결과를 내놓았습니다. 실제로 염려의 영향으로 혈압이 높거나, 종기가 나거나, 폐가 나빠집니다. 하지만 우리 하나님께서는 "염려하지 말라, 내게 맡기라"라고 하셨습니다.

세계적인 심층 심리학자 빅터 프랭클의 경험은 이를 잘 드러내 줍니다. '의미요법(Logotherapy)'으로 유명했던 그는 2차대전 당시 죽음의 수용소를 경험했던 정신과 의사였습니다. 그는 수용소에 갇힌 동안 극한의 상황 속에서 끝까지 생존하는 사람들과 그렇지 못한 사람들의 모습을 살펴 보면서 소중한 원리를 발견하였습니다. 그것은 바로 삶의 의미를 발견한 자는 극단적인 상황 속에서도 끈질긴 생명력을 발휘한다는 것을 알게 된 것입니다. 그는 그때의 경험을 발전시켜 '의미요법'이라는 심리 치료 기법을 창시하였습니다. 그는 삶은 어떤 조건 속에서도 의미를 지니고 있으며, 사람에게는 그 의미를 찾는 의지가 있고, 행복은 그것의 성취를 통해서 오는 것이며, 인간에게는 한정된 상황 속에서도 의미를 구현하는 자유가 있다고 보았습니다. 이러한 전제하에 사람은 자신의 창조적이고 생산적인 행위를 함으로써 의미를 찾고, 새로운 경험을 하거나 누군가를 만남으로써 의미를 찾으며, 피할 수 없는 고통이나 감당할 수 없는 역경은 우리가 바꿀 수 없는 운명과 싸워 나가면서 의미를 찾는다고 보았습니다.

한창 실존주의 철학이 왕성하던 때에 그의 이러한 생각은 큰 반향을 일으켰습니다. 그러던 어느 날 밤 그는 한 통의 전화를 받았습니다.

"당신이 그 유명한 빅터 프랭클입니까?"

"예, 그런데요. 무슨 일이시죠?"

"난 지금 죽으려고 한 손에 약을 들고 있습니다. 그런데, 죽기 전에 당신하고 이야기 좀 하고 싶어서 전화를 했습니다."

순간 당황한 그는 그 여인의 이야기를 들어 주며 자살 행동을 막으려고 했습니다. 전화를 끊고 세월이 흘러 그 기억이 잊혀질 무렵, 어느 모임에서 한 여인과 만나게 되었습니다.

"빅터 프랭클 선생님이시죠? 혹시 몇 년 전 한밤중에 제가 전화를 했었는데 기억이 나시는지요?"

기억을 더듬어 그 당황스러웠던 한밤중의 전화를 생각해 낸 그는 갑자기 자살하려고 했던 이 여인이 그때 자신의 어떤 말에 자극을 받아서 자살하려던 생각을 바꾸게 되었는지 알고 싶었습니다.

"반갑습니다. 그런데 실례지만, 그때 제 말 중에 어떤 말을 듣고 자살하려는 생각을 바꾸게 되었는지요?"

그런데 그 여인의 대답은 그의 기대와는 전혀 달랐습니다.

"사실은 그때 선생님이 저에게 무슨 말을 했는지 생각나는 것은 하나도 없습니다. 다만 한밤중인데도 진지하게 내 이야기를 들어 주는 사람이 있는 세상이라면 살 만하다는 생각이 들어서 죽으려는 생각을 바꾸게 되었습니다."

육체적 고통이든, 심리적 고통이든, 경제적 고통이든, 그러한 고통을 가진 사람의 마음을 함께 아파해 주며 진지하게 이야기를 들어 줄 수 있는 사람이 내 곁에 한 사람이라도 있다면, 그 사람은 살아야겠다는 의지를 회복할 수 있는 것입니다.

그렇습니다. 사람은 그 어떤 절망이 다가와도 희망이 있으면 살아갈 수 있고, 그 누군가의 관심과 격려와 사랑이 있으면 희망을 가질 수 있습니다. 희망은 오늘의 고난과 아픔을 견디게 하고 내일을 꿈꾸고 기대하게 합니다.

또 하나의 열매를 바라시는 하나님

우리가 좋아하는 CCM 중에 〈당신은 사랑받기 위해 태어난 사람〉이라는 곡이 있습니다. 1997년 이민섭 씨가 작사·작곡한 곡으로, 처음에 교회에서만 불리다가 일반인들도 즐겨 부르고 드라마나 영화에서도 들을 수 있게 된 유명한 곡입니다. 이 곡이 이처럼 사랑받는 이유는 이 곡의 가사 때문입니다.

당신은 사랑받기 위해 태어난 사람

당신은 사랑받기 위해 태어난 사람
당신의 삶 속에서 그 사랑 받고 있지요
당신은 사랑받기 위해 태어난 사람
당신의 삶 속에서 그 사랑 받고 있지요

태초부터 시작된 하나님의 사랑은
우리의 만남을 통해 열매를 맺고
당신이 이 세상에 존재함으로 인해
우리에게 얼마나 큰 기쁨이 되는지

당신은 사랑받기 위해 태어난 사람
지금도 그 사랑 받고 있지요
당신은 사랑받기 위해 태어난 사람
지금도 그 사랑 받고 있지요

그렇습니다. 우리는 사랑받기 위해 태어난 존엄한 존재입니다. 그러기에 우리는 자살할 합당한 이유가 없습니다. 우리의 못난 모습, 어려움, 연약한 조건들이 우리의 존엄함을 훼손시킬 수 없습니다. 우리가 실수하는 것들, 우리의 잘못 또한 우리가 존엄하다는 사실을 부정하는 그 어떤 근거도 될 수 없습니다. 왜냐하면 만왕의 왕, 만유의 창조주 하나님이 우리를 존엄하게 만드셨고 우리를 사랑하시기 때문입니다. 그 어떤 사람의 도덕과 법과 기준도 하나님의 뜻을 넘어서지 못합니다. 이처럼 자신을 소중히 여기고 존엄한 가치를 믿을 때 우리의 자존감은 힘을 발휘할 것입니다. 그 어떤 외로움과 어려움도 헤쳐나가는 힘과 용기가 샘솟듯 생겨날 것입니다.

그러나 여기서 멈춰서는 안 됩니다. 우리가 존엄한 존재인 만큼 다른 사람의 존엄함을 인정하고 다른 사람의 아픔을 위로하고 격려하고 사랑해야 합니다. 그런데 우리는 알게 모르게 경쟁이라는 이름으로, 서로를 사랑하기보다는 미워하고 견제하는 삶을 살아가고 있습니다. 이를 잘 드러낸 노래가 있습니다. 바로 김민기의 〈작은 연못〉입니다.

작은 연못

깊은 산 오솔길 옆 자그마한 연못엔
지금은 더러운 물만 고이고 아무것도 살지 않지만
먼 옛날 이 연못엔 예쁜 붕어 두 마리
살고 있었다고 전해지지요 깊은 산 작은 연못

어느 맑은 여름날 연못 속에 붕어 두 마리
서로 싸워 한 마리는 물 위에 떠오르고
여린 살이 썩어 들어가 물도 따라 썩어 들어가

연못 속에선 아무것도 살 수 없게 되었죠
깊은 산 오솔길 옆 자그마한 연못엔
지금은 더러운 물만 고이고 아무것도 살지 않죠

푸르던 나뭇잎이 한 잎 두 잎 떨어져
연못 위에 작은 배 띄우다가
물속 깊이 가라앉으면
집 잃은 꽃사슴이 산속을 헤매다가
연못을 찾아와 물을 마시고 살며시 잠들게 되죠

해는 서산에 지고 저녁 산은 고요한데
산허리로 무당벌레 하나 휘익 지나간 후에
검은 물만 고인 채 한없는 세월 속을
말 없이 몸짓으로 헤매다 수많은 계절을 맞죠
깊은 산 오솔길 옆 자그마한 연못엔
지금은 더러운 물만 고이고 아무 것도 살지 않죠

이처럼 나만 살겠다고 남을 짓밟는 삶은 서로가 서로를 적대시하며 살아가는 삶은 너만 죽는 것이 아닙니다. 결국은 나도 죽고 맙니다. 잠언 17장 1절 말씀입니다.

마른 빵을 먹더라도 평안하고 조용한 것이 온갖 맛있는 음식이 가득하고도 다투며 사는 것보다 낫다.

그렇습니다. 서로의 마음이 미움, 다툼, 시기, 질투로 가득하여 서로 헐뜯고 분쟁하며 산다면 아무리 경제적으로 풍족하고 외부적인 상황이 흡족해도 우리의 마음과 우리의 삶은 행복할 수가 없습니다. 이런 곳에는 진정한 하나님이 주시는 평안과 평화를 누릴 수가 없습니다. 사람은 혼자가 아닙니다. 우리는 수많은 관계망 속에서 서로 잇대어 살아갑니다. 그러므로 우리는 서로 사랑하며 살아가야만 하는 존재입니다. 시편 133편 1~3절 말씀입니다.

> 형제가 함께 한마음으로 사는 것이 얼마나 선하고 얼마나 보기 좋은가! 그것은 마치 귀한 기름을 머리에 부어 수염에까지, 아론의 수염에까지 흘러내리고 그 옷깃에까지 흘러내리는 것 같고 또 헤르몬의 이슬이 시온 산에 내리는 것 같구나. 거기서 여호와께서 복을 내리셨으니 바로 영원한 생명이로다.

그렇습니다. 서로 한마음 한뜻으로 살아가는 것이야말로 얼마나 선하고 보기 좋은지요! 이런 사람들이야말로 진정한 하나님의 형상을 회복하며 살아가는 사람들입니다. 하나님의 뜻은 우리가 서로 합력하여 선을 이루는 것입니다. 로마서 8장 28절 말씀입니다.

> 우리는 하나님을 사랑하는 사람들, 곧 그분의 뜻을 따라 부르심을 받은 사람들에게는 모든 것이 합력해 선을 이루는 줄을 압니다.

우리는 하나님의 형상대로 지음 받은 하나님의 아들과 딸의 권세를 누리며 살아가는 사람들입니다. 그러므로 우리는 아버지 하나님의 뜻을 따라 하나님의 자녀답게 손에 손잡고 서로를 사랑해야 합니다. 네 손은 내가 잡고, 내 손은 네가 잡고 서로가 서로를 반겨 주고 웃어 주고 안아 주는 사귐이야말로 우리가 갈망하고 지향할 천국을 이 땅에서 실현해 나가는 모습입니다. 함석헌 선생님의 유명한 시입니다.

그 사람을 가졌는가
함석헌

만 리 길 나서는 길
처자를 내맡기며
맘 놓고 갈만한 사람
그 사람을 그대는 가졌는가

온 세상 다 나를 버려
마음이 외로울 때에도
'저 말이야' 하고 믿어지는
그 사람을 그대는 가졌는가

탔던 배 꺼지는 시간
구명대 서로 사양하며
'너만은 제발 살아다오' 할
그 사람을 그대는 가졌는가

불의의 사형장에서
'다 죽어도 너희 세상 빛을 위해
저만을 살려 두거라' 일러 줄
그 사람을 그대는 가졌는가

잊지 못할 이 세상을 놓고 떠나려 할 때
'저 하나 있으니' 하며
빙긋이 웃고 눈을 감을
그 사람을 그대는 가졌는가

온 세상의 찬성보다도
'아니' 하고 가만히 머리 흔들 그 한 얼굴 생각에
알뜰한 유혹 물리치게 되는
그 사람을 그대는 가졌는가

우리는 이처럼 진정한 사귐을 갈망하면서 살아갑니다. 이런 갈망의 소중함에 대해 윤준호는 다음과 같이 말했습니다.

평생을 같이 가고픈 사람을 만나고 싶습니다. 인생이란 어차피 홀로 걸어가는 쓸쓸한 길이라지만 내가 걷는 삶의 길목에서 평생을 함께 걸을 수 있는 한 사람을 만나고 싶습니다. 연인도 아니 친구도 아닌 연인이기도 하고 친구이기도 한 그런 편안한 사람을 만나고 싶습니다. 고단하고 힘들어 지친 날에 그냥 막 다가가도 살포시 내 등을 토닥여 주고 마음을 보듬어 안아 주는 다정한 사람을 만나고 싶습니다.[+]

우리는 받는 것에만 익숙한 미숙함에서 벗어나 나누어 주는 사랑의 실천자들이 되어야 합니다. 나눔에 기뻐하고 즐거워하는 사람이야말로 하나님을 닮은 사람입니다. 주는 것과 받는 것의 관계에 대한 윤준호의 말입니다.

많은 사람들은 받기를 좋아하고 주기는 싫어합니다. 그러나 엄밀한 의미에서 받는 일이 곧 주는 일이며 주는 일이 곧 받는 일임을 알아야 합니다. 주었기 때문에 받고, 받았기 때문에 주는 것입니다. 준다는 일은 결코 주어 버린다는 관념만으로 받아들여서는 안 됩니다. 주는 것과 다시 돌아오는 것의 순환은 너무나도 보편적입니다.[++]

+ 윤준호, 『변화하는 시대의 지혜』(서울: 정인, 2011).
++ 윤준호, 같은 책 참조.

그렇습니다. 우리는 흔히 주는 것과 받는 것을 정반대의 것으로 생각합니다. 그런데 윤준호는 그렇지 않다고 말합니다. 비움과 채움이 하나이듯, 주는 것과 받는 것도 하나입니다. 이 두 가지는 한 뿌리에서 뻗은 두 가지처럼 겉으로 드러나는 모습은 전혀 다르게 보이나 결국은 하나입니다. 어느 한 쪽이 막히면 순환이 끊겨 생명력을 잃게 되는 것처럼 그저 받기만 한다면, 그저 주기만 한다면 온전한 생명을 이어갈 수가 없습니다. 호수도 받기만 하면 사해(死海)가 되고 주기만 하면 사막이 되고 맙니다. 서로가 서로에게 잇대어 살아가면서 주고받는 것이 생명입니다. 하나님은 우리에게 열매 맺기를 바라십니다. 요한복음 15장 2절 말씀입니다.

> 나는 참 포도나무요 내 아버지는 농부시다. 내게 붙어 있으면서도 열매를 맺지 못하는 가지는 아버지께서 다 자르실 것이요, 열매를 맺는 가지는 더 많은 열매를 맺도록 깨끗하게 손질하신다.

우리가 하나님의 사랑 안에 살면서 열매를 맺어 나가야 함은 선택이 아니라 필수입니다. 하나님은 우리가 아름다운 사랑의 열매를 맺기를 기대하십니다. 한 사람이 어떤 열매를 맺는지가 바로 그 사람이 어떤 사람인지를 아는 기준이 됩니다. 참된 것과 거짓된 것은 겉으로 잘 드러나지 않습니다. 우리는 나무가 어떤 나무인지를 알려면 그 나무의 열매를 봅니다. 그 나무의 열매가 사과라면 당연히 사과나무이고 배라면 당연히 배나무입니다. 이처럼 열매를 보면 나무를 알 수 있습니다.

오래전 독일의 수도 베를린이 분단되어 동베를린은 공산 치하에 있고 서베를린은 자유 진영 아래에 있었을 때의 일입니다. 몇 명의 동베를린 사람들이 한 트럭의 쓰레기 더미를 서베를린 진영에 무단으로 버렸습니다. 화가 난 서베를린 사람들은 그 쓰레기 더미를 다시 모아 동베를린

진영으로 쏟아 부어버릴까 생각했습니다. 그러다가 그들은 그런 식으로 일을 처리하지 않기로 의견을 모았습니다. 대신 덤프트럭 한 대에 통조림과 쉽게 부패하지 않는 식료품을 채워서 동베를린으로 가져가 그것을 산뜻하게 쌓은 후 그 옆에 이런 내용의 표지판을 하나 세웠습니다.

"사람들은 각자 자기 속에 있는 것을 준다."

참 멋진 이야기입니다. 우리가 어떤 내면의 열매를 맺고 사느냐는 매우 중요합니다. 그것에 따라 내 삶의 열매가 드러나기 때문입니다.

우리가 사랑의 열매를 풍성하게 맺기 위해 우리가 즐겨 부를 노래가 있습니다. 우리의 존엄함을 인식시켜 주는 〈당신은 사랑받기 위해 태어난 사람〉에 대한 답가로서 작곡가 설경욱 씨의 〈또 하나의 열매를 바라시며〉라는 곡입니다.

또 하나의 열매를 바라시며

감사해요 깨닫지 못했었는데
내가 얼마나 소중한 존재라는 걸
태초부터 지금까지 하나님 사랑은
항상 날 향하고 있었다는걸

고마워요
그 사랑을 가르쳐 준 당신께
주께서 허락하신 당신께
그리스도의 사랑으로 더욱 섬기며
이제 나도 세상에 전하리라

당신은 사랑받기 위해
그리고 그 사랑 전하기 위해

주께서 택하시고 이 땅에 심으셨네
또 하나의 열매를 바라시며

이제 우리는 사랑받기 위해 태어난 사람을 넘어서 사랑하기 위해 태어난 사람으로까지 자라나야 합니다. 요즘은 사랑의 실천도 참신한 아이디어로 가득합니다. 과거에 한 소셜네트워크서비스(SNS)에서 얼음물을 뒤집어쓴 사람들의 동영상이 유행처럼 번졌던 적이 있었습니다. 일명 '아이스버킷챌린지(Ice Bucket Challenge)'라고 하는 이 캠페인은 달라진 기부 문화를 대변하는 하나의 아이콘이 됐습니다. 여기엔 흔히 루게릭병으로 불리는 '근위축성측색경화증(ALS)'의 위험성을 알리고 환자를 도우려는 기부 운동의 취지가 담겨 있습니다.

지난 2014년 7월 말 시작한 이 운동엔 미국의 유명 인사들을 포함해 수많은 사람이 100달러를 기부하거나 얼음물을 뒤집어쓰는 데 동참했습니다. 페이스북 최고 경영자가 마크 주커버그가 얼음물을 뒤집어쓴 뒤 마이크로 소프트 창업자 빌 게이츠를 지목했고, 빌 게이츠는 얼음물 뒤집어쓰기 임무를 수행한 뒤 다시 3명을 지목해 이들도 임무를 수행했습니다. 저도 어느 분의 지목으로 실시하고 나서 3명의 학생을 지목하였습니다. 아이스버킷챌린지는 기부 목적이 분명한 이벤트로서 세계적으로 반향을 일으키며 확산되었으니 그 어느 이벤트들과 크게 달랐습니다. 어떻게 아이스버킷챌린지가 급속히 번질 수 있었던 것일까요?

100달러, 통상 10만 원의 기부금 액수가 정해져 있어 스타들이나 유명 인사들이 흔쾌히 받아들였고, 평범한 시민들에게도 쉽게 퍼졌습니다. 물론 꼭 그만큼의 액수를 다 내야 할 필요도 없습니다. 기부금이 불치병으로 고통받는 환자들, 혹은 그 연구를 위해 쓰인다는 것을 처음부터 명시한 점도 많은 공감을 얻었다고 합니다. 기부 목적, 기부금 용처가 명확하고, 많은 이들이 쉽게 동의할 수 있어 반감이 적은 탓일 것입니다.

　이 캠페인이 확산된 데에는 소셜미디어의 파급력이 큰 몫을 했다고 볼 수 있습니다. 얼음물 뒤집어쓰기라는 기발한 상상력과 들불이 번지듯 기부 운동을 퍼뜨리는 아이디어가 중증 난치병 환자와 가족에게 희망을 주고 있다는 점에 주목할 필요가 있습니다. 우리나라에도 손가락 하나 움직일 수 없는 질환을 안고 살아가는 근육병 환자가 1,000명 이상이나 된다고 합니다.

　기부하는 사람도 즐겁고, 기부 받는 사람도 행복한 기부 아이디어가 얼음물 뒤집어쓰기만 있는 것은 아닐 것입니다. 돈이 없어도 우리가 가진 재능으로 시간과 정성만 모아 지혜를 모아 고통받는 이웃에게 다가갈 수 있는 '참신한 아이디어'를 찾아 실천해 나간다면 우리 사회는 더욱 밝아질 것입니다.

원수를 선함과 은혜로 대하는 교육

중국 위나라에 '송취'라는 선비가 있었습니다. 그는 초나라의 접경지대에 있는 자그마한 고을의 현령으로 부임했습니다. 그가 부임한 두 나라의 접경지대에 사는 농민들은 모두 수박과 참외를 길렀습니다. 위나라 농민들은 열심히 물을 주고 거름을 주어 그곳에서 나는 수박과 참외는 달고 맛있었습니다. 그러나 초나라 농민들은 게을러서 수박과 참외밭에 그다지 신경을 쓰지 않다 보니 초나라 농민들이 기르는 수박과 참외는 맛이 없었습니다. 초나라 농민들은 위나라 농민들을 시기하여 몰래 국경을 넘어와 위나라 농민들의 수박과 참외밭을 엉망으로 휘저어 놓고 도망쳤습니다.

위나라 농민들이 아침에 일어나 밭에 나가 보니, 갓 맺힌 열매와 새순들이 모두 짓밟혀 있었습니다. 그들은 고을의 현령인 송취를 찾아가 말했습니다.

"이는 분명히 초나라 사람들의 짓입니다. 우리가 이대로 당할 수만은 없습니다. 저들이 했던 대로 우리도 초나라로 넘어가 그들의 밭을 모조리 짓밟고 오겠습니다."

농민들의 하소연을 들은 송취는 원한으로 복수하는 것은 결국 화를 부를 뿐이라고 하면서 한 가지 해결책을 알려 주었습니다. 그들은 그날 밤 송취가 알려 준 대로 몰래 국경을 넘어서 초나라 농민들의 밭에 물과 거름을 듬뿍 주고 돌아왔습니다. 그 일은 그 후에도 계속되었습니다.

여러 날이 지나 초나라 농민들이 밭에 나와 보았습니다. 그들은 자기들의 밭에 누군가가 와서 물과 거름을 주고서는 감쪽같이 사라진 것을 알았습니다. 뒤에 초나라 농민들은 위나라 농민들이 그렇게 했다는 것을 알고서 자신들의 행동을 부끄러워했습니다. 그렇게 세월이 흐르자 초나라 밭에서 나는 수박과 참외도 달고 맛이 있었습니다. 이 소식은 초나라 왕에게까지 전해졌습니다. 초나라의 왕은 위나라에 금은보화를 보내고 고마운 마음을 표했고, 그 뒤로 두 나라는 사이좋은 이웃이 되었습니다.

　이야기의 내용이 너무나 간단하니 그 과정이 쉬운 것으로 느껴질지 모르겠습니다. 그러나 우리가 사는 현실에서는 원수를 갚지 않고 은혜를 베푼다는 것이 쉬운 일은 아닙니다. 목사요, 선생이고 이제 나이 사십 대 중반을 넘긴 저만 해도 그렇습니다. 제게 서운케 하거나 좀 억울하다 싶으면 속이 상해서 견딜 수가 없습니다. 미운 감정이 온 맘과 몸을 지배합니다. 분노가 치밀어 올라 견딜 수가 없습니다. 그럼에도 격한 감정을 폭발시키지 않는 것은 제가 지닌 종교적, 사회적 체면과 다른 사람들의 시선을 의식하는 결과일 뿐입니다. 사실은 이것은 저의 겉모양일 뿐, 맘속에선 미움과 분노로 살인도 서슴없습니다. 이게 우리 보통 사람들입니다. 송취의 말을 듣고 악을 악으로 갚지 않고 선행으로 나아간 위나라 사람들의 마음 다스리기와 선한 마음 모음이 대단해 보입니다. 그리고 송취가 위나라 사람들의 상한 감정을 잘 다독이면서 해결책을 유도해낸 게 놀랍습니다.

　예수님은 우리에게 명령하셨습니다. "평화를 이루라 그래야 하나님의 자녀라 불림을 받는다."(마태복음 5장 9절) "원수를 사랑하고 그를 위해 기도해 주어라."(마태복음 5장 43~48절) 이런 불가능한 말씀을 주심은 불가능하지 않으니 불가능하다고 미리 단정 짓지 말고 해 보라는 말씀입니다. 저 같은 소인배는 하루아침에 이런 고매한 인격을 갖추기는 어렵습니다. 그러니 기도하면서 반성하면서 다짐하면서 한 번 두 번 실천해 나가야 합니다. 그러다 다시 옛 사람의 분노가 미움이 솟구치면 반성하면서 다시금 기도하면서 마음을 모아 가야 합니다. 우리 하나님은 우리에게 이런 수양 기간을 충분히 누리도록 시간을 주셨습니다. 잠시 잠깐 살다가 떠나는 안개와 같은 인생이지만 우리의 인생은 예수님을 닮아가기에는 충분한 시간입니다. 조금씩 흔들리면서도 마음을 곱게 가꾸는 삶은 아름답습니다. 그리고 보면 우리의 인생길은 예수 닮기를 배우고 익히고 실현해 나가는 교육 실습의 현장인가 봅니다. 교육의 핵심은 아는 것을 살아내는 것입니다. 이렇게 잘 살아냈는지를 평가하는 게 바로 우리가 마지막 심판대에 서는 그 순간일 것입니다.

위의 이야기를 우리식으로 읽으면 이렇습니다. 송취는 바로 예수님이십니다. 우리는 위나라 사람들입니다. 우리를 괴롭히는 사람들이 초나라 사람들입니다. 자! 이제 예수님이 억울하고 화가 난 우리에게 말씀하십니다. 원수를 갚지 말고 값없이 주시는 십자가의 보혈의 은혜처럼 악이 아닌 선으로, 은혜로 세상 속으로 나아가라고……

참된 복으로 사는 사람

마태복음 5장 8절입니다.

복되도다! 마음이 깨끗한 사람들이여, 그들은 하나님을 볼 것이다.

이 말씀은 예수님이 산에서 귀한 교훈을 일깨워 준 것을 가리키는 '산상수훈(山上垂訓)'의 한 구절입니다. 우리 민족은 '복'을 참 좋아합니다. 요즘은 덜하지만 사방에 '복(福)' 자를 써놓은 것을 찾아볼 수 있습니다. 장롱의 문양에 한복에 심지어 밥 먹는 수저에도 복자를 새겨, 보고 또 보고 싶어 했습니다. 누구나 복을 참 좋아합니다. 축복, 행복한 삶을 바랍니다. 우리가 추구해야 할 복된 삶의 비결은 무엇일까요? 바로 마음의 깨끗함입니다. 눈에 보이지 않는 마음을 깨끗하게 씻고 닦고 정갈하게 하는 사람은 하나님을 볼 수 있습니다. 그러므로 하나님을 보는 사람은 마음이 깨끗한 사람이라는 것입니다. 이 말씀을 반대로 이해하면 더 의미가 분명해집니다. 마음이 깨끗하지 못한 사람은 하나님을 볼 수 없습니다. 우리가 하나님을 매일같이 매 시간마다 바라본다면 그 어떤 어려운 일에도 희망과 기대를 가질 수 있습니다. 그러기에 그 어떤 어려움도 이겨 나갈 수 있습니다. 또한 하나님을 바라본다면 자기만족이나 자만심에 빠져서 모든 인간관계의 기준을 자기 마음대로 정해서 살아가는 어리석음에 머물지 않을 것입니다.

성경의 기록은 하나님이 우리를 불꽃 같은 눈동자로 지켜보신다고 하였습니다. 하나님이 보시는 것은 사람의 외모가 아니라 그 마음입니다. 그러기에 하나님은 이스라엘의 왕을 세우실 때 사무엘을 통해 이새의 여덟 아들 중에서 생김새나 체격이나 출생의 순서가 아니라 그 마음을 보시고 이새의 막내아들인 볼품없는 다윗을 세우셨습니다.

최근에 많은 사람들이 웹캠(Web Cam)을 집안에 설치하여 조그만 렌즈를 통해 수천 수만 리 떨어져 있는 가족들, 혹은 친구들과 화상 통화를 한다고 합니다. 누구든지 웹캠 앞에서 포즈를 취하고 사진을 찍을 수 있습니다. 움직이는 대로 카메라가 자동으로 쫓아다니면서 주위의 환경과 모습을 보여 줍니다. 웹캠을 이용해서 전화를 하면 다른 매체에 비해 돈이 덜 들어서 좋고 얼굴을 보고 대화하니 좋습니다. 그러나 웹캠으로 대화할 때는 부스스한 얼굴로 대화하기 민망하기 때문에 아무래도 세수는 기본이고 몸단장도 해야 할 것입니다. 웹캠으로 마주보고 대화하듯이 바로 내 곁에 하나님이 계시고 나를 지켜보고 계시다고 생각하면 우리가 살아가는 삶의 자세와 마음가짐은 달라질 것입니다.

이처럼 마주하며 살아간다면 더러운 마음, 욕심이 가득한 마음, 다른 사람을 우습게 여기는 마음, 다른 사람을 괴롭히려는 마음에서 벗어나려고 할 것입니다. 하루에도 여러 번 다른 사람에게 자신의 깨끗한 모습을 보이려고 손을 씻고 얼굴을 씻듯이 하나님께 비춰지는 마음을 생각한다면 마음을 깨끗하게 하는 일에 열심을 품을 것입니다.

하나님의 불꽃 같은 눈동자를 의식하면서 사는 것이 우리의 마음을 깨어 있게 하는 것입니다. 항상 하나님의 카메라가 나를 쫓아다니면서 살피고 있다고 생각하면 긴장하고 단정한 모습을 하려고 노력할 것입니다. 하나님은 우리의 일거수일투족을 살피시며 우리의 생각과 마음을 감찰하시는 전능하신 분이십니다. 우리가 하나님을 의식하지 못하면 하나님을 가볍게 여기는 사람이 됩니다. 아래에 있지 않고 위에만 계시는 전능하신 하나님은 낮에는 태양이라는 찬란한 빛으로 내려 보십니다. 밤에는 졸지도 않으시는 맑은 달빛으로 내려 보십니다. 캄캄한 밤에도 반짝이는 별들을 통하여 헤아려 보십니다. 땅속 깊은 곳은 빗줄기를 통하여 찾아가 보십니다. 그늘진 곳은 시원한 바람을 통하여 찾아와 보십니다. 찬란한 태양빛은 하나님이 밝혀 두신 찬란한 등불이요, 불어오는 시원한 바람은 전능하신 하나님의 손길입니다. 하나님은 이처럼 전능하신 손길로 우리의 마음 깊은 곳의 구석구석까지 살펴보십니다.

우리는 항상 하나님이 불꽃 같은 눈동자로 우리의 말 한마디, 행동 하나하나를 지켜보고 계신다는 '하나님 앞에서(Coram Deo)'라는 생각으로 살아가야 합니다. 시편 15편 말씀입니다.

> 여호와여, 주의 장막 안에 살 사람이 누구입니까? 주의 거룩한 산에 살 사람이 누구입니까? 올바르게 행동하고 의를 행하며 마음으로 진실을 말하고 혀로 헐뜯는 말을 하지 않으며 이웃에게 해를 입히지 않고 동료에게 누명을 씌우지 않으며 타락한 사람을 경멸하고 여호와를 경외하는 사람을 존경하며 손해를 봐도 맹세를 지키며 돈을 빌려 주면서 이자를 많이 받지 않고 뇌물을 받지 않고 죄 없는 사람을 억울하게 하지 않는 사람입니다. 이렇게 행동하는 사람은 절대로 흔들리지 않을 것입니다.

정직이 최선의 정책이라는 말이 있습니다. 그러나 이 말은 우리 기독교 교육으로서는 받아들이기 어렵습니다. 우리의 교육은 거기에 하나 더 중요한 덕목을 가르쳐야 합니다. 이것이 바로 겸손입니다. 잘난 사람이 자신의 잘난 모습을 드러내는 것을 보면 기분이 나쁘지만 그건 사실입니다. 잘난 사람이 꾸밈없이 자신의 모습을 드러낸 것은 정직입니다. 우리는 하나님께 깨끗한 마음을 허락해 주실 것을 기도해야 합니다. 우리의 마음이 얼마나 더러운지를 보고 깨끗한 마음 밭으로 갈고 닦을 수 있는 마음을 달라고 기도해야 합니다. 그러나 우리가 잊지 말아야 할 것은 우리의 힘과 결심으로는 하루에도 수십 번 수백 번 요란하게 변하는 마음을 정갈하게 할 수 없다는 것입니다. 그러기에 최선을 다해 마음을 수양하되 자기 마음을 자기 마음대로 할 수 없음을 하나님께 인정하고 기도해야 합니다. 이 기도에서 우리는 자기 마음조차 마음대로 할 수 없는 연약한 인간임을 받아들여야만 합니다. 여기서 겸손이 마음 깊은 곳에서 우러나오게 됩니다. 시편 51편 6~13절 말씀입니다.

주께서는 진실한 마음을 원하시니 내 마음 깊은 곳에 지혜를 알려 주실 것입니다. 우슬초로 나를 깨끗하게 하소서. 그러면 내가 깨끗해질 것입니다. 나를 씻어 주소서. 그러면 내가 눈보다 희게 될 것입니다. 내게 기쁘고 즐거운 소리를 듣게 하소서. 주께서 부러뜨리신 뼈들도 즐거워할 것입니다. 주의 얼굴을 내 죄에서 가리시고 내 모든 죄악을 지워 주소서. 오, 하나님이여, 내 속에 정결한 마음을 창조하소서. 내 안에 정직한 영을 새롭게 하소서. 주 앞에서 나를 쫓아내지 마시고 주의 성령을 내게서 거둬 가지 마소서. 주의 구원의 기쁨을 내게 회복시켜 주시고 주의 자유로운 영으로 나를 붙들어 주소서. 그러면 내가 범죄자들에게 주의 길을 가르칠 것이니 죄인들이 주께로 돌아올 것입니다.

두려움은 허상일 뿐입니다.

  세상에서 가장 두려운 것은 무엇일까요? 이 질문에 대한 미국인들의 답변은 재미있으면서도 의외였습니다. 3위는 '물에 빠져 죽는 것'이었고, 2위는 '불에 타 죽는 것'이었습니다. 그렇다면 대망의 1위는 무엇이었을까요? 그것은 '다른 사람 앞에서 발표(presentation)하는 것'이었다고 합니다. 이것은 영국 사람들도 마찬가지였습니다. 영국 옥스퍼드대학 플로그 하우스 박사는 『뉴욕타임스』에 '거절당할까 봐 두려워하는 것이 실제로 거절당하는 행위보다 더 두렵다'는 연구결과를 발표한 적이 있었습니다.

  그렇습니다. 많은 사람이 미래의 불안에 대한 두려움을 안고 살아가고 있습니다. 정보화 시대 이후 귀신들이 두려움에 떨고 있다는 우스갯소리도 있습니다. 인터넷 시대 이전에는 사람들이 꼭 정해진 날짜에 제사를 드리고 성묘를 가곤 했는데, 요즘에는 바쁘다는 이유나 또는 차량 정체가 심하다는 이유로 산 사람들 편한 시간에 맞춰 제사를 지내거나 성묘를 가기 때문에 귀신들이 날짜를 제대로 맞추지 못하면 제삿밥도 못 얻어 먹기 때문이라는 것입니다. 게다가 제사상을 차리는 대신 인터넷에서 제사상을 다운 받아 제사를 드리는 경우도 있어, 컴맹 귀신은 그마저도 얻어 먹지 못하고 있기 때문에 두려워 떤다고 합니다. 사람은 사나 죽으나 두려움에서 벗어나지 못하고 있는 것 같습니다.

  문제가 있는 수많은 사람의 상담을 해 준 한 상담사는 "사람들이 가지고 있는 가장 큰 문제가 무엇이냐?"라는 질문에 이렇게 대답했다고 합니다.

"그것은 두려움입니다. 사람들의 꿈이 이루어지지 못하도록 가로막는 장애물은 바로 두려움입니다. 사람들은 날마다 두려움에 사로잡혀 살고 있습니다. 재산이 없어질까 봐 두려워하고, 사랑하는 사람을 잃어버릴까 봐 두려워하고, 잘못된 결정을 내릴까 봐 두려워하고, 심지어는 사는 것 자체를 두려워합니다."

리사 히메네스(Lisa Jimenez)는 『두려움을 정복하라』에서 자신의 내부에 잠재된 두려움을 정복할 때 보다 성공적이고 행복한 인생을 살아갈 수 있음을 강조하고 있습니다. 이 책은 자기 내부 속에 있는 두려움을 정복하고 실패와 성공에 대한 두려움을 극복하라고 이야기합니다. 두려운 일이 일어나지 않기를 바라기보다는 먼저 어떠한 일에도 두려워하지 말라고 이야기합니다. 많은 사람이 거부에 대한 두려움 때문에 성공에 이르지 못한다고 합니다. 그러나 그는 독자들에게 "'Yes'라는 말을 듣기 위해서 'No'라는 말을 들을 준비가 되어 있는가?"라고 도전적으로 질문하고 있습니다. 그리고 그는 자신의 경험을 통하여 얻은 평균의 법칙을 적용하여 두려움을 정복하라고 말합니다.

'평균의 법칙'이라는 것이 있습니다. 어떤 제품 하나를 팔기 위해서는 평균적으로 10명의 고객을 만나야 한다는 법칙입니다. 고객이 물건 하나를 샀을 때 자신에게 주어지는 소득이 십만 원이라고 하면, 10명의 사람을 만나기까지 한 사람이 거절할 때마다 자신에게 주어지는 소득은 평균 만 원이라는 것입니다. 따라서 자신이 접촉한 고객이 "No"라고 대답하면, 실망할 것이 아니라 '만 원 벌었다'라고 생각하고 믿으라고 합니다. 이렇게 하면 거부에 대한 두려움을 이길 수 있다는 것입니다. 이것은 하버드대학 정신과 교수인 필라이(Pillay)의 '두려움을 이기는 방법으로 희망을 품는 방법'과도 맥락이 같습니다. 그에 의하면, 희망과 두려움은 모두 뇌에서 만들어지는데 우리가 더 관심을 두는 것이 뇌를 차지한다는 것입니다. 그러므로 우리 뇌 속에 희망을 넣어 둘 것인지, 아니면 두려움을 넣어 둘 것인지를 잘 판단해서 선택해야 한다는 것입니다. 우리 뇌 속에 희망을 넣어두겠는가? 두려움을 넣어두겠는가? 단지 관심을 두는 것 하나만으로 뇌가 달라지고, 인생이 달라지고, 행복이 달라집니다. 희망은 관심만 두면 우리를 행복하게 하는 마법의 열쇠가 틀림없다고 그는 주장합니다.

당신이 행복하지 못한 것은 불행한 것이 아니라 행복을 모르는 사람일 뿐이라는 말이 있습니다. 최근 긍정 심리학이 유행처럼 여러 학문에서 회자(膾炙)되고 있습니다. 지금까지 심리학은 프로이드의 정신분석 이론을 기저(基底)로 삼아 이를 이어받거나 이를 비판하면서 전개되어 왔습니다. 잘 알려진 것처럼 프로이드의 이론은 성의 에너지가 작동하는 역동에 따른 사람됨의 구성과 심리 그리고 어린 시절의 경험을 결정적으로 보았습니다. 이 이론에 따라 조기 교육이 중요하게 작용하고 사람에 대한 이해를 그저 눈에 보이는 것이나 현재가 아니라 그 깊은 근본을 바라보게 하였습니다. 이러한 프로이드 심리학의 영향은 심리학뿐만 아니라 교육학 등 여러 학문에 걸쳐 그 영향을 미쳤습니다. 그런데 불과 10여 년 전에 '마틴 셀리그만(Martin E. P. Seligman)'이라는 미국 심리학자가 새로운 주장을 하기 시작하였습니다. 그것이 바로 '긍정 심리학'입니다. 그의 말을 정리하면 다음과 같습니다.

프로이트의 가장 큰 실수는 프로이트 심리학을 정신과 전문의들만의 독점 영역으로 한계를 지었다는 것입니다. 긍정 심리학은 심리학 분야의 독점이 아닌 어느 분야의 전문가들도 응용할 수 있습니다. 또 하나는 그전의 심리학에서는 사람들의 나쁜 점과 약점을 다루어서 인간의 나약함을 강조하고 문제 있는 존재로서의 사람을 연구했다면 긍정 심리학은 좋은 점, 즉 약점보다 강점에 초점을 맞춥니다. 거기에는 희망, 낙관, 행복, 만족, 강점, 회복탄력성, 용기, 그밖에 인간의 개인적 행동과 단체 웰빙의 긍정적인 면에 대한 연구가 포함됩니다. 그러므로 사람들은 오늘의 문제를 인정하면서도 오늘보다 나은 내일을 꿈꾸고 노력하는 존재입니다. 자살률이 늘고, 우울증으로 정신과 치료를 받는 사람들이 기하급수적으로 늘어나고, 디지털 시대일수록 혼자인 시간이 많아지고, 인간과의 교류가 뜸해지고 혼자만의 감옥 속에 갇히게 될 확률이 높고 행복감을 박탈당하고 자신이 불행하다고 느끼는 사람이 대부분일 것입니다. 돈이 많아도 사회적인 지위가 높아져도 불행하다고 느끼는 사람은 줄지 않습니다. 행복을 모르기 때문입니다. 행복이 오는 길도 모르기 때문입니다. 수년 전 우리나라에 방문하여 강연을 펼친 그의 말입니다.

"긍정 심리의 관심사는 약점을 보완하는 대신 강점을 강화하는 것입니다."

"단점을 고친다고 해서 행복해지지는 않습니다."

"자신의 강점을 찾아 더 강화시키십시오."

"직장 부하나 배우자, 자식에게도 부족한 점을 지적하기보다 강점을 확인시키고 북돋아 주면 행복지수가 올라갑니다."

우리 속에 있는 두려움, 우리의 행복과 성공적인 인생을 가로막고 있는 두려움……. 그 두려움을 피해 도망칠 것이 아니라 그 두려움을 정복하고 넘어서야 하는 것입니다. 마음만 먹으면 두려움을 넘어서고 정복할 수 있습니다. 두려움은 밖에 있는 것이 아니라 내 안에 있는 것이기 때문입니다. 조선 시대 학자 김충암(金沖庵, 1485~1541)의 말입니다.

근심스러운 일을 보고서 근심하더라도 근심이 반드시 없어지는 것은 아니고, 두려운 일을 보고서 두려워하더라도 두려움이 반드시 그쳐지는

것이 아니므로, 오직 그런 일을 천천히 살펴서 저절로 풀리게 하고, 부드
럽게 받아들여서 저절로 없어지게 할 것이니, 그것은 곧 사리에 통달하는
행실이요, 올바른 도리에 이르게 하는 지극한 행동입니다. 이럼으로써 군
자는 타고난 운명을 즐거워하고, 삶의 보람을 알고 있는 것입니다. 그러
므로 모든 일을 근심하지도 않고, 두려워하지도 않는 것입니다.

그렇습니다. 세상만사 생각하기 나름입니다. 긍정적인 생각으로 행동
하는 삶이 유익합니다. 우리가 잘 아는 이야기가 있습니다.

옛날 한 마을에 어머니와 두 아들이 살고 있었습니다. 큰아들은 부채
장사를 하고, 작은아들은 나막신 장사를 하였습니다. 며칠 동안 비가
내리다 갠 어느 날, 이웃집 아주머니가 놀러왔습니다.

"오랜만에 날이 개니 이제 살 것 같지요?"

이웃집 아주머니가 이렇게 인사를 했더니 어머니가 대답했습니다.

"날이 개어 좋기는 한데 걱정이 하나 있어요. 우리 작은아들이 나막신
장사를 하지 않겠어요? 이렇게 날이 개면 나막신이 잘 안 팔리게 되니
그것이 걱정입니다."

비가 내리는 어느 날, 이웃집 아주머니가 또 놀러왔습니다.

"해가 쨍쨍 내리쬐다가 비가 오니 시원해서 좋지요?"

"아니요. 조금도 시원하지가 않아요. 비가 내리니 걱정이에요."

"아니, 또 무슨 걱정이에요?"

"우리 큰아들이 부채 장사를 하지 않겠어요? 이렇게 비가 내려 날이
선선하면 어느 누가 부채를 사겠어요?"

"날이 개도 걱정이고 비가 와도 걱정이군요."

"어쩌겠습니까? 난 두 아들 걱정에 밤잠을 설친답니다."

그러자 이웃집 아주머니가 말하였습니다.

"좋은 생각이 있어요. 이렇게 생각하면 걱정이 싹 사라질 거예요."

"그게 뭔데요?"

"날이 개면 큰아들의 부채가 잘 팔리니 좋고, 날이 흐려 비가 내리면 작은아들의 나막신이 잘 팔리니 좋다고 생각해 보세요."

"정말 그렇군요. 내가 왜 그렇게 생각하지 못하고 밤낮 걱정을 했을까요?"

그 뒤부터 어머니는 걱정 없이 살았다고 합니다.

또 이런 이야기도 있습니다.

어느 농부가 장에 갔다 오더니 땅이 꺼져라 한숨을 쉬었습니다. 그 광경을 보고 아내가 물었습니다.

"왜 그렇게 한숨을 쉬세요?"

농부는 얼굴이 하얗게 질린 채 말하였습니다.

"나는 이제 삼년밖에 살지 못하게 되었소. 장에서 오는 길에 삼년 고개에서 넘어지고 말았소."

아내도 농부의 말을 듣고 통곡을 했습니다. 농부의 집은 초상난 집 같았습니다. 농부는 너무 근심을 한 나머지 정말 병이 나고 말았습니다.

하루는 이웃 마을에 사는 영리한 소년이 그 집 앞을 지나가다가 통곡 소리를 들었습니다. 소년은 마침 길을 지나던 이웃집 아낙네에게 그 까닭을 물어보고는 농부의 집으로 들어갔습니다.

"삼년 고개서 넘어져 병환이 나셨다고요? 아저씨, 제가 하라는 대로 하시면 오래오래 사실 수 있습니다."

농부는 귀가 번쩍 트였습니다. 소년은 다시 농부에게 말했습니다.

"한 번 더 넘어지면 육 년, 두 번 넘어지면 구 년……. 이렇게 열 번을 넘어지면 삼십 년을 살 게 아니에요?"

"그렇군. 그래."

농부는 벌떡 일어나 삼년 고개로 달렸습니다. 삼년 고개 맨 꼭대기까지 올라간 농부는 구르고 또 구르고 마구 굴렀습니다. 마구 구르고 난 농부는 싱글벙글하며 집으로 돌아왔습니다. 그 후 농부는 즐거운 마음으로 하루하루를 보냈고, 하늘이 내린 천수를 다 했는지 120세도 훨씬 넘게 살았다고 합니다.

옛 속담에 이런 말이 있습니다. "남 떡 먹는데 팥고물 떨어지는 걱정한다." 이 말은 자기는 먹지도 못 하면서 남 먹는 것을 보고 쓸데없이 걱정하는 것을 말합니다. 율곡 이이의 『율곡집』에는 이런 말이 나옵니다.

> 사람의 얼굴은 추한 것을 곱게 바꿀 수 없으며, 힘은 약한 것을 세게 바꿀 수 없으며, 키는 짧은 것을 길게 바꿀 수 없으며, 이것은 이미 정해진 분수이므로 고칠 수 없으나 오직 심지(心地)는 어리석은 것을 지혜롭게, 어두운 것을 어질게 바꿀 수 있으니, 이것은 마음이란 것이 매우 신령스러워서 타고난 것에는 얽매이지 않기 때문입니다. 지혜보다 더 아름다운 것이 없고 어진 것보다 더 귀한 것이 없건만 어찌하여 굳이 어질고 지혜롭게 되려 하지 않고 하늘로부터 받은 착한 본성을 해치려고 합니까? 사람들이 이러한 뜻을 굳게 지켜 물러서지 말아야 도를 이룰 수 있습니다.

그렇습니다. 마음의 작용은 눈에 보이는 것이 아니기에 어렵습니다. 스스로 마음을 잘 다스리는 수양과 결단이 필요합니다. 고려 말 조선 초의 학자 양촌 권근의 『동문선』에 나오는 이야기입니다.

> 나그네가 노인에게 물었습니다.
> "노인께서는 늘 배에서 삽니다. 한데 낚시가 없으니 어부도 아니요. 팔 물건이 없으니 장사꾼도 아니요, 왕래하지 않으니 사공도 아니십니다. 미친 듯 풍랑이 일면 배가 기울어 목숨이 위태로운데 노인께서는 오히려 이를 즐기시는 듯하시니 무슨 까닭입니까?"

노인이 대답했습니다.

"대게 사람의 마음이란 한결같지 않아서, 안전한 땅을 밟으면 태연히 방자해 지고 위태한 곳에 처하면 놀라 당황하게 되는 법이오. 놀라 당황하게 되면 스스로 경계하여 진실로 삶을 도모하지만, 태연히 방자해지면 반드시 방탕하여 위험에 이르게 되는 것이니, 나는 차라리 위험한 곳에서 경계하며 살지언정 안전한 곳에서 태연히 살아 자신을 망치려 하지 않는 까닭이오. 배가 한 쪽으로 무거우면 반드시 기우는 법이니, 왼쪽으로도 기울지 않고 오른쪽으로도 기울지 않으며, 무겁지도 않고 가볍지도 않게, 내가 그 중심을 잡아 배의 평형을 지키니, 아무리 거친 풍랑일지라도 내 마음의 안정을 깨트릴 수 없을 것이오. 세상은 큰 물결, 사람의 마음이란 한 무더기의 바람이오, 내 나약한 몸으로 그 가운데 떠 있으니 만 리 허허로운 물결 위의 한 잎 조각배와 같소, 내 이제 이 조각배를 타고 세상을 보니, 그 안전함을 믿고 환난을 생각지 않으며, 방자히 하고자 하면서 그 맺음을 도모하지 않는 자, 그러다가 멸망에 이른 자가 많았소. 그런데 그대는 어찌 이를 두려워하지 않고 나를 위태하다 하오?"

노인은 더 말하지 않고 노래 부르며 갔습니다.

아득한 물 위에 빈 배 띄웠네.
달빛 싣고 가노니 이 내 삶일세.

조선 인조 때 영의정을 지낸 신흠(申欽, 1566~1628)도 마음의 작용을 말했습니다.

나아가기도 하고 물러가기도 하는 것은 몸이요, 있기도 하고 없어지기도 하는 것은 자리요, 얻기도 하고 잃기도 하는 것은 물건이다. 그리고 이러한 사실을 알아서 그 바른 도리를 잃지 않도록 하는 것은 바로 마음이다.

쓸데없이 근심하는 마음을 경계하는 성경구절입니다. 잠언 15장 13절입니다.

행복한 마음은 얼굴에 환히 드러나지만 마음이 상하면 영혼도 상하게 마련이다.

잠언 17장 22절입니다.

즐거운 마음은 병을 낫게 하지만 근심하는 마음은 뼈를 말린다.

마태복음 6장 34절입니다.

그러므로 내일 일을 걱정하지 말라. 내일 일은 내일이 맡아서 걱정할 것이요, 한 날의 괴로움은 그날에 겪는 것으로 충분하다.

베드로전서 5장 7절입니다.

여러분의 모든 근심을 주께 맡기십시오. 주께서 여러분을 돌보십니다.

지금 이 순간부터 부정적인 마음가짐을 벗어 버리고 긍정의 마음가짐을 의식적으로 습관화해야 합니다. 그래서 우리의 마음을 불편하게 하는 모든 두려움은 우리의 인생 밖으로 멀리 걷어차 버려야 합니다. 두려움은 실상이 아니라 아직 있지도 않은 것을 스스로 만들어 놓은 허상에 불과합니다. 이 허상은 우리가 만든 것이니 우리가 쉽게 없앨 수 있습니다. 그 누구도 대신 없애지 못하는 것이 바로 이 두려움입니다. 두려움, 불안, 공포에 떨지 말고 이를 의식에서 꺼내어 정체를 밝히고 없애는 '두려움의 의식화'를 매일 습관화해 나간다면 시나브로 자신감이 생길 것입니다. 그러다 보면 마음의 감기에서 시작되어 죽음에 이르는 병인 우울증도 초기에 치료가 가능하고 예방도 가능합니다. 긍정과 행복은 우유나 신문처럼 매일 누군가가 배달해 주는 것이 아닙니다. 내 의식에서, 내 생활 습관에서, 체질화하는 노력이 중요합니다. 매일 아침, 저녁으로 운동을 하듯이, 습관적으로 하루 세 번 양치질을 하듯이 거울을 보고 자신감을 불어넣는 자기 멘트를 해 보는 것도 좋습니다.

영성의 시대, 기독교의 방향 모색

현대인들은 이전 시대에 비해 비교조차 할 수 없을 정도로 과학기술의 발달에 따른 풍요와 편리를 향유하고 있습니다. 그런데 이러한 풍요와 편리가 행복과 동일시되지 않고 있습니다. 놀라운 사실은 이전 시대에 비해 자살률, 이혼율, 범죄율, 우울지수가 높고 행복지수는 더 낮아졌다는 것입니다. 이러한 결과를 통해 물질과 정신이 같이 발달하는 것이 아님을 알 수 있습니다. 이 두 가지가 하나가 되지 못하는 이유는 무엇일까요? 이 둘을 동시에 발달시키거나 조화를 이룰 수는 없을까요? 현대인들의 정신적인 혼란을 해결할 수 있는 정신 문화적 토대는 무엇이 있을까요?

흔히 사람을 크게 몸과 마음으로 나눕니다. 이는 동양적 이분법이며, 동양적 사고방식입니다. 서구에서는 육체와 정신으로 나눕니다. 동양과 서양은 같은 듯 다르게 사람을 구분합니다. 동양의 몸과 서구의 육체는 같은 것일까요? 동양의 마음과 서구의 정신은 다릅니다. 동양의 마음은 불교의 일체유심조(一切唯心造), 원불교의 용심법(用心法)이라는 말에서 알 수 있듯이, 사람의 내면의 본성 자리인 동시에 사물 인식의 근본자리이며 본성의 자리라고 할 수 있습니다. 그렇다면 서구의 정신은 무엇을 말하는 걸까요? 흔히 서구에서는 정신을 이성과 감성, 두 가지로 구분해서 설명합니다. 이성은 사물을 인식하고 판단하는 힘을 말하고, 감성은 감각기관이 외부로부터 자극을 받아 감각, 지각을 생기게 하는 것을 말합니다. 일반적으로는 감성을 통해 받아들인 자극을 이성으로 판단한다고 합니다. 서구에서 인간을 변화시키는 힘은 뇌에 있다고 여겼습니다. 그래서 2000년대까지는 뇌에 대한 연구가 압도적이었습니다. 연구의 결론은 '뇌가 마음을 결정한다.'였습니다. 우리는 흔히 사무엘 스마일스가 한 말을 기억하고 있습니다. "생각을 바꾸면 행동이 달라지고, 행동을 바꾸면 습관이 달라지며, 습관을 바꾸면 성격이 달라지고, 성격을 바꾸면 운명이 달라진다." 이때의 초발심인 '생각'은 어디서 나오는 것일까요? 이 '한 생각'이 무엇이기에 행동을 바꾸고, 습관을 바꾸고, 성격이 달라지며, 운명까지 바꿀까요?

서구 과학에서 오랜 화두는 뇌였습니다. 뇌에 대한 연구는 매우 활발히 이뤄졌고, 사람들은 뇌가 인체에 절대적 영향을 미치며 변화를 주도한다고 여겼습니다. 뇌는 눈에 보이고 변화의 과정을 관찰할 수 있는 구체적인 대상이었습니다. 정신의학이나 심리학연구뿐만 아니라 많은 질병에 대한 원인까지도 뇌를 중심으로 다뤘습니다. 그러나 2000년대를 지나면서부터 서서히 변화의 바람이 불었습니다. 뇌에 대한 연구가 많은 한계에 부딪히자 마음에 대한 연구로 돌아서기 시작한 것입니다. 이때의 마음은 영어로 'Mind'입니다. 사실 서구 과학에서 마음은 그 이전까지는 연구대상조차도 되지 못하였습니다. 실용적이고, 합리적인 사고를 좋아하는 서구에서 마음은 보이지도, 잡히지도 않는 추상적 세계였습니다. 그런데 그 추상적이던 존재가 구체적 대상을 움직이는 핵심으로 서서히 인식되어 갔습니다.

2007년 미국의 정신과 의사를 대상으로 '심리치료에 명상치료 사용여부'를 물었더니 무려 41.4%가 "그렇다."라고 대답했습니다. 뒤이어 정신 분석 치료가 35.4%였습니다. 엄청난 변화였습니다. 도대체 명상이 어떻게 심리치료에 도움이 될까요? 전통 뇌과학에서는 상상도 못할 조합인 뇌과학과 명상의 만남이 이루어졌습니다. 그동안 전통 뇌과학은 사람의 마음, 영혼, 정신이 모두 뇌의 기능에 의해서 작용한다고 주장해 왔습니다. 그러나 2000년대 초, 달라이 라마가 서구 뇌과학자들과의 만남에서 "마음이 뇌를 변화시킬 수 있는가?"라는 강연으로 화두를 던지면서 인식전환의 계기를 마련했습니다.

명상은 일종의 뇌훈련입니다. 반복훈련을 함으로써 뇌를 변화시킵니다. 그리고 명상에 힘을 실어 주는 매개체는 마음입니다. 명상을 통해 뇌를 변화시키는 힘을 마음에서 얻습니다. 그래서 명상을 '마음 챙김' 행위라고도 합니다. 명상을 통해 반복된 훈련은 마음에 근육을 생기게 하고, 고통을 회피하지 않고 그대로 보게 하며, 고통을 고통으로 느끼게 하는 정도가 줄어들어 스트레스도 점차 감소하게 만듭니다. 그 결과 '마음이 바뀌면 뇌가 바뀐다', 즉 '마음이 뇌를 결정한다'는 결론에 도달하게 됩니다. 실제 실험을 통해서도 마음을 바꾸면 뇌 영상이 달라지는 것으로 나타나기도 합니다. 이성과 합리를 추구하는 기존의 서양 과학에선 상상도 못할 결론에 도달한 것입니다.

스트레스를 줄이고, 마음을 편안하게 하는 명상의 시대가 왔습니다. 미국뿐만 아니라 우리나라의 많은 기업에서도 이 사실을 인정하고 기업마다 힐링센터나 명상센터를 조성하거나 거금을 들여 전문적인 연수를 시키고 있습니다. 미국에서 스트레스 해소와 관련된 힐링 관련비용은 국내 총생산의 18%에 이를 정도라고 합니다. 관련 비즈니스 금액은 연간 300조 원에 달합니다. 이 금액은 우리나라 한 해의 정부 예산에 버금갈 정도로 어마어마한 금액입니다. 명상을 통해 뇌를 바꾸는 과정이 요즘 전 세계적으로 불고 있는 '힐링 열풍'입니다.

그렇다면 마음을 변화시키는 힘은 어디에서 나올까요? 현재까지의 결론은 '자연'입니다. 인간이 자연과 동떨어진 생활을 하면서 심리적으로 불안하고 경쟁적이고 공격적으로 변한다는 것입니다. 마치 엄마의 품에서 떨어져 나온 아이가 위기를 느끼면 공격적인 성향을 보이는 것과 같은 이치입니다. 요즘 산과 숲에서 있는 그대로의 모습을 보며 순수를 떠올리고 자연과 함께 생활하며 명상하는 등의 다양한 치유 프로그램이 생겨나는 것도 이 때문입니다. 자연 속에서 명상을 하며, 숲 트레킹을 하는 새로운 개념의 힐링센터가 각광을 받는 시대입니다. 자연 속에 숲유치원, 숲명상센터, 자연학교 등을 건립하거나, 나아가 힐링 치유센터를 조성하는 것이 시대를 직시하고 시대를 앞서 가는 것이 아닐까 싶습니다.

최근 뇌과학연구와 심층심리연구가 국가지원 사업으로 진행되고 있습니다. 그만큼 이러한 연구가 필요한 시대입니다. 여기에는 이윤을 추구하는 기업이나 각종 사회시민단체들도 앞을 다투어 참여하고 있습니다. 이러한 영역에는 종교가 수행할 역할이 있고 그 어떤 기관보다 잘할 수 있습니다. 종교계는 자연 속에 기도원, 수도원, 수련원 등을 지어 프로그램을 운영하거나 템플스테이나 자연 치유나 인성교육 관련 프로그램을 활성화시키기도 합니다. 그렇다면 이 시대에 기독교는 무엇을 할 수 있을까요?

기독교는 거룩함을 세속에 적용하는 일종의 성육신으로 교회공동체를 형성하였고 활성화해 왔습니다. 이렇게 노력한 결과 교회는 그 어떤 종교보다도 세속과 함께하는 이웃이었고 사회를 선도하였습니다. 이제는 사회에 영향력을 미치는 힘을 갖고 있습니다. 그러나 이러한 빛 못지않게 그림자도 있습니다. 오늘날 교회가 지나치게 세속화되면서 뭔가 세속과 구별되는 고유성이 약해졌습니다. 급격한 물질문명의 발달에 따른 정신문명의 혼란에 제대로 답을 주지 못하고 있습니다. 그러다 보니 얼마 전부터 기독교의 감소가 눈에 띄기 시작하였고 반대로 뭔가 종교적인 고유성을 지닌 것 같은 천주교, 불교 등이 성장하였습니다. 이제 기독

교는 지나친 세속의 모습을 반성해 보고 과감히 털어버리고 기독교 신앙
의 깊이를 담아내는 종교 본연의 거룩함이나 정갈함 등을 참된 사회적
가치로 제시해 나가는 노력이 필요합니다.

　뇌과학이나 마음 챙김, 명상, 자연 친화를 넘어서는 기독교의 영역이
있습니다. 이것이 바로 영성입니다. 영성은 기독교계에서만 쓰는 용어
가 아닙니다. 이는 심령주의(心靈主義; Spiritualism)와는 다른 개념입니다. 영
성은 이 낱말이 사용되고 있는 문맥에 따라 크게 세 가지 정도의 의미가
있습니다. 궁극적 또는 비물질적 실재(實在; reality), 자신의 존재성의 핵심
(essence; 정수)을 발견할 수 있게 하는 내적인 길(inner path), 이처럼 살아가
면서 지켜야 할 준칙으로서 가장 깊은 가치들과 의미들을 지칭합니다.
명상, 기도, 묵상 또는 관조(contemplation)를 포함한 영적 수행들(spiritual
practices)은 각 개인의 내적인 삶(inner life, 내적인 생명)을 발전시키려는 목적
으로 행하는 것입니다. 영성을 믿고 이에 의거하여 실천하는 사람들의
입장에서 볼 때, 이러한 영적 수행들은 바르게 수행되었을 때 그 결과로
서 다음과 같은 경험들에 도달하게 한다고 여겨집니다. 그러므로 영성은
더 커다란 실재와 연결 또는 합일되는 경험을 통해 더 커다란 자아(自我,
self)에 이르는 것이고, 다른 사람들 또는 사람들의 공동체와 연결 또는
합일되는 경험이고, 자연이나 우주(cosmos)와 연결 또는 합일되는 경험이
고, 신성(神性)의 영역(divine realm)과 연결 또는 합일되는 경험이라고 말할
수 있습니다.

　영성은 종종 삶에서 영감을 주고 삶의 방향을 알려 주는 원천인 것으
로 경험되고 있습니다. 영성은 비물질적 실재들을 믿는 것이나 우주 또
는 세상의 본래부터 내재하는 성품(immanent nature) 또는 초월적인 성품
(transcendent nature)을 경험하는 것을 뜻하기도 합니다. 또한 자연과 우주,
또는 그 이상을 통찰하는 자아라고 해석할 수 있습니다. 이처럼 영성은

이성과 감성으로 나눠지던 서구 과학과 철학에서 해석할 수 없던 부분에 대한 대체적인 개념으로 최근 급부상하고 있습니다.

기독교는 2천 년 기독교 역사에 면면히 흐르는 수도원 영성과 사막의 영성과 청빈의 영성과 같은 깊이를 통해 참된 가치의 발견, 바람직한 삶의 모습을 현대인들에게 제시할 수 있어야 합니다. 이것이 바로 현대 사회를 향한 기독교의 사명이요, 강점이요, 존재의 이유일 것입니다.

무엇을 바라보는가의 중요성

성경을 보면 아주 오래전인 지금과 전혀 다른 시대의 이야기임에도 오늘을 사는 우리에게 깊은 교훈을 줍니다. 그중 하나가 열왕기하 6장 8~23절에 나오는 현실적인 두려움을 바라보는 자세에 대한 것입니다.

아람 군대가 도단 성을 포위하는 장면으로 이야기가 시작됩니다. 아람 왕이 도단 성에 말과 전차로 중무장한 군대를 보냈고, 밤에 은밀히 가서 성을 에워쌌습니다. 새벽에 엘리사의 종이 자신의 눈으로 이 광경을 직접 목격하고는 급히 자신의 주인인 엘리사에게 이를 알렸습니다. 사실 아람 군대가 목표로 했던 사람은 도단 성의 그 누구도 아닌 엘리사였습니다. 그러니 어찌 보면 종은 두려워할 필요가 없었습니다. 정말 두려워하며 떨고 있을 사람은 엘리사였습니다. 그럼에도 그가 두려워한 이유는 분명히 엘리사에게 직접적인 피해가 가는 것을 알면서도 그 피해가 자신에게도 미칠까 싶어서였을 것입니다. 그리고 '내가 이처럼 두려워하는데 주인인 엘리사는 얼마나 두려울까' 하는 생각에, 도망이나 항복할 결단을 빨리 내릴 수 있도록 신속하고 정확한 정보를 전해 주는 것이 자신도 좋고 주인도 좋다고 판단한 것 같습니다. 주인인 엘리사는 아무리 봐도 이를 막아낼 무기도 없고, 군대도 없고, 도와줄 그 어떤 강력한 힘도 없었기 때문입니다. 현실이 이와 같으니 종의 자세는 지극히 당연합니다. 그러나 다급하고 두려움에 떠는 그와 달리 엘리사의 반응은 너무도 침착하였습니다.

여기서 이 두 사람의 분명한 차이점을 볼 수 있습니다. 종이 본 것은 객관적이고 과학적인 실제적인 사실입니다. 누가 봐도 그렇습니다. 결코 거짓이 없습니다. 분명하고 정확하게 현실을 직시하고 있습니다. 우리도 살아가면서 어떤 어려운 문제에 봉착할 때 이런 자세가 필요합니다. 당황하거나 불안해서 어찌할 바를 모르다가 정작 대응의 적당한 시기를 놓치는 경우가 있습니다. 이런 점에서 좋은 사리분별이 분명하고 재빠른 결단력으로 주인을 섬기는 사람이었습니다. 그러니 그의 판단과 민첩한 보고는 자신의 본분을 다한 것으로 칭찬할 만합니다. 그러나 성경은 이러한 종을 칭찬하거나 본받을 교훈으로 제시하지 않고 있습니다. 오히려 이러면 안 되는 하나의 사례로 제시합니다. 그러면서 엘리사와 대비를 보여 주고 있습니다. 종의 눈과 판단과 자세도 중요하지만 성경은 여기서 그쳐서는 안 됨을 일깨워주고 있습니다.

여기서 한 걸음 더 나아가야 함을 분명히 하고 있습니다. 종의 자세도 힘든데 여기서 한 걸음 더 나아가야 한다니, 매우 어려운 것 같습니다. 그러나 알고 보면 이것이 더 쉽고 분명합니다. 이것이 바로 하나님의 뜻이며 하나님의 사람이 걸어가야 할 길입니다. 이 도약(跳躍)과 비약(飛躍)이야말로 미련한 사람과 지혜로운 사람을 구분하는 기준선입니다.

종은 눈에 보이는 사실만으로, 그것을 믿고 확신하여 이에 따라 판단하고 주인에게도 그렇게 하도록 촉구한 것입니다. 이것이 옳고, 이 길이 최선이고, 가장 이상적인 방법이라는 확신이었습니다. 그러나 엘리사는 달랐습니다. 그는 눈에 보이는 세계 그 너머를 바라보았습니다. 그의 생각과 믿음은 종의 믿음과 확신을 넘어서는 영역까지 미치고 있습니다. 종은 현재의 현실만 본 것에 반해, 엘리사는 과거의 분명한 경험과 미래의 확신을 통한 새로운 현재, 현실을 바라보았습니다. 그러기에 그를 둘러싼 현실과 환경과 상황이 그를 지배할 수 없었고 마음을 뒤흔들 수 없었습니다. 그의 마음은 잔잔한 호수와 같이 맑고 고요할 뿐이었습

니다. 왜 그럴까요? 엘리사는 종의 눈으로는 도저히 볼 수 없는 하나님
의 불 말과 불 병거를 보고 있습니다. 분명히 보이니 두려울 이유가
없습니다. 이전부터 하나님의 능력과 도우심을 경험하였기에 확신하였
습니다.

　우리도 종의 마음처럼 살아가다 보면 난처한 상황에 놓일 때가 많습
니다. 무기력함과 무력감과 두려움에 사로잡혀 있을 때 우리에게 필요한
것이 바로 '바라봄의 변화'입니다. 두려움에 떠는 종을 위해 엘리사는
그가, 눈에 보이는 세계를 넘어 믿음으로 보게 해달라고 기도하고 나니,
종도 엘리사가 보는 것을 보고 엘리사가 지닌 믿음과 확신을 가졌습니
다. 그렇기에 종은 이제 더 이상 두려워하거나 불안해 하지 않을 수 있었
습니다. 이처럼 어디까지 바라보는가는 매우 중요합니다. 우리가 종처
럼 당면한 현실적인 어려움으로 인해 두려울 수밖에 없었던 이유가 있습
니다. 그것은 그저 직면한 문제만 보기 때문입니다. 그러니 문제가 크게
느껴지는 것에 반해 나의 여건과 능력은 너무도 작아 보입니다. 또한
지금까지의 나의 생각, 경험, 능력을 신경쓰기 때문에 두렵습니다. 물
위를 건너는 예수님을 바라보고 물 위를 걷던 베드로가 갑자기 물에 빠
지게 된 이유가 무엇이었습니까? 이것도 베드로가 예수님만을 바라보다
가 바람과 출렁이는 물결을 보았기 때문입니다. 그 순간 예수님을 잊고,
물 위를 건널 수 없다는 과학적인 사실과 상식을 믿게 된 것입니다. 예수
님을 바라보는 인생은 두려움과 근심의 바다를 건널 수 있지만 문제를
바라보는 사람은 그 문제에 빠지게 됩니다. 우리는 엘리사처럼 하나님을
바라보는 거룩한 습관을 길러 가야 합니다. 믿음은 바라는 것들의 실상
입니다. 바라봄의 승리가 인생의 승리요, 믿음의 승리입니다. 이제 세상
의 온갖 문제에 빼앗겼던 우리의 시선을 되찾아 와야 합니다. 우리의
눈을 들어, 불 병거와 불 말처럼 우리의 삶을 불꽃 같은 눈동자로 지키시

고 보호하시는 하나님의 능력을 바라보아야 합니다.

똑같은 사물을 보더라도 관점에 따라 그것을 인식하고 해석하는 것이 달라집니다. 컵에 물이 반 잔 남아 있는 것을 보고 "반 잔이나 남았으니 얼마나 감사한가! 이것을 마시면 갈증이 해소되겠어."라고 말하는 사람과 "반 잔밖에 남지 않았어! 갈증이 나는데 이것 가지고 간에 기별이나 가겠어?"라는 사람은 분명 동일한 것을 보고 있지만 서로 다르게 인식하고, 해석하고 있음을 극명히 보여 줍니다. 이처럼 어떠한 관점을 가지고 있느냐는 분명 우리의 삶의 해석과 태도에 영향을 미칩니다.

우리가 사는 이 시대를 바라보는 눈도 마찬가지입니다. 어떠한 눈을 가지고 볼 것인가는 우리가 어떠한 삶을 살아갈 것인가에 영향을 미치기 때문에 이를 중요하게 여기는 사람들은 자신의 관점 형성에 정성을 기울이며 이를 토대로 시대정신을 파악하려고 노력합니다. 예수님도 당시의 정치, 경제, 사회, 종교에서 권력을 잡았던 사람들과는 다른 관점을 가지고 말씀하셨기에 예수님의 가르침은 그들의 가르침과는 매우 달랐습니다. 예수님의 가르침은 당시의 보수 반동 세력이 지닌 배타적이고 폐쇄적인 유대민족주의를 넘어서는 새로운 종교와 정신 문화의 시대정신으로 점차 사람들을 흡수하기 시작하여 300년경에는 두루 공감하는 시대정신이 되었습니다. 결국 기독교는 로마 황제의 공식적인 인정이 이루어지고, 국교가 되었습니다. 미래학자 앨빈 토플러는 그의 저서 『권력 이동』에서 미래를 이끌어갈 시대정신을 설득력 있게 분석하여 제시해 주었습니다. 이 책을 읽으며 1990년대와 2000년대 초반의 정보화 사회의 급격한 변화의 흐름을 감지할 수 있었습니다.

얼마 전 영화 〈관상〉을 재미있게 보았습니다. 이 영화는 수양대군이 김종서를 죽이고 단종의 왕권을 찬탈하는 계유정란을 배경으로 합니다. 주인공 송강호는 영화 속에서 수양대군의 음모를 저지하려는 관상가로

나오는데 주인공의 입을 통해서 나오는 영화의 마지막 대사가 귓가에
여운으로 남았습니다. "그 사람의 관상만 보았지, 시대를 보지 못했네.
파도만 보고 바람은 보지 못했지. 파도를 만드는 것은 바람이건만……."
예수님의 말씀이 떠오르는 장면이었습니다. 누가복음 12장 56절입니다.

위선자들아! 너희가 땅과 하늘의 기상은 분간할 줄 알면서 어떻게 지
금 이 시대는 분간할 줄 모르느냐?

우리는 우리에게 닥치는 파도만 볼 것이 아니라 파도를 일으키는 바
람을 볼 줄 알아야 합니다. 우리의 보는 눈이 맑아져서 이 시대를 정확하
고 예리하게 분별해야 합니다. 사람들이 말하는 것에 끌려가는 것이나
지금 당장의 이익과 상황만 바라보는 것이 아니라 보다 더 깊이, 본질을,
미래를 바라볼 수 있어야 합니다.

하나님은 나일 강을 핏물로 바꾸는 재앙을 이집트에 내릴 때, 지하수
는 손대지 않으셨습니다. 나일 강이 핏물로 바뀐 후, 그 강에는 더 이상
물고기가 살 수 없었습니다. 그 결과 이집트 사람들은 그들이 좋아하는
생선 요리를 즐길 수 없었습니다. 강물을 더 이상 마실 수 없기에 그들은
나일 강가를 두루 파서 지하수를 구해야 했습니다. 이전에는 언제든 마
음만 먹으면 쉽게 마실 수 있던 식수를 더 이상 쉽게 구할 수 없었습니
다. 그들은 식수를 얻기 위해서 수고의 땀을 흘려야 했습니다. 에덴 동산
에서 먹거리를 쉽게 구할 수 있었던 아담도 하나님께 죄를 지은 후에는
"땅은 너로 말미암아 저주를 받고 너는 네 평생에 수고하여야 그 소산
을 먹으리라"(창세기 3장 17절)라는 말씀에 따라 노동의 고통을 맛보아야
했습니다.

우리도 질병에 걸린 후에야 비로소 이전에 당연히 누리던 것들이 하

나님의 축복이었음을 깨닫습니다. 다리를 다쳐 병상에 누워 있을 때 제 발로 걸어 다니는 것 자체가 축복임을 깨닫습니다. 나이가 들어가면서 성인병 때문에 먹을 수 있는 음식의 종류가 줄어들 때 어떤 음식이든 먹을 수 있다는 것 자체가 축복이었음을 깨닫습니다. 불의의 사고로 숨진 사람을 볼 때 숨 쉬는 것 자체가 축복임을 깨닫습니다.

이집트 사람들은 나일 강을 통해 그들에게 공급되었던 식수와 물고기 등이 하나님의 축복이었음을 깨달아야 했습니다. 그러나 그들은 하나님께 감사하기보다 그들을 억압하고 착취하는 파라오에게 감사했습니다. 하나님은 재앙을 통해 그들이 누리던 축복이 누구에게서 온 것인지를 보여 주셨습니다. 동시에 하나님은 이집트 사람들과 이스라엘 백성이 식수를 얻을 수 있는 다른 방법을 보장해 주셨습니다. 그러나 그 방법은 그들이 땀을 흘리는 수고를 해야 하는 방법이었습니다.

아담도 하나님 앞에서 죄를 지음으로써 노동의 고통을 맛보아야 했습니다. 그러나 하나님은 하나님의 복을 아담에게서 완전히 거두어 가시지는 않았습니다. 그 노동을 통해 아담과 하와가 이루는 가정의 생계가 유지되며, 그 가정을 통해 약속의 자손인 예수 그리스도가 오셔야 했기 때문입니다. 하와는 출산의 고통을 겪어야 했지만 새로운 후손을 낳는 출산은 "생육하고 번성하여 땅에 충만하라, 땅을 정복하라, 바다의 물고기와 하늘의 새와 땅에 움직이는 모든 생물을 다스리라"(창세기 1장 28절)라는 하나님의 문화 소명을 이루는 일이기에 그 자체가 복이었습니다. 하나님께서 고난을 주시는 목적은 인간을 파멸시키는 데 있지 않고 회복시키는 데 있습니다. 그러하기에 하나님은 처벌하시는 중에도 인간을 향한 복을 완전히 거두지 않으십니다. 또한 이집트 사람들이 오직 하나님만이 복의 근원이심을 인정하고 하나님에게만 감사의 예배를 드린다면 그들은 나일 강의 맑은 물과 신선한 물고기를 다시 얻을 수 있습니다.

『신약성경』에서, 방탕한 둘째 아들이 아버지의 집을 떠나 모든 것을 잃어버렸습니다. 그는 유대인들이 가장 금기시하는 돼지 도살자 신세가 되었습니다. 그리고 먹을 것이 없어 돼지가 먹는 쥐엄 열매까지 먹으려는 지경에 이르렀습니다. 쥐엄 열매는 유대인들이 먹을 것이 없을 때 할 수 없이 마지막에 먹는 양식이었습니다. 그런데 그 열매조차 그에게 주는 사람이 없었습니다. 그때 비로소 그는 "내 아버지에게는 양식이 풍족한 품꾼이 얼마나 많은가? 나는 여기서 주려 죽는구나"(누가복음 15장 17절)라는 깨달음을 얻었습니다.

굶주림이라는 재앙은 둘째 아들로 하여금 그가 이전에 누렸던 복들을 깨닫게 하고 다시 아버지 집으로 돌아갈 마음이 생기게 했다는 점에서 축복이기도 합니다. 둘째 아들은 "아버지, 내가 하늘과 아버지께 죄를 지었으니 지금부터는 아버지의 아들이라 일컬음을 감당하지 못하겠나이다. 나를 품꾼의 하나로 보소서."(누가복음 15장 18~19절)라고 아버지께 말하고자 했습니다. 그러나 아들을 불쌍히 여기는 아버지는 거리가 먼데도 아들을 향해 달려가서 목을 안고 입을 맞추었습니다. 아버지는 뉘우치고 돌아오는 아들 앞에서 근동 지방의 아버지들이 흔히 지녔던 엄격함과 절제를 포기하였습니다. 아버지는 체면도 버리고 아들을 향해 달려갔습니다. 그리고 아버지는 "제일 좋은 옷을 내어다가 입히고 손에 가락지를 끼우고 발에 신을 신겨라. 그리고 살진 송아지를 끌어다가 잡으라." 하고 종들에게 명령하고, "우리가 먹고 즐기자"(누가복음 15장 22~23절)라고 말합니다.

아버지는 아들이 자신을 떠나면서 스스로 버렸던 모든 복들을 그에게 회복시키길 원합니다. 자신의 소유를 쓸데없는 데다 모두 탕진한 아들처럼 아버지도 쓸모없는 자식을 위해 모든 것을 내놓고자 합니다. 쓸데없는 곳에, 되돌려 받지 못할 곳에 재물을 마구 쓴다는 점에서 아버지와 둘째 아들은 서로 닮았습니다. 아버지의 환대에 불평하는 첫째 아들은 이 점에서 아버지를 닮지 못했습니다.

하나님은 우리가 고통을 통해 아버지 하나님께로 돌아오기를 바라십니다. 이를 위해 하나님께서 우리에게 어려움을 주실 때, 힘들게는 하셔도 죽게는 하지 않으십니다. 하나님의 사랑의 매에도 긍휼과 자비가 숨어 있습니다. 아버지 하나님의 마음을 읽고 그분에게로 돌이켜 그분만을 우리의 주님으로 삼아야 하는 책임이 우리에게 있습니다. 고난 가운데서도 우리에게 허용된 지하수를 마시면서 회개의 자리로 나아가야 합니다. 우리가 직면한 어려움과 고난 속에서 하나님 아버지의 긍휼하신 마음을 볼 수 있어야 합니다.

오늘 우리 자라나는 세대들의 시선도 엘리사의 종과 같은 경우가 많습니다. 자신의 외모, 체형, 가정 환경, 학교 성적, 부모님과 선생님의 시선과 평가만 바라봅니다. 사실 이러한 평가는 꼭 들어맞는 것이 아닌데도 말입니다. 자라나는 세대들의 가정 환경이나 외모, 신체 조건, 지능 같은 것은 이들의 잘못이나 불성실의 결과가 아닙니다. 그에 대한 책임을 물을 수 없습니다. 그러니 이러한 내외적인 조건에 마음을 빼앗길 필요가 없습니다. 부족하면 부족한 대로 자신을 긍정하고 자신을 사랑하는 것이 중요합니다. 정 마음에 걸리면 나중에 외모와 체형을 가꾸고 다듬는 것도 좋습니다. 또한, 살아온 날들보다 앞으로 살아갈 날들이 훨씬 더 많기에 얼마든지 변할 수 있으므로 자신의 성적, 성격, 주위의 평가를 마음 편히 받아들일 수 있습니다.

만약 마라톤 경기에서 49.195Km를 완주해야 하는데 5Km 정도를 보고 누가 잘하는지, 못 하는지를 규정하고 결론 내리는 것은 어리석은 일일 것입니다. 성장과 성숙이 가능한 무한한 가능성을 지닌 꿈쟁이들이 바로 자라나는 세대입니다. 그러니 이들을 바라보는 우리 또한 성급하게 바라보는 어리석음에서 벗어나 긍정적으로 바라보는 자세가 필요합니다. 이러한 현실을 넘어서는 눈을 길러 주는 것이야말로 우리 교육이 나아갈 방향이고, 우리가 가장 잘하는 강점일 것입니다.

하나님이 하시는 일

저는 어렵게 얻은 딸 사랑이로 인해 평소에 관심조차 없었던 조산아 (미숙아)의 문제에 관심이 많아졌습니다. 그래서 다음 사이트의 '미숙아 카페(http://cafe.daum.net/inq)'에 가입하여 같은 처지의 조산아 부모에게서 위로 받고, 격려도 받고 많은 정보를 얻었습니다. 그러던 어느 날 이 카페에서 미숙아를 낳은 어느 엄마의 솔직한 고백의 글을 보았습니다. 그 글의 내용은 대략 이러했습니다.

"저에게 왜 이런 시련이 왔는지 도저히 모르겠습니다. 제가 이런 시련을 당할 만한 나쁜 짓을 하고 산 것 같지 않고, 남을 괴롭히거나 나쁜 마음으로 살아오지도 않았습니다. 그런데 왜 제게 이런 불행이 왔을까요? 하루하루가 너무 힘든 고통입니다."

저는 이 글을 보고 마음이 아팠습니다. 같은 처지의 조산아를 둔 부모로서 더욱 마음이 아팠습니다. 그러면서 저는 어느 날 갑자기 찾아오는 인생의 고통에 대하여 생각해 보았습니다. 그리고 이 엄마에게 고통의 의미를 바르게 일깨워 주면 좋을 것 같다는 생각을 했습니다. 그래서 이 글에 대한 저의 생각을 적어 카페에 올렸습니다. 그러면서 바라본 하나님의 말씀입니다. 요한복음 9장 1~7절입니다.

예수께서 길을 가시다가 날 때부터 눈먼 사람을 만나셨습니다. 제자들이 예수께 물었습니다. "랍비여, 이 사람이 눈먼 사람으로 태어난 것이 누구의 죄 때문입니까? 이 사람의 죄 때문입니까, 부모의 죄 때문입니까?"

예수께서 대답하셨습니다. "이 사람의 죄도, 그 부모의 죄도 아니다. 다만 하나님께서 하시는 일들을 그에게서 드러내시려는 것이다. 우리는 낮 동안에 나를 보내신 분의 일을 해야 한다. 밤이 오면 그때에는 아무도 일할 수 없다. 내가 세상에 있는 동안 나는 세상의 빛이다." 이 말씀을 하신 후 예수께서 땅에 침을 뱉어서 진흙을 이겨 그 사람의 눈에 바르셨습니다. 그리고 그에게 말씀하셨습니다. "실로암 연못에 가서 씻어라."('실로암' 은 '보냄을 받았다'는 뜻입니다.) 그 사람이 가서 씻고는 앞을 보게 돼 집으로 돌아갔습니다.

이 말씀은 우리에게 고통의 참된 의미가 무엇인지 또한 우리가 가져야 할 고통에 대한 자세는 어떠해야 하는지 분명히 일깨워 주고 있습니다. 어느 날 예수님과 제자들이 길을 가다가 선천성 시각장애인⁺을 만났습니다. 이 사람을 보고 제자들이 질문을 합니다.

> 랍비여, 이 사람이 눈먼 사람으로 태어난 것이 누구의 죄 때문입니까? 이 사람의 죄 때문입니까, 부모의 죄 때문입니까?(2절)

제자들의 질문은 두 가지 중에 하나만이 답이라고 단정 짓는 아주 간단명료한 객관식이었습니다. 제가 재직하는 학교현장에서는 객관식 문항이 일반적으로 5가지입니다. 문항은 다음 중 5가지 중에서 올바른 것은 아니면 바르지 않은 것은 무엇인가 하는 것을 묻고 이에 대한 답은 일반적으로 단 하나입니다. 제자들이 낸 문제는 너무도 쉬워 보입니다. 선택지가 두 개밖에 없습니다. 1번 아니면 2번이 답입니다. 제자들이 이렇게 여쭈어 본 이유는 아마 제자들의 의견이 두 가지로 나뉘었기 때

⁺ 이전 번역성경에 나오는 '맹인', '소경'이라는 말은 부적절해 보입니다. 이런 이유로 시각장애인이라고 썼습니다.

문일 것 같습니다. 1번이 답이라는 의견과 2번이 답이라는 의견으로 나누어 논쟁했을 것이고, 제자들은 논쟁 끝에 도저히 답이 안 나오니까 예수님에게 질문을 했을 것입니다. 제자들은 예수님이 1번, 혹은 2번으로 간단히 대답할 것으로 알았습니다. 그런데 예수는 제자들의 기대와 예상과는 달리 전혀 다른 대답을 하였습니다. 객관식 문제에 주관식으로, 그것도 단답형이 아닌 서술형으로 논증하였습니다. 예수님의 대답입니다.

> 이 사람의 죄도, 그 부모의 죄도 아니다. 다만 하나님께서 하시는 일들을 그에게서 드러내시려는 것이다.(3절)

그리고 이어서 말씀하셨습니다.

> 우리는 낮 동안에 나를 보내신 분의 일을 해야 한다. 밤이 오면 그때에는 아무도 일할 수 없다. 내가 세상에 있는 동안 나는 세상의 빛이다.(4절)

이렇게 말씀하시고는 땅에 침을 뱉어 진흙을 이겨 그의 눈에 바르고, 말씀하셨습니다.

> 이 말씀을 하신 후 예수께서 땅에 침을 뱉어서 진흙을 이겨 그 사람의 눈에 바르셨습니다. 그리고 그에게 말씀하셨습니다. '실로암 연못에 가서 씻어라.'('실로암'은 '보냄을 받았다'는 뜻입니다.) 그 사람이 가서 씻고는 앞을 보게 돼 집으로 돌아갔습니다.(7절)

이처럼 예수님과 제자들은 선천성 시각장애인을 바라보고, 대하는 자세가 전혀 달랐습니다. 먼저, 제자들을 살펴보겠습니다. 그들은 선천성 시각장애인으로 고통 받는 사람의 현실에는 그다지 관심이 없습니다.

그 사람의 고통이 얼마나 힘든 것이지 관심조차 보이지 않았습니다. 이 모습은 '내 일이 아니기에 무관심한 우리 현대인의 비정함'을 보여 주는 것인지도 모릅니다. 그들은 불쌍히 여기는 마음, 도우려는 마음이 없었습니다. 만약 그들에게 그런 마음이 있었다면 예수에게 이 사람을 고쳐 주시기를 간곡히 부탁하던가 '어떤 도움이라도 줄 수 없을까?' 서로 의논했을 것입니다. 그러나 그들은 그 사람이 감내해야만 하는 고통의 현실과는 전혀 상관없이 그 사람으로 안한 종교적 궁금증을 해결하려고 하였습니다. 저는 이 장면을 보면서 이런 생각을 해 보았습니다. '아니, 세상에! 예수를 따르는 제자들이, 예수와 오랜 세월 함께 먹고 함께 자면서 하나님의 일을 하는 제자들의 모습이 이것밖에 안 되나?' 이 생각에 제자들이 한심하게 느껴졌습니다. 그런데 가만히 생각하니 제자들이 이런 정도 수준인데 저는 어떨까 하는 생각이 들었습니다. 저는 더하면 더하지 덜하지 않습니다. 저만 그렇지는 않을 것입니다. 지금도 전 세계에서 내전으로 고통 받는 사람들과 기아선상에서 고통 받는 사람들이 많습니다. 이 땅에도 수많은 조산아와 소아암 어린이들의 고통과 그 가족의 아픔, 몸이 불편한 장애인, 경제적인 어려움으로 말할 수 없는 고통으로 신음하는 우리의 이웃이 수없이 많습니다. 그리고 우리 주변에서 많은 사람들이 일자리를 얻지 못해 고통 받고 있고, 비정규직이라는 불안한 고용구조로 몸과 마음이 아픕니다.

그런데 우리는 이들을 어떻게 바라보고 있습니까? 오늘의 제자들처럼 세계정치와 경제가, 우리나라 정부가 어떻다는 등 의견을 나누고, 논쟁하는 데 혈안이 되어 있습니다. 논리적으로 분석하고 해석하고 토의하는 자세도 좋지만 정작 그 고통의 현장을 안타까워하면서 어떻게 도울까 고민하면서 기도하는 모습을 찾아보기는 어렵습니다. 지금도 고통 받는 병상의 이웃들과 기본적인 먹거리조차 해결하기 어려운 처지의 이웃을 보면서도 마치 아무 관계도 없는 듯 제삼자의 입장에서 정부의 복지 정책에 대하여, 우리 사회와 교회에 대하여 날카로운 비평을 늘어놓습니다. 그리고는 정작 직접적으로 도와야 하는 입장에 서면 슬며시 발을 뺍니다. 이것이 바로 제자들과 우리의 모습입니다.

그렇다면 예수의 모습은 어떻습니까? 당시 많은 사람들은 제자들처럼 생각을 했습니다. 장애인이나 고통 받는 사람은 죄를 지어 하나님께 벌을 받는 것으로 생각했습니다. 이런 생각으로 당시 많은 장애인들과 그 부모들은 육체의 불편과 경제적인 고통보다 더 심한 정신적인 고통과 사회적인 멸시와 천대를 받아야만 했고, 제대로 복지의 혜택을 누리지 못했습니다. 이러한 잘못된 종교문화적 논리를 통해, 지배계층과 기득권층은 이들에게 정책적 차원의 인권복지는커녕 그 어떤 도움도 주지 않았습니다. 장애인과 그 부모들은 그야말로 천벌을 받은 것으로 손가락질을 당하면서 살았습니다. 이런 상황에서 예수는 놀라운 말을 하였습니다.

> 이 사람의 죄도, 그 부모의 죄도 아니다. 다만 하나님께서 하시는 일들을 그에게서 드러내시려는 것이다.(3절)

예수는 선천성 시각장애의 원인이 죄 때문이 아니라는 것입니다. 그뿐만 아니라 그 고통이 하나님의 뜻이요, 하나님이 하시는 일을 나타내기 위한 것이라고 한 것입니다. 즉, 고통의 원인은 '하나님의 놀라운 계획 안에 있고', '하나님이 하시는 일을 드러내는 위대한 일의 표현'으로 나타난다는 뜻입니다. 이 말 후에 예수는 그에게로 다가갔습니다. 자신의 손이 더럽혀지는 수고를 아끼지 않고, 장애의 고통에서 벗어나 밝은 눈으로 세상을 볼 수 있게 해 주었습니다. 이 사건을 통해 이 사람과 부모는 그 동안 사회적, 종교적으로 왜곡된 의식으로 억눌린 열등의식에서 벗어날 수 있었고, '천벌'이라는 편견과 멸시를 벗어날 수 있었습니다. 육체적인 장애뿐만 아니라 정신적·영적인 장애도 함께 고침을 받았습니다. 이 일을 통해 예수는 이웃의 고통에 무관심한 제자들과 잘못된 가치관으로 고통 받는 사람들을 괴롭혀 온 '집단 괴롭힘의 이데올로기'를 비판하였습니다. 오늘 이 말씀이 바로 그 유명한 '실로암 연못 사건'입니다.

우리는 이웃의 고통을 어떻게 바라보고 있습니까? 오늘의 제자들처럼 제삼자의 입장에서 그 고통의 원인이 어떻고, 의미가 어떻고 하면서 이야깃거리로만 삼고 있지는 않은지요? 마치 누가복음에 나오는 '착한 사마리아 사람의 비유'의 제사장, 레위인처럼 내 일이 아니니까 나와 상관없다고 외면하지는 않는지요? 예수는 고통 받는 우리의 이웃에게 다가가서 손을 내밀고 '하나님이 하시는 일'에 동참하라고 말하였습니다. 밤이 되면 하지 못합니다. 그때가 이르기 전에 속히 사랑을 실천해야 합니다. 우리는 간절히 기도해야 합니다. 그리고 고통 받는 이웃에게 따뜻한 손길을 내밀어 일으켜 주어야합니다. "기쁨을 나누면 두 배가되고, 슬픔을 나누면 반이 된다."라는 말이 있습니다. 예수의 마음으로 구세군의 구호인 "마음은 하나님께, 손길은 이웃에게"처럼 바로 지금 여기에서 즉시 불쌍히 여기는 마음으로 우리의 이웃에게 손을 내밀어야 합니다. 발걸음을 재촉하여 찾아가야 합니다. 이것이 오늘 우리에게 주시는 하나님의 뜻입니다. 오늘 우리의 교육현장에서도 예수의 마음으로 장애인을 바라보고, 고통 받는 이들을 향해 말이 아닌 행함과 진실함으로 다가가는 모습이기를 기도합니다.

오래 참음의 교육

어느 동네에서 늘 웃음 가득한 얼굴로 살아가는 한 할머니의 이야기입니다. 궁색한 살림으로 허름한 옷을 입고 얼굴에는 깊이 패인 주름이 인생살이의 고생을 짐작케 합니다. 그럼에도 언제나 웃는 얼굴이기에 노인의 별명은 '행복한 할머니'였습니다. 이를 지켜보던 한 청년이 할머니에게 행복의 비결을 물었습니다.

"할머닌 왜 그렇게 늘 행복하세요?"

노인은 밝은 표정과 웃음 띤 얼굴로 말했습니다.

"나라고 왜 짜증나고 힘든 일이 없겠나? 그러나 내게는 행복의 비결이 하나 있지. 그건 바로 예수님을 생각하는 것이야. 예수님은 십자가에 못 박히는 고통을 당하셨지. 그러나 예수님은 정확히 3일 후 새벽에 다시 살아나셨지. 아무리 힘들고 어려워도 3일 후엔 다시 살아날 수 있어. 때로는 억울하고 가슴이 답답해도 '3일만 참자!' 하는 마음으로 이겨 내는 거야. 그러다 보니 이게 습관이 돼서 어렵고 억울한 일도 다 이겨 나가게 되었지. 내게 돈이 없는 것, 병들고 나이든 몸, 이런 것들은 바꿀 수가 없지. 그러나 세상을 바라보는 눈, 사람을 대하는 마음, 세상을 살아가는 자세는 바꿀 수가 있지. 그건 바로 내 마음이니까."

언젠가 학교에 온 교육실습생들과 아이들이 함께 벚꽃이 만발한 곳에서 사진을 찍는 모습이 아주 좋아 보였습니다. 이렇듯 사진을 찍을 땐 좋은 추억을 만들려고 웃는 얼굴로 멋진 옷을 입고 아름다운 배경에서 사진을 찍어서 기념으로 남기고 싶어 합니다. 그런데 기독교의 상징은 좀 의아하게 느껴집니다. 기독교의 상징은 십자가입니다. 이건 한자로 일(一), 이(二), 삼(三), 사(四), 오(五), 육(六), 칠(七), 팔(八), 구(九), 십(十)에서 나온 십(十) 자가 아닙니다. 또한 더하기(+), 빼기(-), 곱하기(×), 나누기(÷) 에 나오는 더하기도 아닙니다. 십자가는 우리가 잘 아는 것처럼 로마 식민지 시대의 사형 도구로, 예수님이 매달려 처참하게 죽으신 상징물입니다. 몇 년 전 상영한 〈패션 오브 크라이스트〉라는 영화를 보면 십자가 에 달리신 예수님의 처참함이 얼마나 참혹한지, 차마 그 장면을 못 보는 사람들도 많았습니다. 기독교는 많은 상징물들 중에서 왜 십자가를 대표 적인 상징물로 정한 것일까요? 이는 바로 예수님의 죽음으로 모든 사람 이 구원받게 됨을 드러내어 강조하려는 것입니다. 이 십자가를 믿는 사 람은 구원을 얻는다는 뜻입니다. 그러므로 십자가는 참혹한 고통이지만 구원을 이루는 축복이기도 합니다.

어둠이 깊을수록 새벽은 더욱 가까이 오기 마련입니다. 힘들고 어려 움이 많을수록 하나님의 사랑이 깊습니다. 바로 십자가는 이것을 보여 주는 상징이기에 희망입니다. 참 소망입니다. 그러기에 근심 걱정에 시 달리다가도 고개를 들어 교회당 꼭대기에 걸린 십자가를 바라보면서 위 로를 얻고 새 힘을 얻곤 합니다.

예수님은 처참한 고통을 이기고 3일 만에 다시 살아나셨습니다. 오늘 이 힘들고 어렵다고 포기하지 말고 조금만 더 참으면 됩니다. 아무리 힘든 시기도 결국은 흘러가는 시간일 뿐입니다. 3일만 지나면 괴롭히는 악한 세력은 다 물러가고 희망이 펼쳐집니다. 아무리 악이 강한 것 같아 도 결국엔 물러나고 맙니다. 그렇게 되면 오늘 우리의 아픔과 설움과 고통의 십자가는 물러날 것입니다. 그리고 우리는 예수님처럼 다시 살아 나는 기쁨을 누릴 것입니다.

조급함으로 일을 그르치고 오래 참음으로 원하는 바를 이룬 예가 우리가 잘 아는 단군신화에 나옵니다. 『고기(古記)』에 이렇게 전합니다.

옛날에 환인(桓因)―제석(帝釋)을 이른다―의 서자(庶子) 환웅(桓雄)이 계셔, 천하(天下)에 자주 뜻을 두고 인간 세상(人間世上)을 탐내어 구했습니다. 아버지는 아들의 뜻을 알고, 삼위 태백산(三危太伯山)을 내려다 보니, 인간 세계를 널리 이롭게 할 만했습니다. 이에 천부인(天符印) 세 개를 주어, 지상으로 내려가서 세상을 다스리게 했습니다.

환웅(桓雄)은 삼천 명의 무리를 거느리고 태백산(太佰山) 꼭대기의 신단수(神壇樹) 밑에 내려와서 이곳을 신시(神市)라 불렀습니다. 이 분을 환웅천왕(桓雄天王)이라 합니다. 그는 풍백(風伯), 우사(雨師), 운사(雲師)를 거느리고, 곡식, 수명, 질병, 형벌, 선악 등을 주관하고, 인간의 삼백예순 가지나 되는 일을 주관하여, 인간 세계를 다스려 교화하였습니다.

이때, 곰 한 마리와 범 한 마리가 같은 굴에서 살았는데, 늘 신웅(神雄; 환웅)에게 사람 되기를 빌었습니다. 때마침 신(神; 환웅)이 신령한 쑥 한 심지[炷]와 마늘 스무 개를 주면서 말했습니다.

"너희들이 이것을 먹고 백 날 동안 햇빛을 보지 않는다면, 곧 사람이 될 것이다."

곰과 범은 쑥과 마늘을 받아서 먹었습니다. 곰은 기(忌)한 지 삼칠일(三七日; 21일) 만에 여자의 몸이 되었으나, 범은 능히 기하지 못했으므로 사람이 되지 못했습니다. 여자가 된 곰은 그와 혼인할 상대가 없었으므로, 항상 단수(壇樹) 밑에서 아이 배기를 축원했습니다. 환웅(桓雄)은 이에 임시로 변하여 그와 결혼해 주었더니, 그는 임신하여 아들을 낳았습니다. 이름을 단군왕검(檀君王儉)이라 일렀습니다. 즉 범은 21일을 못 버티고 포기하고 말았고, 곰은 오래 참음으로 뜻을 이룬 것입니다.

옛날, 어떤 총각이 몹시도 가난했습니다. 그래서 서른이 다 되도록 장가를 못 가다가 어찌어찌해서 한 처녀를 만나 용케도 장가를 들었습니다. 그런데 신부가 시집와서 보니까 집안살림이 영 엉망이었습니다. 그리고 무엇보다도 남편이 너무 무식해서 사람 구실을 못할 것 같았습니다. 어느 날 신부는 기회를 봐서 말했습니다.

"서방님, 이제 어디 들어가서 좋은 선생님을 만나 공부를 좀 하시지요."

"내가 산에 가면 살림은 어떻게 하고?"

"그건 제가 알아서 할 테니 걱정 마세요."

그리하여 신랑은 자의 반 타의 반으로 집에서 멀리 떨어진 곳으로 공부를 하러 들어갔습니다. 물론 그 뒷바라지는 신부 몫이었고 신랑은 열심히 공부했습니다. 그런데 신랑은 하늘 천(天) 자를 가르치고 땅 지(地) 자를 배우면 금세 하늘 천(天)을 잊어버렸습니다. 이를 본 선생님은 천자문 가르치기를 포기하고 평생 동안 꼭 필요한 글자 넉 자만을 가르쳤습니다. 그렇게 해서 배운 것이 '인지위덕(印紙威德)', 즉 '참는 것이 덕이 된다.'였습니다. 신랑은 그 넉자를 배우는 데 꼬박 2년을 쓰고는 의기양양하게 집으로 돌아왔습니다.

그런데 이게 웬일인가요? 밤에 돌아와 보니 아내 옆에 웬 사내가 함께 자고 있는 것이었습니다. 당장 때려죽이고 싶었지만, 그는 마음속으로 '인지위덕, 인지위덕……' 하며 참았습니다. 아침에 일어나 보니 그 사내는 처제였습니다. 더우니까 저녁에 머리를 감고 상투처럼 묶고 자서 사내처럼 보였던 것이었습니다. '인지위덕' 네 글자가 살인을 면하게 하고 가정을 지켰습니다. 우암 송시열의 『계녀서』에 나오는 말입니다.

사람의 단점과 허물은 성품을 참지 못하는 데 달려 있습니다. 어떤 사람인들 성품과 심술이 없으리오마는, 오로지 참고 마음 갖기에 달렸으니, 크고 작은 일에 성품을 지나치게 내서 말도 삼가지 못하고, 앞뒤의 차례를 차리지 못하고, 일가친척에게 어질지 못한 일을 하면 좋지 않은 일이 많으니, 성품을 지나치게 내어 형벌도 성나는 대로 하고, 성나는 마음을 참지 못하고 나타내면, 이런 기운이 점점 늘어서 그만 감정에 취하여 온갖 광언망설(狂言妄說)을 하는 사람이 많은데 그런 부끄러운 행동이 없느니라.

오래 참음에 대한 성경구절입니다. 전도서 7장 8~9절입니다.

일의 끝이 시작보다 낫고 인내하는 마음이 교만한 마음보다 낫다. 너는 조급하게 분노하지 마라. 분노는 어리석은 사람의 가슴에 머무는 것이다.

마태복음 10장 22절입니다.

너희는 내 이름 때문에 모든 사람에게 미움을 받을 것이다. 그러나 끝까지 견디는 사람은 구원을 받을 것이다.

누가복음 21장 19절입니다.

너희가 인내함으로 너희 영혼을 얻을 것이다.

히브리서 10장 36절입니다.

여러분이 하나님의 뜻을 행한 후에 약속을 받기 위해서는 인내가 필요합니다.

야고보서 1장 4절입니다.

인내를 온전히 이루십시오. 그러면 여러분이 온전하고 성숙하게 돼 아무것도 부족한 것이 없게 될 것입니다.

야고보서 5장 7절입니다.

그러므로 형제들이여, 주께서 오실 때까지 오래 참고 기다리십시오. 보십시오. 농부는 땅의 열매를 참고 기다리며 이를 위해 이른 비와 늦은 비가 내리기까지 기다립니다.

요즘 자라나는 세대들을 가리켜 '천진난폭'하다고 합니다. 조금만 감정이 상하면 즉시 화를 내고 주먹을 휘두르기도 합니다. 이런 성격으로는 세상을 바르고 멋지게 살아가기가 어렵습니다. 세상을 살다 보면 마음이 상하기도 하고 억울하거나 속상하기도 합니다. 심각한 문제는 마음의 상처를 이기지 못하고 돌이킬 수 없는 선택을 하게 합니다. 이럴 때, 마음을 차분히 가라앉히고 침착하게 자신을 돌아보는 성품이 중요합니다. 옛말에 "참을 인(忍) 자 셋이면 살인도 면한다."라고 했습니다. 이처럼 참음은 예부터 강조된 덕목이었습니다. 성서에서 오래 참음은 성령님이 충만히 함께하시는 아홉 가지 열매 중 하나로 손꼽힙니다. 이것은 오래 참는다는 것이 중요한 덕목이라는 의미이기도 하지만 그만큼 이루기가 어려움을 뜻하기도 합니다. 오래 참음은 끊임없는 자기를 수양으로 이루어 가야 할 덕목입니다. 오늘날 우리 교육에서 그 무엇보다도 오래 참음을 가르치는 일에 주의를 기울여야 할 것입니다. 참고, 인내하고, 준비하다 보면 더욱 멋진 내일을 맞이할 수 있습니다.

대추 한 알

정석주

저게 저절로 붉어질 리는 없다.
저 안에 태풍 몇 개,
저 안에 천둥 몇 개,
저 안에 번개 몇 개가 들어서서
붉게 익히는 것일 게다.

저게 저 혼자 둥글어질 리는 없다.
저 안에 무서리 내린 몇 밤,
저 안에 땡볕 한 달,
저 안에 초승달 몇 날이 들어서서
둥글게 만드는 것일 게다.

대추나무야, 너는 세상과 통하였구나!

이야기 셋
참교육의 실현

내게 맞는 곳이 명문대랍니다

　언젠가 이른바 명문대학의 교육학 교수에게서 들은 이야기입니다. 유명한 프로 바둑 기사 이창호 씨에 대한 이야기입니다. 그는 바둑 천재로 불리며, 10대 중반부터 정상권에 진입하기 시작했습니다. 9세 때 조훈현의 제자로 바둑계에 입문, 1986년에 입단했습니다. 1989년 〈KBS 바둑왕전〉에서 우승을 차지해 세계 최연소 타이틀 보유자가 되었습니다. 1991년 국내 14개 프로 타이틀 가운데 7개를 석권, 스승 조훈현을 앞섰습니다. 1995년에는 15개 중 14개를 석권, 프로 바둑 기사로서는 세계 최다관왕에 올랐습니다. 특히 이때 상금 랭킹 면에서 최고인 기성위와 전통과 권위 면에서 최고인 국수위를 조훈현에서 쟁취함으로써 정상의 자리를 확고히 했습니다. 1994년 7단에 오른 데 이어 1996년 9단으로 특별 승단하여 최단 기간 내 9단에 오르는 기록을 세웠습니다.

　이런 그를 각 대학에서 '특례 입학으로 모셔 가기' 경쟁이 벌어졌습니다. 4년간 등록금 전액 면제와 원하는 모든 학과에 입학이 가능하고, 학교에 나오지 않아도 졸업시켜 줄 테니 이름만 걸어두라는 것이었습니다. 그런데 이창호는 이를 단호히 거절했습니다. 자신에게는 바둑이 중요할 뿐, 대학은 중요하지 않다는 것이었습니다. 자신이 두는 바둑은 정직한데 공부도 안 하고 대학 졸업장을 얻을 이유가 없다는 것이었습니다.

　연예인과 스포츠 스타들이 특례 입학으로 대학에 들어가서 공부하지 않고 졸업하는 것은 공공연한 사실입니다. 이는 악어와 악어새처럼 대학이나 이를 원하는 스타가 서로 맞물리기에 가능합니다. 우리 사회는 이를 묵인합니다. 이런 점에서 이창호의 결단은 신선한 충격을 줍니다.

필자가 좋아하는 가수 '마야'는 금곡고등학교 재학 시절 성적이 상위 권이었습니다. 당연히 부모와 담임선생님은 그녀에게 서울의 명문대학 진학을 권유하였습니다. 그러나 그녀는 자신의 꿈은 가수가 되는 것으로 명문대학 진학은 중요하지 않다고 보고 자신의 꿈과 관련된 대학으로 2년제인 서울예술대학 연극과에 진학하였다고 합니다.

우리는 이른바 명문대학에 가서 공부하고 졸업하면 성공할 확률이 높다고 굳게 믿습니다. 이건 현실적으로 부정할 수 없는 사실입니다. 서울 대학교를 나오면 안정적으로 성공할 수 있는 확률이 높은 것도 사실입니다. 그러나 서울대학교 출신들이 사회적으로 성공할 확률은 높지만 여러 가지 면에서 생각해 본다면, 우리나라 대기업과 성공한 벤처기업 중에서 서울대학교 출신들이 창업한 기업이 몇 개인가 생각해 보면 의외로 드뭅니다. 꼭 맞는 말은 아니지만 개척 정신, 도전 정신, 모험 정신 이런 쪽에서는 서울대학교 출신의 성공 확률이 생각보다 높지 않다는 사실입니다.

우리나라가 아무리 학벌 사회라고 해도 성공하는 데는 출신 대학보다 더 중요한 요인이 훨씬 더 많습니다. 미국의 경우도 우리와 다르지 않습니다. 명문대에서 MBA(경영학 석사학위)를 받은 인재는 좋은 일자리와 높은 보수를 보장받는 것 같지만 그 후광 효과는 잠시, 1년 정도일 뿐이며, 그 이후에는 학벌과 관계없이 회사에서 성과를 내는 사람이 승진하고 대우받는다고 합니다. 오히려 큰 기대를 받고 채용된 MBA 출신들이 그에 부응하는 모습을 보여 주지 못할 때는 더 빨리 침몰하게 되는 경우도 많습니다.

우리나라가 지나칠 정도로 학벌 주의라는 것은 누구나 잘 아는 사실입니다. '어느 학교 출신인가?' 하는 것이 그 사람의 격을 결정짓는 듯합니다. 이것은 목회자 세계에서도 별반 다르지 않습니다. 어느 학교 출신이냐에 따라 목회자의 목회 역량과 청빙의 폭이 달라지고 위상이 달라지는 경우도 있습니다. 그러니 일반 신자들이 학벌에 목을 매는 것은 당연한 건지도 모릅니다. 그러나 우리는 아무리 세상이 이렇다고 해도 "세상이 다 그런 거야~" 하면서 자기 합리화를 하면서 그대로 따라갈 수는 없습니다. 왜냐하면 우리는 세상과는 구별되어야 하는 사람들이기 때문입니다. 그러기에 우리는 성도(聖徒), 즉 거룩한 사람들입니다. 우리가 성도가 되려면 우리끼리 최면을 걸듯 "성도", "성도" 하는 것보다 『사도행전』에 나오는 안디옥 교회 교인들의 이야기처럼, 우리의 모습을 보고 세상 사람들이 성도라고 말해줘야 할 것입니다. 다른 사람들이나 사회가 말하는 명문대가 아니라 자신이 선택하고 자신에게 맞는 대학이 명문대입니다.

사람이 먼저인 교육

오랜 세월이 지나도 감동의 여운을 주고 있는 세계적인 명작 헤밍웨이의 『노인과 바다』에 나오는 이야기입니다. 바닷가에 사는 한 노인이 배를 타고 고기잡이를 나갔습니다. 그런데 아무리 애를 써도 그가 원하는 고기를 잡을 수 없었습니다. 지치고 힘든 상황에서도 그는 포기하지 않고 바다로 바다로 나아갔습니다. 그러기를 85일, 드디어 엄청난 고기를 만났습니다. 노인은 있는 힘을 다해 이틀 동안 고기와 사투를 벌인 끝에 결국 고기를 배에 매달고 포구로 돌아옵니다. 그런데 이번에는 상어 떼를 만납니다. 노인은 노에 칼을 달고 상어 떼와 또 싸웁니다. 결국 상어 떼를 물리치고 기진맥진한 상태로 돌아와 배를 대고 물고기를 건져 보니 앙상한 뼈밖에 없었습니다.

이 이야기는 그저 소설로 넘길 수 없는, 삶을 살아가는 자세에 커다란 의미를 제공합니다. 우리는 오늘날 우리의 교육이 궁극적으로 무엇을 위해 소중한 재정과 시간, 여건을 사용하고 있는가를 되돌아보아야 합니다. 오늘날 우리나라의 중·고등학교를 가 보면 교직원과 학생들이 이른 아침부터 밤늦은 시간까지 바쁘게 움직입니다. 교사들은 수업 준비와 각종 행정 업무 처리에 정신이 없습니다. 학생들은 하루에 6~7교시 수업하는 것도 모자라 방과후학교, 특기적성 교육, 야간자율학습으로 녹초가 됩니다. 행정실 직원들도 행정 제반 업무를 진행하느라 책상 위에는 각종 업무 처리 서류들이 가득하다 보니 제 시간에 출퇴근하기도 쉽지 않아 보입니다. 이렇듯 학교의 구성원들이 바쁘게 움직이는 걸 보면 우

리나라 교육은 매우 희망적이고 미래를 낙관할 수 있어야 하는데 그렇지
만은 않은 것 같습니다. 도대체 학교는 무엇을 위해 이렇게 무엇에 홀린
듯 돌아가야 하는 걸까요?

혹자는 우리나라는 천연자원도 부족하고 분단국가이며 외적의 침입
을 많이 받는 반도 국가인 만큼 교육을 통해 인재를 양성해야만 살 수
있다고 합니다. 이런 생각들이 반영된 것인지 우리나라 정부 부처 이름
이 '교육인적자원부'였다가 과학을 중시하는 교육자원의 개념인지 '교육
과학기술부'라고 한 적이 있습니다. 말 그대로 교육을 통한 과학기술로
국가 발전을 이룩하려는 의도가 잘 드러납니다. 이에 따라 이전의 '과학
기술부'와 '교육인적자원부'가 하나로 통폐합되어 운영되는 형태를 갖추
고 있습니다.

이렇듯 교육을 인적 자원이나 인간 자본으로 보는 시각은 우리 기독
교도 있습니다. 현재 대한예수교장로회 통합측 교육부서의 이름이 '교육
자원부'입니다. 이러한 교육관은 지식 습득과 실용적이고 실제적인 지식
을 습득하게 하는 교육을 강조하고 단기간의 수리과학적인 수치로 성과
가 도출되기를 바랍니다. 그러다 보니 수치적인 결과로 정확하게 측정
가능하고 증명 가능한 것을 가치 있게 여깁니다. 이에 따라 우리의 학교
는 교사들의 교육과 학교 교육도 수리과학적인 평가를 당연시하고 있습
니다. 이러한 평가 지표에 따라 교사들에게 차등적으로 성과금을 지급하
고 학교의 재정 지원도 차등적으로 지급하고 있습니다. 이러니 결국 교
육은 치열한 경쟁을 당연시하고 적자생존의 깃발 아래 전투 태세를 갖춘
양상을 띠게 됩니다.

이와 같은 교육관이 무엇이 문제냐고 항변하는 이들도 있습니다. 이
렇게 교육을 하다 보니 불가피하게 경쟁에서 뒤쳐진 이들도 있기 마련이
고, 이것은 필요악으로 당연한 것이고, 이것이 현실이라고 말합니다. 이

는 교육사회학에서 다루는 주요 교육이론이고 실제로 우리나라는 교육을 통해 오늘날과 같은 부국강국의 성과를 이루어낸 것이 사실입니다. 기독교 교육현장이나 교회 교육에서도 그 어떤 종교보다 교육을 중시하고 교육을 통해 세대 간 신앙이 전수되고 확산된 것이 사실입니다. 그러나 이와 같은 교육을 절대시하고 그 외의 요소들을 등한시한 결과 오늘날 수많은 학교의 문제가 사회문제로 부각된 것 또한 부인할 수 없는 사실입니다. 많이 알려진 바와 같이 우리나라의 청소년 자살률은 이미 그 위험 수위를 넘은 지 오래입니다. 또한 집단 따돌림이나 청소년들의 우울증과 과격한 공격성에 따른 학교 문제도 심각한 상황입니다. 최근에는 경제적인 여유만 된다면 교직을 떠나고 싶다는 교사들이 속출하고 실제로 50대 중후반의 교사들이 명예퇴직을 심각하게 고려하거나 실행한 분들이 많습니다.

그러므로 이제는 더 늦기 전에 우리의 교육이 지닌 문제를 심각하게 고민해 보아야 합니다. 자라나는 세대들이 자살을 선택하고 마음에 병이 더 깊어지기 전에 말입니다. 우리의 교육 문제는 교사의 질이나 시설이나 재정이나 학생들의 문제도 있겠지만 보다 근본적인 문제는 교육 철학에 있습니다. 교육을 국가 발전이나 사회적 기여를 위한 하나의 수단으로 바라보는 시각은 인간 존엄이라는 기독교 이념에 위배됩니다. 참다운 인간 교육은 인간을 그 어떤 목적을 위한 수단으로 여기는 것이 아닙니다. 인간은 그 자체만으로 소중하고 존엄한 절대적 가치를 지닙니다. 이러한 인간 존엄 교육만이 오늘의 비인간적인 문제들을 해결할 유일한 길입니다. 지금과 같이 인간을 수단으로 여기고 이를 당연시 여기는 교육으로는 죽어가는 우리의 청소년들을 살려낼 방법이 없습니다. 근본적인 문제를 외면한 채 행하는 그 어떤 논의와 대책들도 공허한 결과만 가져올 뿐입니다.

하나님의 형상을 따라 지음 받은 인간은 존엄합니다. 이 사실을 근본 전제로 하는 교육만이 우리의 살길입니다. 이런 교육을 하다 보면 경쟁에서 뒤처진다, 부국강국이 될 수 없다고 속삭이는 사탄의 소리를 듣게 되기도 합니다. 이러한 유혹을 단호히 물리치는 결단이 필요합니다. 참교육을 다짐하며 나아가는 우리의 잰걸음에 하나님은 우리와 함께하실 것입니다.

특별히 하나님이 세우시고 이끄시는 기독교학교와 교회 교육현장은 유람선이 아니라 구조선임을 잊지 말아야 합니다. 비록 투박해 보이고 화려해 보이지 않더라도 참다운 인간을 만들어내기 위해 하나님이 세상에 띄워 놓으신 구조선입니다. 거친 파도와 바람을 헤치며 한 사람의 소중함을 잊지 않는, 단 한 사람이라도 포기하지 않는 것이 우리의 사명입니다. 교육의 본질은 사람입니다. 그 무엇보다 사람이 먼저입니다. 사람을 대신할 목적이나 우선은 없습니다.

긍정, 행복교육의 시대

최근 종교뿐만 아니라 심리학 등 다양한 분야에서 행복에 대한 연구와 교육이 진행되고 있습니다. 이미 칼 구스타프 융이나 인본주의 심리학의 이름으로 시작된 이러한 흐름은 요즘 행복학이라는 이름으로 표현되고 있습니다. 1950년대부터 주목을 끈 고든 알포트, 칼 로저스, 아브라함 메슬로우 등으로 대표되는 인본주의 심리학은 실존주의나 현상학적 움직임과 손잡고 발전하기 시작하였습니다. 메슬로우는 환자의 정신 병리를 통해 인간의 심리를 연구하던 기존의 방법과 달리 그가 찾아볼 수 있었던 가장 건전하고 창조적인 사람들의 생애와 경험들을 면밀히 조사하여 '자기실현'이라는 개념을 구체화하였습니다. 이러한 흐름은 최근 자아초월 정신치료(transpersonal psychotherapy)라는 이름으로 종교, 명상, 영성을 심리학을 통해 만나고 치료적으로 이용하려는 시도로 이어지고 있습니다. 그리고 또한 행복 심리학, 행복학이라는 이름으로 누구에게나 도움이 되고 필요한 역할을 하기 위해 다시 한 번 탈바꿈하고 있습니다.

'행복하고 건강한 삶에도 법칙이 있을까?'

하버드대학교 연구팀은 1930년대 말에 입학한 2학년생 268명의 삶을 72년간 추적하며 바로 이 질문에 대한 답을 찾아왔습니다. 그 중심에는 성인의 평생 발달에 관한 최장기 종단연구인 '하버드대학교 성인 발달 연구'가 있었습니다. 21세기에 들어 내린 연구의 결론은 "행복은 사람의 힘으로 통제할 수 있는 행복의 조건 7가지를 50대 이전에 얼마나 갖추느냐에 달려 있다는 것", 더불어 "삶에서 가장 중요한 것은 인간관계이며,

행복은 결국 사랑"이라는 것이었습니다. 이 연구는 진행과정에서 서민 남성 456명과 여성 천재 90명을 연구대상으로 흡수합니다. 총 814명에 이르는 그들의 수십 년 생애는 하나하나 살아 움직이며 인간의 삶과 행복의 조감도를 펼쳐 보여 줍니다.

"하버드대생 268명 72년간 인생 추적…… 연구결과, 47세경까지 형성한 인간관계가 이후 생애를 결정하는 가장 중요한 변수였다. 연구를 주관한 조지 베일런트 교수는 '삶에서 가장 중요한 것은 인간관계이며, 행복은 결국 사랑'이라고 결론 지었습니다."[+]

하버드대학교 성인 발달 연구는 1937년부터 지금까지 약 72년에 걸쳐 성인의 발달과 성장에 관한 최장기 전향적 종단연구로 진행되고 있습니다. '전향적 연구'라 함은 연구대상들이 50대 때 20대 시절에 대해 회고하는 방식이 아니라, 20대에 겪은 일은 20대에, 50대에 겪은 일은 50대에 기록하는 식으로 상황의 발생과 동시에 연구가 이루어졌다는 것입니다. 엄청난 재원과 연구원들의 끈기, 연구대상의 협조를 필요로 하는 만큼 이러한 연구를 끝까지 완결하는 것은 쉬운 일이 아닙니다. 하지만 하버드대학교 연구팀은 70여 년에 이르도록 연구를 이끌어 왔고, 연구대상의 마지막 한 명이 세상을 떠나는 순간 막을 내릴 것입니다.

지난 2009년 6월, 미국의 권위 있는 월간지 『애틀랜틱 먼슬리(Atlantic Monthly)』의 기자 조슈아 울프 솅크는 지금껏 일반에 공개되지 않았던 '하버드대학교 성인 발달 연구'의 자료실과 책임자 조지 베일런트 교수를 한 달간 집중 취재했습니다. 그 뒤 작성한 심층기사 「무엇이 우리를 행복으로 이끄는가?(What Makes Us Happy?)」는 2002년에 출간된 베일런트의 저서와 더불어 크게 화제가 되었습니다. 하버드 자료실 안에는 과연

+ 조지 베일런트, 이덕남 옮김, 『하버드대학교 인생성장보고서 행복의 조건: 그들은 어떻게 오래도록 행복했을까?』(프렌티어, 2010) 참조.

우리가 찾는 '행복의 조건'이 있었을까요?

　연구대상들이 70세에서 80세에 이르면서, 하버드 연구팀은 그들을 주관적·객관적 건강에 대한 6가지 기준에 따라 '행복하고 건강한 삶'과 '불행하고 병약한 삶' 또는 '조기사망'군으로 분류했습니다. 그리고 생의 마지막 10년을 건강하고 행복하게 보내는지 아닌지는 50세 이전의 삶을 보고 예견할 수 있다는 사실을 발견하고 놀랐습니다. 더욱 중요한 것은 행복과 불행, 건강과 쇠약함 등을 크게 좌우하는 것이 신의 뜻이나 유전자가 아니라 사람이 얼마든지 '통제할 수 있는' 요인들이었다는 점이었습니다.

　건강하고 행복한 노년을 부르는 '행복의 조건' 7가지는 타고난 부, 명예, 학벌 따위가 아니었습니다. 조건들 가운데 으뜸은 '고난에 대처하는 자세(성숙한 방어기제)'였습니다. 그리고 그것을 뒷받침하는 것은 47세 무렵까지 형성돼 있는 인간관계였습니다. 나머지는 교육연수(평생교육), 안정적인 결혼생활, 비흡연(또는 45세 이전 금연), 적당한 음주(알코올 중독 경험 없음), 규칙적인 운동, 적당한 체중이었습니다.

　50세를 기준으로 이 7가지 가운데 5~6가지를 갖춘 106명 중 50퍼센트가 80세에 '행복하고 건강하게' 살고 있었습니다. 그들 가운데 '불행하고 병약한' 이들은 7.5퍼센트에 그쳤습니다. 반면 50세에 3가지 이하를 갖춘 이들 중 80세에 행복하고 건강한 사람은 아무도 없었습니다. 그리고 4가지 이상의 조건을 갖춘 사람보다 80세 이전에 사망할 확률이 3배 높았습니다.

　1967년부터 이 연구를 주도해 온 하버드 의대 정신과의 조지 베일런트 교수는 "삶에서 가장 중요한 것은 인간관계이며, 행복은 결국 사랑"이라고 결론지었습니다. 그의 말입니다.

　"사랑은 어떠한 데이터로도 밝혀낼 수 없는 극적인 주파수를 발산하는 것이며, 과학으로 판단하기에는 너무나도 인간적이고, 숫자로 말하기엔 너무나도 아름답고, 진단을 내리기에는 너무나 애잔하고, 학술지에만 실리기에는 영구불멸의 가치입니다."

이 연구는 기본적으로 설문과 인터뷰, 건강검진 등에 기초한 통계연구입니다. 모든 통계와 확률에는 '예외'라는 것이 존재하기 마련입니다. 연구대상들 중에는 연구진의 허를 찌르며 극적으로 인생을 마감하거나 예상을 뒤엎고 성공에 이르면서 깊은 인상을 남긴 이들이 분명 있었습니다. 그래서 그는 『애틀랜틱 먼슬리』에 실린 기사에서 "기쁨과 비탄은 섬세하게 직조되어 있습니다."라는 윌리어 블레이크의 시구를 인용하였습니다. 하지만 행복이란 운명이나 순간적 쾌락이 아니라 자기 인생을 직접 움직이고 스스로를 존중하는 데에서 온다는 것을 다시 일깨워 주기에 모자람이 없었습니다.

우리도 사람들의 기준에 휘둘림 없이, 평생 누릴 장기적인 행복감을 스스로 준비할 시간과 계기가 필요하지 않을까요? 그 구체적인 실천 명제를 찾아보면 어떨까요? 끊임없이 배우고, 유머를 즐기며, 친구를 사귄다면……. 그리고 담배를 끊고 술을 줄이는 동시에 일찍 귀가해 가족들 얼굴을 한 번 더 본다면 그 사람은 끊임없이 성장하며 행복할 수 있습니다. 고리타분한 훈계가 아니라 수많은 사람들을 평생토록 밀착 조사한 것에 통찰을 더해 얻은 결론입니다. 로마의 철학자 세네카는 이런 말을 하였습니다.

"삶을 배우려면 일생이 걸립니다."

행복학 강좌와 연구는 미국 하버드에서만 이루어지는 것이 아닙니다. 최근 서울대학교에서 행복학연구센터를 개설하여 교사연수를 진행하고 행복학교과서를 만들었습니다. 행복학이 독립된 분과학문이나 교과목은 아니지만 행복을 주제로 한 연구와 교과서는 무척 고무적입니다. 우리가 살아가면서 잘 모르는 곳을 갈 때 사람들에게 길을 묻거나 지도나 약도를 보고 찾아가고 자동차 내비게이션에 의존하듯 잘 하는 사람이나 방법을 따르면 시의 적절하게 찾아갈 수 있듯이 행복도 잘 연구하여 그 비결을 찾아서 이를 적용해 보는 것도 좋을 것 같습니다. 최근 제기되는 마틴 셀리그만이 말하는 '긍정 심리학'이나 장점중점중재 교육이나 행복 학 등은 기본 전제가 과거 결정적이거나 부정적인 것에서 벗어나 지금 이 순간의 긍정성과 희망적 미래를 말하고 있습니다. 이는 사실 우리 기독교의 세계관과 맥을 같이 합니다.

언뜻 생각하면 아담과 하와가 선악을 알게 하는 나무 열매를 먹음으로 인해 에덴동산에서 추방당하고 처절하게 노동을 해야만 먹고 살 수 있는 존재가 된 '원죄'를 들어 기독교의 인간관을 부정적으로 보는 시각이 있으나 이는 기독교의 전체적인 이해가 아닙니다. 하나님은 쫓아낸 이들을 죽이지 않으시고 벌을 내리셨습니다. 저도 집의 아이들이나 학교 아이들이 잘못을 하면 가슴 아프지만 벌점이나 벌을 주곤 합니다. 이는 버리는 것이 아니라 개선하기를 바라는 간절한 마음에서입니다. 하나님은 아담과 하와를 에덴동산에서 쫓아내시면서 가죽옷을 주셨습니다. 노동이 원죄는 아닙니다. 하나님은 천지창조하시면서 스스로 여러 가지 노동을 하셨습니다. 그리고 사람도 노동을 하도록 하셨습니다. 그러니 노동은 에덴동산에서도 있었고 징벌의 표징이 아닙니다. 성경 전체의 흐름을 보면 그 어떤 종교보다 하나님의 사랑하심이 충만하심을 잘 알 수 있습니다.

기독교는 사람의 가치, 그 어떤 것으로도 교환이 불가능한 존엄성을 분명히 합니다. 하나님은 사람을 최고의 정성으로 자신의 모습을 따라 창조하셨습니다. 그러므로 모든 사람은 하나님의 모습을 닮은 존재들로 서 존엄하고 하나님의 아들과 딸입니다. 이에는 그 어떤 차별이나 부당

함의 이유가 없습니다. 사람 그 자제만으로 존엄합니다. 그러기에 하나님은 고아와 과부와 나그네와 병자들의 아픔을 주의 깊게 보시고 이들의 해방과 자유를 위해 기득권자들을 징벌하기도 하시고 이들을 위한 사랑을 명령하셨습니다. 한없이 범죄를 이어가는 우리를 구원하시기 위해 자신의 외아들이요, 자신의 본체이신 예수님을 이 땅에 내어 주시기까지 하셨습니다. 우리 기독교는 한 영혼을 천하보다 소중히 여기고 사람에 대한 긍정적인 시각이 무한대입니다.

우리 기독교계 또한 일반 분야에서 각광받는 긍정적인 마음가짐과 행복학을 우리 안에서도 적용해 나가는 노력이 필요합니다. 일반 분야의 연구성과를 수용하고, 여기에 깊이를 더하고 보완해 나가는 우리의 이야기가 만들어지면 우리도 좋고 우리의 이야기가 일반 분야에 전해지는 효과로 서로 좋을 것 같습니다. 아쉽게도 긍정 심리학이나 장점중심 교육이나 행복학 교육이 주류는 아닙니다. 이제 걸음마 단계로 시행착오도 겪을 것입니다. 여기에 우리 기독교계의 수많은 대학과 초·중·고교와 교회학교 현장에서 활력을 불어넣어 준다면 그 효과는 더욱 극대화될 것입니다. 여기서 한 가지 강조하고 싶은 것은 긍정과 행복이 개인의 영역을 넘어서는 결단과 실천으로 나와 남이 하나가 되고 우리가 되는 대동의 행복이라는 것입니다. 우리 기독교는 한없이 용서하시고 사랑하시는 하나님의 모습을 따라 이를 강조합니다. 이는 긍정 심리학에서도 강조하는 사랑의 가치입니다. 사랑받는 존중감이야말로 사람을 희망으로 이끕니다. 아울러 사랑의 실천자가 느끼는 희열은 이루 말할 수가 없습니다. 이에 대한 하나의 사례로서 인생의 참된 행복이 무엇인지를 깨달은 록펠러의 이야기입니다.

33세에 백만장자가 되고, 43세에 미국의 최대 부자가 되고, 53세에 세계 최고 갑부가 된 록펠러(1839~1937)의 삶에 대한 내용입니다. 석유재

벌 록펠러는 55세 되던 해에 불치병으로 1년 이상 살지 못한다는 '사형 선고'를 받았습니다. 마지막 검진을 받기 위해 휠체어를 타고 가는 그의 눈에 병원 로비의 액자에 실린 글이 들어왔습니다. "주는 자가 받는 자보다 복이 있다." 그는 이 글을 보는 순간 마음속에 전율이 일고 눈물이 났습니다. 뭔가 깨달음을 주는 신선한 기운이 온 몸을 감싸는 가운데 그는 눈을 지그시 감고 생각에 잠겼습니다. 그때 병원 접수창구에서 시끄러운 소리가 들려왔습니다. 어린 소녀의 어머니가 울면서 딸을 입원시켜 달라고 애원하자, 병원 측은 돈이 없으면 입원이 안 된다며 다투는 소리였습니다. 그는 바로 비서에게 모녀가 눈치 채지 못하게 입원비를 주고 문제를 해결하도록 시켰습니다. 뒷날 소녀가 기적적으로 회복되자 그 모습을 멀리서 조용히 지켜보던 그는 그 순간을 이렇게 표현했습니다. "나는 여태까지 살면서 이렇게 행복한 삶이 있는지 몰랐습니다."

그는 그때부터 나눔의 삶을 결심하고 실행에 옮겼습니다. 신기하게도 병까지 나아 98세까지 살며 자선 사업에 힘썼습니다. 1890년 이후 시카고대학 설립을 위해 4억 1천만 달러를 기부했고, 록펠러 재단과 의학연구소도 설립했습니다. 그의 회고담입니다. "인생 전반기 55년은 쫓기며 살았지만, 후반기 43년은 행복하게 살았습니다." 있는 사람이 돈을 쓰는 일이 뭐가 어렵느냐고 묻는 사람도 있을 것 같습니다. "뒤주가 차야 정도 나온다."라는 옛말처럼요. 그런데 우리 주변은 그렇지 않은 듯합니다. 있는 사람의 주는 뜻이 바느질 할머니, 김밥 할머니들의 몇 십만 원보다 깨달음이나 선심 면에서 모자라는 것 같아서입니다.

피뢰침을 발명한 미국의 정치가이자 과학자인 벤자민 프랭클린(1706~7190)은 행복을 이렇게 정의했습니다. "행복하게 되기 위해서는 두 가지 길이 있습니다. 욕망을 줄이거나 소유물을 늘리는 것입니다."

농사에서 배우는 교육

서울에서 태어나고 자라다가 십여 년 전부터 학교 목사와 선생이 되어 농촌에서 살다 보니 직접 농사를 짓지는 않지만 농사를 통해 배우고 느끼는 게 참 많습니다. 저는 흔히 말하는 화이트칼라(White Collar)로 '사(師, 士)' 자가 들어가는 직업인입니다. 그러니 일이 힘들다고 투덜대곤 하지만 몸으로 해야 하는 직업인, 이른바 블루칼라(Blue collar)의 직업인이 아니기에 상대적으로 덜 힘들고 고단합니다. 특히 제가 사는 농촌에서는 저와 같은 사무직 종사자들이 부러움의 대상이기도 합니다. 이런 생각을 하니 몸으로 노동을 수행하는 분들에 비해 제가 좀 우월하다는 생각을 하였습니다. 누구나 아는 것처럼 농촌 일은 육체적으로 몹시 고되고 어렵습니다. 직접 손으로 해야 하는 일이 많고, 시간도 많이 걸립니다. 그러기에 농촌을 떠나 도시로 향하는 사람들이 많았습니다. 사실 저희 부모님도 농촌을 떠나 서울 변두리에 새롭게 둥지를 틀고 사시면서 저를 낳고 기르셨습니다. 그러니 저는 서울 출신임이 맞지만 저의 뿌리는 농촌입니다. 그리고 이제는 서울을 떠나 농촌에서 아이 넷을 양육하며 사는 촌사람이 되었습니다.

그런데 어느 날, 농촌의 삶이 제게 주는 의미와 교훈을 되새겨보게 되었습니다. 분명 농업은 다른 일들에 비해 몸으로 일하는 부분이 많습니다. 그것도 지금의 농촌은 젊은이들의 일손이 전보다 턱없이 부족하고 연로한 분들이 많은 것이 현실입니다. 그러니 더더욱 일은 고되고 몸은 고단합니다. 이런 현실에서 얻은 삶의 지혜는 무엇일까요? 어느 날 한창

156

농번기에 일하시는 어르신들을 보게 되었습니다. 가만히 보니 계절의 변화에 따라 농사일은 다르게 진행되고, 혼자가 아니라 여럿이서 함께 어우러져 일을 하고 계셨습니다. 그리고 농기계의 활용으로 부족한 일손을 보완해 나감으로써 어려운 현실을 거뜬히 이겨 내고 있었습니다. 펜대를 굴리고 컴퓨터 자판을 두들기며 일하는 젊은 축에 속하는 제게 도움을 요청하지도 않고 서둘지 않으면서 차분하고 착실히 일을 진행하고 계셨습니다. 그 순간 저는 뭔가를 깨달은 듯한 기쁨과 환희와 감동에 몸을 떨었습니다. 그리고 부끄러웠습니다. 제가 무엇이라고 좀 배웠다고, 서울 출신이라고 속으로는 자만하고 이 분들을 낮게 여긴 것인지, 너무도 부끄러웠습니다. 그리고 철학책이나 도덕책에서도 얻지 못한 깊은 사색으로 한동안 그 모습을 바라보았습니다. 제가 하는 일은 많은 부분 제 경험과 지식과 제 역량에 따라 진행되기에 잘하면 제 실적이고 못하면 제 책임입니다. 그러니 각자의 업무가 전문적으로 분업화되어 있습니다. 저와 같은 교직은 더더욱 그렇습니다. 자기 교과와 자기 업무에 자신이 최고이고 전문가입니다. 그러다 보니 협력이 상대적으로 부족하고 저마다 자기 잘난 맛에 살기도 합니다. 그런데 농업은 이와는 많이 달랐습니다. 저와 같은 직종과는 비교가 안 되는 장점 세 가지가 눈에 띄었습니다.

하나는 자연에 순응하는 삶이었습니다. 농사는 인간의 힘이나 지혜나 능력보다는 자연의 이치와 힘에 순응해야만 가능합니다. 봄에는 씨를 뿌리고 여름에는 가꾸고 가을에는 추수를 하고 겨울에는 새로운 해를 준비해야 합니다. 이러한 자연의 흐름에 몸과 마음을 내맡기고 그대로 맞춰가야만 가능합니다. 그러기에 농업은 계절과 날씨의 변화에 민감합니다. 이처럼 농업은 자연친화적인 직종입니다. 우리의 삶이 자연 속에서 이어짐을 잘 아는데 우리는 물질문명의 발달에 따라 자연을 우습게 여기면서 자연을 지배하기도 하면서 파괴해 왔습니다. 그 결과 자연스럽지 못한 삶이 우리의 몸과 마음의 건강을 해쳤고, 비인간적인 가정과 사회문제로 고통 받고 있습니다. 급기야 자연의 파괴로 인간뿐만 아니라 지구 전체의 생태계가 고통 받는 지경에 이르렀습니다. 이는 잘못된 것이며 자연에 순응하고 자연의 소리에 귀 기울이면서 살아가야 함을 일깨워 주는 곳이 바로 농촌인 것 같습니다.

그리고 농업은 혼자만이 아니라 함께 어우러져야만 가능합니다. 너와 내가 따로 없고 한데 어우러져 우리를 이루는 대동(大同)의 삶을 보여 줍니다. '농사가 천하의 근본(農者之天下之大本)'이라는 말처럼 우리 선조들은 여럿이 함께 일하는 공동 일터를 만들었습니다. 한 사람이 하면 열흘 걸릴 일을 열 사람이 하면 하루에 마칠 수 있습니다. 더욱이 한 가지 일을 위해 하나가 된다는 공동체 의식을 바탕으로, 서로 격려하며 부족한 부분을 채워 줌으로써 훨씬 빨리 쉽게 일을 할 수 있습니다. 여기에 흥겨운 음악과 춤이 어우러지고 새참을 함께 나누는 놀이와 밥상이 곁들이는 멋과 가락이 사는 재미를 더해 주었습니다.

다음으로 농업은 욕심이 없습니다. 그저 주어진 일에 충실하면서 자연이 허락하면 풍년을 이루는 것이고 자연이 허락지 않으면 또 힘든 나날을 감내해야 합니다. 이를 묵묵히 받아들이면서 살아가는 단순함이야말로 지나친 욕심으로 건강을 해치고, 공동체를 대화와 협력의 상생이 아닌 경쟁, 대립, 갈등, 살육의 장으로 만드는 저와 같은 일터에 비해 이 얼마나 살맛나는 세상살이인지요! 그저 묵묵히 책상에서 컴퓨터로 자판 두들기는 일보다 훨씬 정겹고 흥겨운 일입니다. 이래서 오랜 도시 생활에 지친 사무직 종사자들이 귀향을 꿈꾸는지 모르겠습니다. 이촌향도에 따라 부족해진 일손을 서운하다 하지 않고 없으면 없는 대로 부족하면 부족한 대로 농토를 필요한 만큼으로 줄여 나갑니다. 그래도 부족한 일손은 농기계 사용으로, 필요할 때만 일손을 구해서 메워 나갑니다.

　이러한 깨달음으로 제가 제 일을 버리고 농업으로 전환하려는 것은 아닙니다. 그저 문득 쉽게 바라보고 쉽게 얻어낸 귀한 지혜를 오늘 저의 삶에, 저의 일터에도 들여오면 어떨까 하는 생각을 해 보았습니다. 이것은 도시인들이 사무직 종사자의 사무실에 어항을 들여 놓거나, 화분이나 정원을 꾸며서 자연을 끌어들이는 것과는 다릅니다. 눈에 보이는 자연의 잡아당김이 아니라 농업이 지닌 유익을 가슴에 되새겨서 오늘 우리의 부족한 정신 문명의 잘못된 방향을 반성하고 보완해 나가는 정신 문화의 토대를 만들어 가면 어떨까 하는 생각입니다. 이런 생각에 저는 때를 얻든지 못 얻든지 농촌에 나가 논두렁을 거닐곤 합니다. 퇴근 후엔 가족과 도란도란 이야기꽃을 피우면서 논길을 거닐며 어머니의 숨결 같은 흙길을 밟아도 보고 살며시 피어난 민들레와 들꽃들과 반갑게 인사도 하고 송충이, 귀뚜라미, 사마귀들과 친구가 되곤 합니다. 그래서 오늘도 저는 수업과 설교 시간에 제가 나고 자란 서울보다는 농촌 이야기를 무한 긍정하며 입에 거품을 물고 이야기하나 봅니다.

상상력을 발휘하는 교육

요즘 교회들마다 자라나는 세대들이 안 보인다고 걱정입니다. 이러다 간 교회들이 유럽의 교회들처럼 노인 세대만 남고 교회당이 텅텅 비는 것은 아닌가 하는 우려를 하게 됩니다. 이런 우려는 어제 오늘이 아닙니다. 최근 몇몇 교단들은 이를 타개해 보려고 총회 차원에서 다양한 대책과 방안들을 내놓고 추진하고 있습니다. 이런 걸 보면 참으로 다행이라는 생각이 듭니다. 저 또한 학교 목사와 선생으로, 교회교육 분야 목사로 사는 입장이다 보니 교육 현안에 대해서는 아무래도 다른 사람들보다는 좀 더 관심을 갖고 고민합니다. 저는 현 교육이 발전하기 위해서는 오늘날 자라나는 세대들이 좋아하는 것을 보고 거기서 힌트를 얻으면 좋겠다는 생각을 해 보았습니다.

어느 부자 영감이 임종이 가까워지자 세 아들을 앉혀 놓고 말했습니다.

"내 재산을 너희 중에서 가장 지혜롭고 똑똑한 한 명에게 모두 물려주려고 한다. 자 여기에 5만 원씩 주마. 이 돈으로 사랑채에 있는 큰 방을 다 채우도록 해라."

세 아들은 5만 원씩 들고 나갔습니다. 5만 원을 가지고 무엇을 사서 저 큰 방을 채울까요?

첫째 아들은 풍선을 사서 큰 방을 채웠지만 곧 바람이 빠지고 터져 버리니 오히려 지저분해졌습니다. 둘째 아들은 시골에 가서 짚단을 싸게 사왔지만 반도 채우지 못 했습니다. 셋째 아들은 단돈 천 원만 주고 양초를 한 자루 샀습니다. 밤이 되기를 기다렸다가 양초에 불을 켜니 어두운

방 안이 빛으로 가득했습니다. 이를 지켜본 아버지는 재산을 셋째 아들에게 물려주었습니다.

단돈 5만 원으로는 방 안을 채우는 것은 불가능합니다. 아버지가 요구하는 것은 지혜였습니다. 누가 상식의 벽을 깨느냐, 새로운 발상의 전환을 하느냐, 창의력을 가지느냐는 것이었습니다.

과거부터 지금까지 우리 아이들이 즐겨 읽는 판타지 소설 중 『해리포터』 시리즈가 있습니다. 뭐가 그리도 재미있는지 손에서 놓지 않는 모습들을 많이 보았습니다. '요즘 같이 책이 안 팔리는 세상에 이처럼 놀라운 책을 어떻게 쓸 수 있는 것일까?' 싶습니다. 언젠가는 이런 생각을 해 보았습니다.

'나도 『해리포터』 시리즈의 반, 아니, 반의 반만이라도 내 책이 팔리고 읽히고 사랑받으면 소원이 없겠는데……'

저도 모르게 든 생각에 혼자 웃어넘기고 말았지만, 솔직히 해리포터 시리즈의 인기와 사랑이 참 부럽습니다. 지은이는 영국의 여류 작가 조앤 롤링(Joanne Rowling)입니다. 그녀는 한 해 동안 매일 약 10억 원씩, 총 3,670억 원(약 3억 3,000만 달러)의 수입을 올린 것으로 나타났습니다. 미국 경제 전문 잡지 『포브스』는 2008년, '한 해 동안 세계에서 가장 돈을 많이 번 작가 10명'을 선정해 발표했습니다. 그녀의 수입은 나머지 9명이 지난해 벌어들인 소득을 합한 것보다 많았으며, 2위인 제임스 패터슨의 수입의 6배에 달했습니다. 당시 영국 『더 타임스』에 따르면 해리포터 시리즈로 세계적인 베스트셀러 작가가 된 그녀의 재산은 5억 6,000만 파운드(약 1조 2,110억 원)로 추산된다고 보도하였습니다. 그녀의 재산은 엘리자베스 영국 여왕의 재산보다 많아졌습니다. 그녀는 해리포터 시리즈의 마지막 편을 끝으로 해리포터 이야기를 더 이상 쓰지 않겠다고 밝혔지만 인세와 영화 흥행에 따른 수입으로 그녀의 재산은 계속 늘고 있습니다. 그녀는 해리포터 시리즈로 전 세계 어린이들을 열광시켰습니다. 어린이들은 주인공 해리포터와 똑같은 구식 둥근 뿔테의 안경을 쓰고, 그와 똑같은 복장을 하며, 그의 모습이 그려진 생일 케이크를 받고 싶어 했습니다. 어린이들은 자신도 해리포터가 되고 싶은 것입니다. 해리포터 시리즈는 전 10권으로 열한 살짜리 소년 마법사 해리포터의 이야기를 다루고 있습니다. 상상력이 무한히 전개되는 해리포터 시리즈의 매력은 강력한 현실감입니다. 비록 마법에 의한 것들이지만 롤링은 글로 표현된 하나하나의 장면들을 생동감 있게 형상화하였습니다.

해리포터 시리즈를 어른들까지 즐겨 읽는 것은 어린 시절의 향수가 남아 있어 주인공의 호기심에 동감하는 까닭일 것입니다. 그녀는 어른들도 언제든지 열한 살 어린이의 상상력으로 되돌아갈 수 있다고 보았습니다. 그녀는 글을 통해서 전 세계의 아이들과 어른들을 상상의 세계로 초대하는 일에 성공했습니다.

그녀는 자신이 글을 쓸 때 특별히 어린이들이 무엇에 감동을 받을까라는 생각을 하기보다는 자신이 어린 시절 경험했던 일들을 떠올린다고 하였습니다. 그녀는 어린이들이 무엇을 무서워하고, 무엇에 분노하고, 무엇을 기뻐하는지, 무엇을 갈망하는지를 알고 있습니다.

오늘날 목사님들과 교육자들이 조앤 롤링에게 주목해야 한다고 생각합니다. 롤링은 크게 돈 들이지도 않고 자라나는 세대들에게 엄청난 영향력을 미쳤습니다. 이것은 상상력을 불어넣어 주는 이야기꾼의 힘입니다. 학교에서 특별한 기자재나 재료의 준비 없이 아이들에게 다가가곤 합니다. 그래도 효과만점일 경우가 있습니다. 그냥 입 하나로 아이들에게 감동과 공감과 흥미와 재미와 의미를 제공할 수 있습니다. 이것이 바로 상상력을 발휘하는 이야기하기입니다. 성경의 인물들을 소설 쓰듯 상상력으로 꾸며서 전하다 보면 교회를 다니지 않는 아이들도 재미있어

합니다. 처음엔 서툴었지만 여러 번 이야기를 만들어 가다 보면 저도 모르게 곧잘 지어내곤 합니다. 제 경험담을 섞어서 이야기를 지어내면 효과는 극대화됩니다. 아직은 저도 서툽니다. 그러나 아이들을 상상하게 하는 이야기하기 교육은 좋은 교육 방법입니다.

제가 보기에 예수님은 탁월한 상상력으로 이야기를 풀어 나가던 교육 자셨습니다. 그러기에 성경을 보면 오랜 시간 사람들에게 하나님의 나라를 전하셔도 수많은 사람들이 지루해 하지 않고 경청을 할 수 있었을 것입니다. 저와 같은 목사와 교육자들은 이런 예수님의 상상력, 이야기 기술을 발전시켜 나가야 합니다. 그러면 우리도 우리의 사역지에서 롤링과 같이 아이들을 열광시킬 수 있을 지도 모를 일입니다.

인문학 교육의 중요성

미국의 오바마 대통령이 공식 석상에서 여러 차례 우리나라의 교육 시스템을 배워야 한다고 말했다고 합니다. 교육 시스템이라는 말은 매우 복합적인 요소들로 이루어져 있어서 구체적으로 무엇을 말하는지 분명하지 않습니다. 기강이 해이해진 미국의 교육 풍토를 우회적으로 비판한 말일 수도 있습니다. 교육 강국을 자처하는 미국의 대통령이 우리나라 교육 시스템에서 배울 것이 있다고 언급한 사실은 우리에게 시사하는 바가 큽니다. 그런가 하면 중국 권력 서열 6위인 왕치산(王岐山) 공산당 정치국 상무 위원 겸 중앙 기율 검사 위원회 서기가 전국 인민 대표 회의가 열린 베이징 시의 정부 업무 보고 심의에 참석해 우리나라 드라마를 언급하면서 우리 문화를 높이 평가해 국제적 관심을 끈 적이 있습니다.

이와 같은 우리 교육과 문화의 강점의 진원지가 어디이며 무엇이 이러한 강점을 생성해내는지를 설명하기란 쉽지 않습니다. 이는 매우 복합적인 요인들이 작용하여 나타난 결과이기 때문입니다. 또한 문화란 역사성을 지니고 있는 것으로, 어느 순간 갑자기 만들어지는 것이 아니라 오랜 기간 다듬고 다지는 과정을 거쳐 드러나기 때문에 어느 순간이나 어떤 계기로 무엇이 크게 작용했는가를 밝혀내기가 어렵습니다. 그러나 한 가지 분명한 것은 드라마를 비롯한 대중문화, 스포츠, 경제 등 모든 문화는 결국 사람이 만들어 내는 산물이라는 점입니다. 그리고 사람은 교육에 의해서 길러진다는 사실입니다.

　지금 세계 각국을 휘몰아치고 있는 한류는 그 밑바닥에 한국인의 특이한 DNA와 우리 교육의 힘이 상호작용하고 있다고 생각합니다. 우리의 교육은 아동·청소년의 창의성과 상상력 그리고 열정을 기르는 풍토가 작동하고 있습니다. 지구촌의 많은 사람이 세대를 뛰어넘어 우리나라 드라마에 열광하는 이유는 환상적인 세계 속에 캐릭터가 살아 숨쉬며, 보는 사람으로 하여금 때로는 가슴 설레게, 때로는 가슴 졸이게 하는 흥미진진한 스토리가 있기 때문입니다. 이것은 꿈을 꾸고 창조하며, 실행할 수 있는 자유로운 마음을 가진 이매지니어(imagineer)들의 기발한 창의성, 희한한 상상력, 비정상 과학적 창조력에서 비롯된 것입니다.

　창의성, 상상력, 비정상 과학적 창조력은 자기 존중과 상호 협력의 토양에 뿌리박고 있는 창조적 융·복합, 즉 통섭으로부터 뻗어 나온 가지들입니다. 대학 교육체제는 말할 나위 없고, 교수나 학생 모두 폐쇄적이고 획일적인 교과서 지식 습득에 매몰되어서는 안 됩니다. 학문과 전공, 학교와 사회 간의 경계를 넘나들거나 파괴하는 것, 학생의 사고력과 창의성, 상상력을 육성하는 교육 시스템의 강화, 이것이 대학 생존의 길이요, 교육이 나아갈 방향입니다.

　요즘 인문학의 위상이 심각성을 드러낼 정도로 위기입니다. 인문학의 '향기'가 넘쳐야 할 대학가에는 위기론이 끊이지 않고 있습니다. 많은 대학들이 인문학을 강단에서 퇴출시키고 있고, 상당수 대학들이 철학, 사학, 국어국문학, 불어불문학, 독어독문학과를 폐지했습니다. 정통 인문학의 전부라고 할 수 있는 문사철(文史哲) 모두에 구조조정의 칼끝이 겨눠지고 있습니다. 인문학의 유례없는 인기도 이를 막지는 못한 셈입니다. 대학들은 살아남기 위해서 어쩔 수 없다는 입장입니다. 교육부는 대규모의 대학 재정지원 사업을 진행하면서 정원 감축을 필수 요건으로 제시하고 있습니다. 어차피 정원을 줄여야 한다면 취업에 불리한 인문학

전공 위주로 칼을 댈 수밖에 없다는 게 공통적인 이야기입니다.

한동안 우리 사회는 경제와 경영 등의 실용적 학문이 사회를 이끌며 인문학은 외면 받는 현상이 나타났었습니다. 사람들은 인문학이 밥을 주냐, 떡을 주냐고 묻기도 합니다. 인문학의 위기를 말하는 이 시점에서 인문학의 대답은 이러해야 합니다. "인문학은 더 좋은 밥, 더 몸에 좋은 떡을 줄 수 있습니다."

그것을 만들기 위해서는 반드시 인문학적 소양이 필요합니다. 인문학이 중요한 이유는 우리가 스스로를 돌아볼 수 있게 만드는 학문이기 때문입니다. 성장을 위해 앞만 보고 달려왔던 한국사회가 인문학에 관심을 가지게 된 것도 같은 맥락으로 해석할 수 있습니다. 요즈음 시대정신이 인문학이 위기이고 또한 인문학의 재발견이라고도 합니다. 인문학이란 무엇인가요? 자연현상을 다루는 자연과학에 대립되는 영역으로 인간의 가치탐구나 표현활동을 대상으로 하는 학문입니다. 라틴어 '후마니타스 (Humanitas)'에서 어원을 찾을 수 있고, 그리스·로마를 거쳐 근세에 이르는 동안 고전교육의 핵심이 되었으며, 교양 교육의 기본 이념으로 정립되었습니다. 지식은 많으나 거기에 인간이 빠지고 인격이 매몰된 현실에 대한 반성이 지금 우리 인문학 열기의 바탕입니다. 따라서 인간과 인격을 회복하기 위해서 단순히 지식의 축적에 매달리기보다는 꾸준히 공부하고 자신의 삶으로 내재화하는 과정을 지속해야 할 것입니다.

소크라테스는 "너 자신을 알라."라고 하였습니다. 내가 모르는 것을 아는 것이 우리가 인간으로 바로 설 수 있는 첫 출발이라는 말입니다. 숙고하는 삶은 이 깨달음에서 출발합니다. 나는 내가 모른다는 것을 알기 때문에 늘 배우는 자세를 유지하고 숙고하는 자세를 취하겠다는 것입니다. 그런 의미에서 인문학은 평생의 공부이고 삶입니다. 밥을 먹지 않고는 살 수 없는 것처럼 말입니다.

최근 인문학의 위기에 대응하는 인문학의 건강성도 드러나고 있습니다. 소통과 나눔의 인문학 강좌로서 인문학의 문턱을 낮춘 공개 강좌들이 열리고 있습니다. 대학은 물론 지자체와 공공도서관 등에서 열린 강좌를 펼치니 인문학이 상아탑을 넘어 대중 속으로 스며드는 느낌입니다.

모 대학에서는 인문학을 통해 겸손한 만남과 배움이 일어났다고 합니다. 먼저 교수들이 결단했습니다. 학생들을 가르치기 이전에 교수들이 준비된 모습을 갖자는 의미로 매월 1~2회씩 모여 워크숍을 시작했는데, 교양 수업 과정인 '후마니타스 칼리지(Humanitas College)'의 교수 모임이 바로 그것입니다. '후마니타스'란 로마 철학자 키케로(Marcus Tulliut Cicero)가 '문명을 만드는 인간'이란 의미로 만든 단어입니다. "배우려 하지 않는 선생은 절대로 가르칠 수 없습니다."라는 마음가짐으로 출발한 교수들의 모임이 학생들을 변화시킨 것입니다. 헬라어로 탁월함을 의미하는 '아레테(Arete)'는 혼자서는 벅차니 함께 모여 공부하자며 만든 모임이지만, 그 성과는 매우 고무적입니다. 이렇듯 인문학이 고상함을 고집하지 않고 열림과 나눔과 겸손으로 소통하는 교육을 통해 참다운 사제동행의 이상이 실현될 것입니다. 지식이란 조금 알면 독단적이 되고, 조금 더 알면 질문하게 되고, 또 조금 더 알면 기도하게 된다고 합니다. 인문학의 깊이를 더하게 되면 이렇듯 독단을 넘어서 성찰을 하게 되고 겸손하게 됩니다. 이것이야말로 인문학의 매력입니다.

인문학은 지하수와 같습니다. 지하수는 지표면에서 보이지 않지만 지하수가 없으면 수많은 생물이 생존의 위협을 받습니다. 인문학이 시대정신을 치열하게 고민한다면 강력한 생명력을 되찾을 수 있을 것입니다. 사물을 다양한 관점에서 바라보는 교육이 인문학입니다. '맞다', '틀리다'라는 이분법적 논리로 교육시켜 온 우리의 교육구조에서 벗어나야 합니다. 기존의 틀을 깨고 새로운 것을 생각해야 합니다. 개방적이고 유연하며 혁신적으로 모든 것을 바꿔야 합니다. 그러기 위해서는 나와 네가 틀린 게 아니라 다른 것으로 다양함을 바라보는 발상으로 나아가는 인문학적 소양을 갖춰 나가야 합니다. 페이스북의 창시자인 마크 주커버그(Mark Elliot Zuckerberg)가 강조하는 말입니다.

"나한테는 두 가지 취미가 있습니다. 하나는 컴퓨터 프로그램을 만드는 것 또 하나는 그리스·라틴 고전을 원서로 읽는 것입니다."

그가 "나는 인문고전을 읽어서 지금과 같은 일들을 할 수 있었습니다."라고 강조하는 사실만 봐도 고전 독서를 통한 인문학적 소양 쌓기가 얼마나 중요한지 알 수 있습니다.

영혼의 삶을 살다 간 사람으로 평가받는 간디의 말입니다. 그는 인간의 혼이 망가져 영혼이 썩어 버리는, 그리고 끝내 나라가 망하는 일곱 가지의 경고를 다음과 같이 남겼습니다.

"첫째, 원칙 없는 정부는 망한다. 둘째, 노동 없이 취하는 부는 망한다. 셋째, 양심 없는 쾌락을 취하는 자는 망한다. 넷째, 인격 없는 교육은 망한다. 다섯째, 희생 없는 신앙은 망한다. 여섯째, 도덕 없는 경제는 망한다. 일곱째, 인간성 없는 과학은 망한다."

다양한 영역에서 자신의 가능성을 탐색하고 몰두해야 하는 학생들은 가장 기본이 되는 부분들을 충실하게 다져 나가야 합니다. 이처럼 기본에 충실하기 위해서는 인문학적 소양이 필요합니다. 인문학적 소양은 바로 기본 중의 기본을 말합니다. 지구촌 한 가족, 다품종 다원화된 오늘날에는 각 전문 분야의 지식만이 아니라 거시적인 안목을 키워 주는 인문학적 소양이 중요합니다. 인문학적 소양은 단기간에 갖추어지지 않습니다. 사회에서 요구하는 인재는 화려한 '스펙'보다는 필요한 무엇인가를 이뤄낼 '끼'와 '열정', 이른바 '전문가'로서의 잠재력이 있는 인문학적 소양을 갖춘 인재일 것입니다. 그러나 '끼'와 '열정'은 무엇을 이루고자 하는 '꿈'의 필요조건은 되지만, '기본'이라는 충분조건이 없으면 그 '꿈'은 실현되기 어려울 것입니다. 성공을 위해서 '스펙'만이 아니라 자신이 무엇을 원하고, 무엇을 잘할 수 있는지를 알아야 합니다. 그리고 자신이 원하는 일을 하기 위해 필요한 실력이 성공적인 결실을 만들 수 있게 하고 그 뒤에는 평소에 갖춘 인문학적 소양입니다. 그러므로 인문학은 누구나 갖춰야 할 인간학입니다. 오늘날 대학들과 정부에서 근시안적인 자세로 인문학을 고사시키려는 발상은 위험합니다. 이는 천박한 돈벌이에 유용한 지식만을 중시하는 천박한 교육으로 자신의 삶에 대한 깊은 성찰이 없는 가벼운 인간을 양성하는 결과를 가져올 뿐임을 잊지 말아야 합니다.

그러나 대학들이 학생들의 취업률을 높이는 데 온 신경을 쏟으면서 인문학을 소홀히 하는 사이에 학교 밖 취업 학원 등에서 하나둘씩 생긴 인문학 강좌가 이젠 시장을 형성할 정도로 비중이 커지고 있습니다. 기업들의 인재상이 지식의 양에서 질적으로 깊은 사고를 할 수 있는 쪽으로 바뀌었기 때문입니다. 최근 대졸 구직자들이 IT 교육에 매진하고 있다고 합니다. 이들은 모두 인문계 출신 비전공자들로 교육을 마치면 이 기업의 IT 기술자로 채용됩니다. 사람과 사회에 대한 이해가 IT기술의 경쟁력이라고 보고 인문학적 소양을 갖춘 인력들이 소프트웨어 기술을 습득하게 되면 시너지를 발휘할 것으로 기대하기 때문입니다. 최근 들어 전자, 자동차 등의 제조업과 금융권 등에서는 인문학적 소양을 갖춘 통합형 인재를 찾고 있습니다. 학계도 취업만을 위한 지식과 기술 습득은 장기적으로 나라의 미래 경쟁력을 약화시킬 수 있다고 지적합니다. 인간에 대한 탐구와 상상력, 즉 인문학적 소양이야말로 창의성의 열쇠라는 것입니다. 폭넓은 교양과 창의성은 두 개가 반드시 같이 가는 것이지, 이것을 제쳐두고 창의성만 얻을 수 있다는 것은 가능한 생각이 아닙니다. 그런 점에서 역시 인문학이 할 몫이 있습니다.

최근 기업이 변하고 있습니다. 글로벌 시대에 살아남기 위해 기업들이 최근 관심을 갖는 것이 인문학 소양입니다. 기업들은 인문학적 소양을 갖춘 통찰력 있는 인재, 창의적이고 융합형 인재를 찾고 있습니다. 최근 국내 대기업이나 은행 등의 채용 기준이 전폭적으로 바뀌고 있습니다. 삼성, 현대, LG, SK, 롯데, GS, 포스코, CJ, 신세계, KB국민은행, 우리은행 등 역사와 인문학을 채용에 활용하는 대기업이 점차 늘고 있습니다. 역사와 예술, 인문학에 대한 소양을 얼마나 갖추었고 이를 위해 어떤 노력을 했는지, 어떤 인문도서를 읽었는지, 지원자가 어떤 인생관, 직업관, 국가관을 가지고 있는지 등을 알아보는 시험이 점차 늘고 있습니다.

이러한 채용 시험은 벼락치기 공부나 학원에서의 암기 교육으로는 해결되지 않는 평소의 인문학적 공부와 소양을 요구합니다. 평소 어떤 생각을 하며 생활하고 있는지, 어떤 책을 읽으며 자신의 삶과 사회에 대해 고민하고 있는지, 사회나 시대 혹은 세계의 변화에 대해 얼마나 통찰력을 갖추고 있는지 등을 보고자 하는 것입니다. 인성과 적성 검사나 테스트 전형에 추가되는 역사 문제나 에세이, 직업윤리나 인문학 문제 등은 이제 채용의 중요한 관건이 되고 있습니다. 학점이나 어학 성적 등 정량적 스펙이 부족해도 잠재 역량이 있는 지원자에게 필기시험(인성과 적성검사)의 응시 기회를 주는 기업도 있습니다. 더 나아가 아예 외국어나 자격증 등 스펙 적는 란을 없애는 기업도 생겨나고 있습니다.

이러한 채용의 변화는 시대적 요구를 반영하고 있습니다. 우리가 살고 있는 시대는 전공이나 학점, 어학, 자격증만으로 자신의 역량을 검증받는 것이 아니라 창의적이고 통섭형 사고를 하며 새로운 아이디어를 만들어낼 수 있는 인재를 요구합니다. 전 세계가 하나의 정보망으로 연결되고 정보 네트워크로 움직이는 정보화 시대 혹은 글로벌 시대가 요구하는 인재상은 기존의 산업 사회적 인재상과는 다릅니다. 무한경쟁에서 살아남으면서 동시에 세계를 주도하기 위해서는 도전과 지혜, 창의력, 소통 능력, 배려 등 인문학적 사유 능력과 세계 시민적 공동체의 가치 등이 요구됩니다.

그러나 이러한 인재의 소양은 하루아침에 만들어지지 않습니다. 강한 자가 살아남는 것이 아니라 살아남는 자, 즉 변화에 잘 적응하는 자가 강하다는 다윈의 말처럼 우리는 시대의 변화에 잘 대처할 필요가 있습니다. 한 마리의 제비가 온다고 봄이 오는 것이 아니듯, 인문학 소양은 책 한 권 읽거나 신문 사설 몇 번 읽는다고 만들어지지 않습니다. 그러므로 중·고등학교 시절부터 기초 교양 독서에 충실하고, 대학에서도 전공지식뿐만 아니라 인문학적 소양 교육이 가능한 인프라를 구축하여 시대가 요구하는 인문학적 소양을 갖춘 인재가 되도록 준비해야 할 것입니다.

요즘 TV만 틀면 우리나라가 세계의 발전 모델임을 강조하고 있는데, 왜 우리는 점점 더 희망을 잃어가고 있는지요? 통계에 따르면 우리의 현실은 많은 지표들이 암담한 미래를 암시하고 있습니다.

우리나라는 자살률 세계 1위로 하루 평균 35명, 연 13,000여 명이 자살을 하고 있습니다. 이런 배경에는 비정규직 비율이 50%로 OECD 국가들 중 1위이며, 자영업자 비율이 역시 세계 1위(34%)로 어려운 사업 환경, 공·사교육비 가계 부담 1위로 어려운 교육환경 등을 요인으로 꼽을 수 있습니다. 이러한 과도한 경쟁은 출산율 저하와 직결됩니다. 결혼한 부부가 아이를 가지면 스스로의 경쟁력 저하와 아이를 위한 생활비와 교육비의 이중적인 부담을 져야 합니다. 자녀 교육이 끝나도 제 앞가림하기가 쉽지 않은 현실이 출산을 기피하는 풍조를 가속시켜 출산율 세계 최저라는 위기를 자초하게 되었습니다.

이러한 국가적 어려움을 헤쳐 나가기 위한 성장 동력을 문화 콘텐츠와 디자인에서 찾자는 주장을 들어 보았을 것입니다. 애플사를 앞서는 제품을 출시하자고도 합니다. 똑같은 주장은 일본에서도 나왔으나 일본의 수직적 명령하달 방식의 기업 문화에서는 이러한 획기적인 발상을 토대로 하는 제품이 나올 수 없다는 분석이 나왔습니다. 애플사의 사훈은 '다르게 생각하라'인데, 일본 기업은 '모난 돌이 정 맞는' 문화를 가지고 있기 때문이라는 것입니다. 우리나라 기업도 마찬가지로 부정적인 대답을 듣게 될 것입니다. 왜냐하면 우리의 사회, 문화, 교육 모든 것이 일본과 비슷하기 때문입니다.

정부는 노는 시간을 없애고, 돈 안 되는 전공, 즉 인문학을 없애는 교육개혁을 추진하면서 '창의성 교육'을 강화하겠다고 합니다. 간과해서는 안 될 중요한 문제는 애플의 성공은 인문학과 노는 시간의 산물이라는 것입니다. 지금 우리나라의 정부와 기업의 문제는 실무적 지식이나 기술의 부족이 아니라 소통, 비판, 윤리 등 보편적 교양의 부족입니다. 그런데도 이들이 주장하는 대책은 인문학을 아예 없애고 그 자리에 실용 지식과 기술을 채워 넣는 것입니다.

인문학적 비판 능력은 남과는 다른 생각, 즉 창의력의 토대가 됩니다. 또한 인문학이 강조하는 윤리의식은 배려와 협력을 통해 지속 가능한 성장을 추구할 수 있게 해 줍니다. 그러므로 한국의 정부, 사회, 기업, 교육은 모두 바뀌어야 합니다. 내가 나누면 남도 나눌 것이고, 공동체는 번영하게 됩니다. 다가오는 뉴미디어 시대에는 경쟁 체제를 버리고 '나눔'과 '배려'의 인문학적 윤리를 강조해야 하는 이유입니다.

청소년 문제, 우리 모두가 나설 때입니다

청소년기를 지칭하는 말들로 여러 가지가 있습니다. 부모나 교사 등 성인의 보호, 감독, 간섭에서 벗어나 독립적으로 행동하고자 하는 시기라는 의미의 '심리적 이유기', 어린이와 어른 중에 어느 쪽에도 속하지 못하고 주변을 맴도는 사람이라는 의미의 '주변인', 감정의 기복이 심하고 격정적이고 정열적으로 행동하는 시기라는 의미로 '질풍노도의 시기', 이성에 관심을 가지게 되고, 성적 욕구를 느낄 만한 시기라는 의미로 '사춘기' 등 다양합니다. 이런 말들은 잘 알고 계실 것입니다. 그런데 요즘 청소년들을 직접 접하는 교육계나 청소년 관련 단체들 사이에서는 청소년을 지칭하는 말 중의 하나로 놀라운 말을 합니다. 이 말이 바로 '걸어 다니는 폭탄'입니다. 이 말은 청소년들의 성급한 성격, 순간적인 공격성, 폭발하는 불만 표출을 명료하게 표현한 말입니다. 요즘 청소년들을 보면 '천진난폭'이라는 네 글자가 떠오릅니다. 이 말이야말로 이 시대 청소년들의 현실을 그대로 드러내는 것 같습니다. 말 그대로 청소년들은 언제 어떻게 폭발할지 모르는 무서운 존재들입니다. 이 땅의 가정, 학교, 교회, 사회 전반에 걸쳐 청소년들이 보여 주는 모습은 지금 우리의 문제인 동시에 앞으로의 문제이기도 하기에 그 심각성은 두말할 나위가 없을 것입니다.

가만히 보면 귀엽고 기특하고 진지한데 화가 날 땐 태도가 급변하여 무섭게 대드는 청소년들의 모습은 가정과 학교에서 쉽게 찾아볼 수 있습니다. 예전에는 교회에서 이런 모습을 보기 어려웠는데 요즘은 쉽게 찾아볼 수 있는 게 현실입니다. 저도 솔직히 매일 청소년들을 만나지만 길을 가다가 청소년들 몇몇이 어울려 다니는 걸 보면 주눅이 듭니다. 목사이고 선생으로서 청소년들이 담배를 피거나 폭력 행사를 하면 어른으로서 당연히 선도해야 하는데 만약 저희 학교 학생들이 아니고, 좀 우려스러운 상황을 본다면 제가 자신 있게 그럴 수 있을까 하는 두려운 마음마저 드는 게 사실입니다. 어느 목사님께 이런 이야기를 드리니 목사님도 제 말에 동조하시면서 해 주신 이야기입니다. 동네 놀이터에서 담배 피는 청소년들을 야단치던 어른에게 당신이 뭔데 참견이냐고 따져 묻고는 집단으로 폭행을 행사한 청소년들이 있었다고 하시면서 요즘은 청소년들 잘못 건드리면 큰 봉변을 당하겠다고 크게 우려하셨습니다. 이처럼 어른 알기를 우습게 아는 청소년, 순간적인 기분 상함이나 불만을 공격성으로 드러내는 청소년들의 현실 앞에 우리는 어떻게 대처해야 할까요? 요즘 청소년들의 연이어 터지는 자살과 집단 폭행, 따돌림의 문제는 어제, 오늘의 문제가 아닙니다. 그럼에도 이와 같은 문제에 대한 해결책이 제대로 나오지 않는 이유는 무엇일까요? 최근 몇몇 대형 교단들은 교회학교에서 다음 세대가 줄어든다는 심각성을 인식하고 이에 대한 기독교 교단의 총회 차원의 관심과 대책을 논의하고 해결책을 모색하고 있습니다. 그럼에도 오늘날 청소년 문제는 해결의 기미를 찾아보기 어려운 게 현실입니다.

오죽하면 요즘 청소년들을 공에 비유하기도 합니다. 청소년들은 어디로 튈지 모르기에 럭비공과 같습니다. 한 사람 한 사람 다르기에 섬세하고 세심한 배려와 기술이 필요하기에 축구공과 같습니다. 지적하고 조언하는 것을 잔소리로 받아들이기도 하고 힘을 주면 줄수록 더 세게 튕기기에 농구공과 같습니다. 속이 좁아 잘 토라지기도 하니 탁구공과 같습니다. 때로는 과잉보호로 자라서 그런지 어린 아이 같아 다 받아 주어야

만 하는 배구공과 같습니다.

어느 분이 해 주신 이야기입니다. 아이가 초등학생 때는 그렇게 엄마와 아빠에게 잘 하고 잘 지내서 좋았는데 중학생이 되더니 얘기도 안 하려고 하고 말만 하면 잔소리 한다고 하고 수시로 화를 내며 심지어 욕을 해서 속상해 죽겠다고 하셨습니다. 이 부부는 화목하고 직장 생활도 성실하고 교회 봉사도 열심이신 분들인데 자녀 문제로 이렇게까지 고민하는지 몰랐습니다. 그러니 아빠는 퇴근하고 집에 들어가는 게 예전처럼 즐겁지 않다고 하셨습니다. 이처럼 천진난폭한 청소년은 이른바 문제 가정만이 아니라 어느 가정에서나 쉽게 찾아볼 수 있습니다. 그러니 저도 이런 이야기를 들으면 남의 일 같지 않습니다. 아직은 제 아이들이 어려서 엄마와 아빠를 따릅니다만 언젠가는 부모를 멀리하고 벗어나려고 할지도 모르겠습니다.

저는 작은 농촌학교에서 올해로 15년째 몸담고 있으면서 청소년들을 만나고 있습니다. 15년째 같은 학교에서 청소년들을 만나니 청소년 이해와 교육에 전문가가 되었어야 하는데 솔직히 정말 청소년들을 이해한다는 게, 이들을 교육한다는 게 여간 힘든 게 아님을 절실히 느끼고 있습니다. 이건 저만 그런 게 아닙니다. 어느 통계를 보니, 오늘날 많은 중·고등학교 선생님들이 경제적인 여건만 허락된다면 만 62세 정년퇴직이 아니라 그 이전에 명예퇴직을 하거나 이직을 하고 싶어 한다고 합니다.

제가 재직하는 학교는 농촌학교의 현실적인 문제인 농촌을 떠나 도시로 떠나는 '이촌향도(離村向都)' 현상으로 인해 제가 부임한 2001년에 228명이던 전교생이 지금은 79명으로 줄었습니다. 그러나 학교의 제반 시설은 괄목상대할 만큼 아주 좋아졌습니다. 교사들도 대학원 졸업은 물론 박사과정과 다양한 연수로 인해 수준이 아주 높아졌습니다. 그런데 지금의 저희 학교는 많은 어려움에 직면해 있습니다. 문제 행동을 일으키는 학생들이 2001년에 비해 서너 배는 증가했기 때문입니다. 이러한 이유 중 가장 큰 것은 학생들의 가정이 많이 붕괴된 것입니다. 제 업무 중 하나가 학생들 상담인데 학생들의 가정 환경을 묻기가 난감할 정도로 온전한 가정을 찾아보기가 어려워졌습니다. 간혹 학생들을 상담하다 보면 제가 그런 환경이라면 더 큰 문제를 일으켰을 것만 같다는 생각이 들 정도입니다. 어떻게 중학생이 담배를 피냐고, 주어진 학업에 불성실하다고, 수업시간에 집중을 하지 않는다고, 학교 폭력에 가담한다고 여기저기서 야단입니다. 저 또한 학생들을 지도하는 입장에서 도대체 어떻게 해야 할지 난감할 때가 많습니다.

학생들이 문제 행동을 일으켰을 때 어떻게 징계를 하고 선도해야 하는가에 초점을 맞추기보다는 시간이 걸리고 어렵다고 해도 근본적인 대책을 마련해야 합니다. 의학에서도 최고로 치는 것이 예방의학인 것처럼 학생들의 문제 행동 사안이 터진 후에 대처하는 것보다는 학생들의 문제 행동만 볼 것이 아니라 그 이면에 있는 학생들의 아픔에 귀 기울이고 그들의 근본적인 답답함에 공감하고 함께하려는 노력이 필요합니다. 담임교사와 학생부 교사의 노력만으로는 불가능합니다. 학교의 모든 구성원이 지혜를 모으고 지역의 여러 연관 기관과 협력해 나가야 합니다. 학생들의 넘치는 에너지가 공격성으로 나오는 것을 스포츠 활동이나 실용음악이나 체험수련 활동 같은 것으로 승화시키도록 하는 방안도 하나의 좋은 예가 될 것입니다.

이를 위해 학교 인근의 교회들이 지역공동체로서 지역 학교에 관심을 갖고 협력해 나가는 것도 필요하다고 봅니다. 교회 건물과 시설을 개방하거나 방과후학교나 지역아동센터를 운영하여 생활공동체를 이룰 수 있고, 토요 학교를 개설하여 청소년들의 다양한 체험과 봉사활동 등이 가능해질 수 있을 것입니다. 오늘날 우리 시대 청소년들의 문제는 그저 내 자식만 잘 된다고 해결되는 것이 아닙니다. 내 자식이 속한 학교와 사회에서 걸어 다니는 폭탄, 천진난폭의 청소년들, 극심한 우울증으로 자신의 정서 행동이 통제되지 않는 청소년들에 의해 내 자식이 돌이킬 수 없는 피해를 입을 수도 있습니다. 또한 이러한 청소년들의 문제를 사전에 예방하지 못한다면 이들을 선도해야 하는 사회적 비용과 부담은 이루 말할 수 없을 것입니다. 그러므로 오늘날의 청소년 문제는 학교와 사회가, 학교와 가정이, 학교와 교회가, 너와 내가 따로 없습니다. 오늘 이 시대는 총체적인 심각성을 공유하면서 지혜를 모으고 협력하여 문제를 해결해 나가는 노력이 절실히 요청되고 있습니다.

저는 가수 이적이 부른 〈달팽이의 꿈〉이라는 노래를 참 좋아합니다. 이 노래의 가사입니다.

달팽이

집에 오는 길은 때론 너무 길어
나는 더욱 더 지치곤 해
문을 열자마자 잠이 들었다가
깨면 아무도 없어
좁은 욕조 속에 몸을 뉘었을 때
작은 달팽이 한 마리가
내게로 다가와
작은 목소리로 속삭여줬어
언젠가
먼 훗날에
저 넓고 거칠은 세상 끝
바다로 갈 거라고

177

사람이 먼저랍니다

아무도 못 봤지만
기억 속 어딘가 들리는
파도 소리 따라서
나는 영원히 갈래

모두 어딘가로 차를 달리는 길
나는 모퉁이 가게에서
담배 한 개비와 녹는 아이스크림
들고 길로 나섰어
해는 높이 떠서 나를 찌르는데
작은 달팽이 한 마리가
어느새 다가와 내게 인사하고
노랠 흥얼거렸어
언젠가
먼 훗날에
저 넓고 거칠은 세상 끝
바다로 갈 거라고
아무도 못 봤지만
기억 속 어딘가 들리는
파도 소리 따라서
나는 영원히 갈래
내 모든 걸 바쳤지만 이젠 모두
푸른 연기처럼 산산이 흩어지고
내게 남아 있는 작은 힘들 다해
마지막 꿈속에서
모두 잊게 모두 잊게
해 줄 바다를 건널 거야
언젠가

먼 훗날에

저 넓고 거칠은 세상 끝 바다로 갈 거라고

아무도 못 봤지만

기억 속 어딘가 들리는 파도 소리 따라서

나는 영원히 갈래

이 가사처럼 달팽이는 비록 느리지만 자신의 흔적을 남기며 꾸준히 나뭇잎을 기어오르는 달팽이는 자신의 미래를 꿈꿉니다. 지금은 우리 청소년들이 서툴고 어눌하고 때로는 속 썩이기도 하지만 믿고 기다려 주고 격려하면서 함께한다면 귀한 보배들로 자라날 것입니다. 공부를 좀 못하고 때로는 사고뭉치라도 믿고, 기다리고, 잘 되기를 간절히 기도하면 어떨까요?

2014년 한 해를 강타한 드라마 〈미생(未生, Incomplete Life)〉은 2014년 10월 17일부터 12월 20일까지 tvN에서 방영된 금토드라마로 2012년 1월 17일부터 2013년 8월 13일까지 다음에서 연재된 웹툰을 각색해 제작되어 업데이트된 'TV 손자병법'이라고 불렸습니다. 미생이라는 말은 바둑에서 쓰는 말인데 이것은 집이나 대마 등이 살아있지 않은 상태 혹은 그 돌을 이르며, 완전히 죽은 돌을 뜻하는 사석(死石)과는 달리 완생(完生)을 향한 여지를 남기고 있는 돌을 의미한다고 합니다. 이 드라마와 만화가 큰 인기를 끈 것은 완생을 향해 가는 우리네 삶을 함께 고민하는 내용을 담고 있었기 때문입니다.

저는 이 드라마를 보면서 이런 생각을 했습니다. '청소년 교육을 책임지는 학교나 종교 단체나 청소년 기관에서 담당자나 조직의 완생은 어떻게 이룰 수 있을까? 청소년 교육과 육성은 하루아침에 결과를 낼 수 없습니다. 또한 과정에서 일희일비(一喜一悲)할 수도 없습니다. 분명한 비전과 목표 아래 깊은 사랑과 전문적인 이해와 믿음을 가지고 기다려 주고 다독이면서 같이 가는 자세가 중요합니다. 그러므로 장기적인 과제로 보고 단계별로 진행해 나가야 합니다. 현재 나타난 결과에 앞서 과정을 생각해 보아야 합니다. 과정을 냉철하게 보려면 과정에 대한 평가를 해야 합니다. 과정 평가는 조직이나 조직원들을 긴장시킨다거나 인센티브가 달라지고 연봉에, 인사에 결정적인 영향을 미치는 일반 기업체의 그것과는 분명 달라야 합니다. 보상과 처벌을 내리는 기준이 아닌 조직이나 조직원이 성장하고 개선할 수 있는 토대로 해야 합니다. 그래서 평가와 진단, 비전 제시에서 모든 조직의 구성원이 성장할 수 있는 핵심 키워드가 분명히 있어야 합니다.

앞서 밝혔듯이, 우리네 평가는 기업체와 달라야 합니다. 물론 기업 조직들도 진행 과정보다 결과에 따라 일반적으로 평가하고, 과정은 평가하기 어려운 현실을 감안하여 보완책을 만들고 있습니다. 역량 평가, 업무 평가, 다면 평가, 리더십 평가 등 다양한 도구를 사용한다고 합니다. 하지만 이 모든 것은 조직의 성과를 제고하기 위한 것입니다.

우리는 이전 세대와는 분명히 다른 오늘날 청소년들의 현실을 진단하는 것부터 시작해야 합니다. 그 진단은 평가로 이루어져야 하며, 조직 구성원 모두가 청소년을 어떻게 바라보고 있느냐에 관한 깊은 성찰에서 시작해야 합니다. 그에 못지않게 중요한 것은 조직이 구성원들의 깊은 성찰을 어떻게 정책으로 반영하느냐 하는 것입니다. 그야말로 평가를 어디에 목적을 두고 하느냐에 따라 정책은 달라질 것입니다. 평가가 조직과 조직원의 성장을 위해서 진지하게 노력하는 것임을 상징적으로 보여 주는 계기가 되어야 합니다. 왜냐하면 평가를 한다는 것은 현재를 분석하는 것이며, 보다 나은 미래를 맞이하려는 몸부림이기 때문입니다. '미생(未生)'. 우리는 분명 상대하기 어려워진 청소년들을 고민합니다. 무엇을 어찌해야 할지 모르겠고 난감할 때도 많습니다. 그러니 청소년을 상대하는 일에서 벗어나야 하는가 생각도 하곤 합니다. 그러나 이런 생각도 따지고 보면 다 청소년에 대한 애정에서 나오는 것입니다. 우리는 완생이 아닌 미생의 대상인 청소년을 바라보고 있습니다. 가만히 보면 청소년을 대하는 모든 기성세대 또한 청소년과의 관계에서 미생입니다. 이는 부모도 교사도 청소년 관련 종사자도 마찬가지입니다. 희망적입니다. 청소년 교육을 담당하고 있는 모든 사람들, 그리고 우리 청소년들 모두가 사실은 완생입니다. 완생으로 가는 여정에서 이런 저런 구설수와 평가와 힘겨움은 쿨하게 받아들이면 어떨까요? 힘들지만 미생이면서 완생인 우리 청소년들의 더디지만 멋진 성장을 기대하면서 힘을 냅시다.

청소년의 언어문화교육

오늘날 청소년들의 언어문화를 말할 때 바람직하다고 생각하는 이들은 적습니다. 일반적으로 청소년들의 언어문화는 비속어(卑俗語), 은어(隱語), 욕설(辱說)이 일상어가 된 지 오래입니다. 요즘 청소년들 상당수가 말할 때 욕이 섞여 있는 것을 들을 수 있습니다. 수년전 KBS〈10대, 욕에 중독되다〉에서 방영한 내용에 따르면 청소년들 95% 이상이 욕을 사용하고 있습니다. 특히 요즘 들어 청소년들의 욕설, 폭언 등의 사용은 매우 심각한 상황입니다. 얼마 전 환경미화원에게 욕설을 한 '○○대 패륜남', '○○대 패륜녀'와 임산부를 폭행한 '지하철 발길질녀' 등의 사례는 언론과 인터넷 등을 통해 문제시된 바 있습니다.[+]

2005년 국립국어원의 조사에 따르면, 청소년의 75% 이상이 친구와 대화할 때 욕을 사용하고 41.4%가 은어를 사용하는 것으로 나타났습니다. 핵가족화 등에 따른 가정·학교의 인성교육 미흡, 인터넷 등 신종매체의 확산과 영화·방송 등 각종 매체의 역기능 심화 등 추세를 감안하면, 최근에는 청소년의 욕설 등 사용실태는 훨씬 심각한 수준일 것으로 짐작되고 있습니다.

길을 걷다가 욕설을 하면서 지나가는 학생이나 어른들을 종종 만나보는데 그들이 나누는 대화를 듣고 있다보면 눈살이 찌푸려지곤 합니다. 욕설을 사용하는 사람들도 그것이 잘못되었다는 것을 이미 알고 있는

+ "패륜녀에 이은 '발길질녀' 불구속 입건", 『재경일보』(2010년 5월 23일).

경우가 많습니다. 하지만 욕설이 이미 우리 생활 곳곳에 뿌리 박혀 있어서인지 좀처럼 쉽게 고쳐지지 않습니다.

비속어는 다른 사람의 인격을 무시하고 비하하여 쓰는 말이고, 속어는 품위나 교양이라고는 조금도 없는 속된 말이고, 은어는 자기네 집단 내에서만 통용하는 배타적 언어이고, 욕설은 남에게 모욕을 주는 언어입니다. 비속어, 은어 등은 대부분 누군가에게 내뱉는 순간 욕설과 마찬가지로 작용합니다. 상대를 모욕하는 효과가 금방 나타나기 때문입니다. 동시에 말하는 본인이 은연 중에 비속해지고, 어두워지고, 은폐되고, 거칠어집니다. 다른 사람에게 공격적으로 말하는 순간 욕설이 되기 때문입니다. 욕설의 속성이 그러합니다. 비속어, 은어 등은 말 자체를 분류한 것이고, 욕설은 '말하는 행위'에 초점이 놓여 있습니다. 따라서 욕설현상 안에 비속어나 은어 등이 들어가게 됩니다. 욕설 중에는 비속어, 은어 등을 직접 사용하지 않고서도 모욕 효과를 주는 것들도 많습니다. 이러한 말들은 인격수양이나 인간관계에서 매우 부정적인 결과를 가져오는 말들입니다. 언어 사용과 언어문화에서 궁극적으로 문제가 되는 것은 상대방과의 소통에서 모욕적이고 거친 공격성을 띠는 '욕설언어'를 어떤 해악이 있는지 살피지도 않고 쓰고 있는 '욕설 언어 현상'입니다. 이 현상은 청소년들에게 일상화, 집단화되어 있습니다.

청소년들의 욕설문화 만연은 마치 좀비(Zombie)의 준동을 떠올려 보게 합니다. 좀비는 영혼이 뽑힌 채 재생한 시체를 일컫습니다. 이들은 자기의 주체적 생각을 갖고 있지 않아서 떼를 지어 다니며, 단순히 본능과 반사행동에 의하여 움직입니다. 오늘날 청소년들의 욕설 행위가 그런 면이 있습니다. 청소년들은 지저분하고 비속한 욕설을 하면서도 죄의식이나 반성이 없습니다. 청소년들은 욕설을 하는 동안 막연한 증오와 단순화된 공격 행동을 주저 없이 표출합니다. 좀비가 몰려다니며 공격하는 패턴과 유사합니다. 또한 욕하는 청소년들은 바른말 사용을 외면하고 거침없이 욕을 입에 달고 다닙니다. 또 욕설 행위를 공유함으로써 같은 편임을 확인하고 쾌감까지 느낍니다. 욕설중독의 청소년들은 욕설 행위에 탐닉합니다만 마음의 위안이 없고 감정의 자극과 갈증이 더욱 심해집니다. 이는 마치 좀비들이 아무런 생각과 감정 없이 자동적으로 시종일관 충동적 욕구를 추구하는 것과 같습니다.

청소년들은 자신도 모르는 사이에 범죄를 행해 오고 있습니다만 욕설을 범죄라고 생각하지 않습니다. 청소년들 사이에서 욕설 사용이 범죄라는 인식이 자리 잡고 있지 못하고 있기에 욕설을 쓰고도 아무렇지 않게 웃어넘길 수 있는 지도 모르겠습니다. 하지만 누군가에게 욕설을 하는 것은 범죄가 될 수 있습니다. 욕설이나 비속어를 사용하는 것은 상대방을 모욕하거나 명예를 훼손하고 정신적 피해를 야기하는 엄연한 폭력입니다. 형법 제307조(명예훼손) ① 공연히 사실을 적시하여 사람의 명예를 훼손한 자는 2년 이하의 징역이나 금고 또는 500만 원 이하의 벌금에 처한다. ②공연히 허위의 사실을 적시하여 사람의 명예를 훼손한 자는 5년 이하의 징역, 10년 이하의 자격정지 또는 1천만 원 이하의 벌금에 처한다. 제 311조(모욕) 공연히 사람을 모욕한 자는 1년 이하의 징역이나 금고 또는 200만 원 이하의 벌금에 처한다. 실제로, 상대방에게 욕설을 했다가 벌금 400만 원 형을 받은 사건도 있었습니다.[++]

다른 사람에게 정신적 피해를 입히는 욕설! 이것은 범죄입니다. 그와 더불어서 나를 갉아먹고, 더럽히는 행동이기도 합니다. 말이 주먹보다 아플 수 있습니다. 말이 쏜 화살은 상대의 가슴에 박혀 설령 뽑아낸다고 해도 평생 아물지 않는 흉터를 남깁니다. 그동안 욕설에 자기 자신을

++ 서울중앙지방법원, 2011년 7월 28일, 선고 2010고정6847, 2010고정6981(병합) 판결.

갉아 먹히고 있었다면, 이제는 욕설 사용을 줄여서 자기 자신을 다시 채워 나가도록 일깨워 주어야 합니다.

청소년들의 욕설의 폐해는 큽니다. 이는 욕설현상 또한 욕하는 개인을 주목함으로 설명되지는 않습니다. 사회적 문화적 현상으로 이해하고 접근하는 노력이 필요합니다. 청소년들의 욕설 언어 현상을 단순히 지식의 결핍으로만 본다거나, 가정 요인으로만 본다거나, 성격 결함의 문제로만 본다거나, 규범의 힘이 약화된 것으로만 본다거나, 대중 미디어의 폐해로만 파악하거나 학교 교육 또는 국어 교육의 실패나 교회 교육의 부재 등으로 파악하는 것 등은 일리는 있을지 모르나 청소년 욕설 언어 현상을 합리적으로 설명하고 진단하기 위한 충분한 설득력을 구비하기는 어렵습니다. 그러므로 청소년의 욕설 언어 현상을 사회문화의 문제로 보고 접근해야 합니다. 이처럼 청소년의 욕설문화를 사회문화적 현상으로 본다는 것은 두 가지 인식을 우리에게 요구합니다. 하나는 욕설언어의 발생 기제가 대단히 복잡해졌다는 점이고, 다른 하나는 욕설하는 청소년들의 의식과 행동 방식이, 좋든 나쁘든 그것도 엄연히 존재하는 하나의 소통 양식으로 하나의 인성 유형, 하나의 가치 실현 방식이라는 점입니다. 이처럼 청소년 욕설문화를 하나의 문화 현상으로 인정하는 데서 유효적절한 교육의 방향과 전략이 마련될 수 있습니다.

앞으로 우리는 청소년 욕설문화가 우리 사회의 문화 변화의 어느 축과 맞물려 있는지를 살펴보고, 그 변화에 따른 교육적 처방을 구안해 나가야 합니다. 이는 단순하지 않은 문제입니다. 보기에 따라서는 학교 교육이나 교회 교육이 감당할 수 있는 영역 바깥의 문화적 요인들도 이 현상에 들어와 있습니다. 그만큼 이 욕설 언어 문화 현상은 여러 중층의 원인 기제들이 상호작용하고 있습니다. 그러므로 욕설문화를 해결하기 위해서는 계몽적이고 규범적인 방식만으로는 안 됩니다. 계몽적인 훈계나 훈화는 잔소리로 여겨져 공허한 메아리로 그칠 수 있고, 규범이나 규제적 조치의 방식은 '욕설하는 아이=나쁜 아이'라는 공식에 갇히게 됩니다. 그러므로 이런 방식은 교육적 대처의 융통성을 제한하고 바람직한 해결책을 기대하기 어렵게 합니다.

　욕설현상이 사회문화적 현상이란 점을 고려하면서 해결책을 찾아 나갈 방식으로는 다음과 같은 것들이 있습니다. 청소년들로 하여금 자신들의 언어문화를 바꾸는 노력을 자신들의 입장에서 추구하도록 자극할 필요가 있습니다. 예컨대 청소년들로 하여금 자신들의 문화를 체험적으로 탐구하게 하는, 또는 어떤 집단의 언어문화를 상위 인지하게 하는 문화교육이 대안이 될 수 있습니다. 욕설현상 속으로 교수자와 학습자가 함께 참여하고 탐구해 나가는 형태의 교육을 구상해 볼 수 있습니다. 나와 다른 사람들의 언어생활방식에 대한 체험과 탐구를 통해 일정한 각성에 이르도록 할 수 있습니다. 청소년들의 성찰이 자신의 개인 차원에 머물지 말고, 가능하면 공동체의 성찰로 이어질 수 있는 효과를 도모하는 것이 중요합니다. 여기에 학교나 교회의 역할이 있습니다. 청소년 문제를 계몽이나 캠페인활동 차원에서 해 왔던 방식을 넘어서서, 다양한 프로젝트 학습과 특별활동 프로그램 그리고 직접 체험하는 공동체 활동 프로그램으로 청소년들이 스스로 문제의 원인을 찾아보고 해결점을 찾아보고 이야기해 보는 것이 좋습니다.

　청소년의 욕설문화를 해결하는 노력은 다양한 시각에서 전개되어야 할 것입니다. 청소년 유해매체·환경에 적극 대응할 수 있도록 사회의 역할을 강화해야 합니다. 청소년이 이용하는 각종 매체들의 욕설 등 언어폭력에 대해 엄격한 심의기준을 적용하고 심의기준을 표준화하도록 제도 개선을 추진해야 합니다. 청소년의 언어환경 개선과 국어능력 향상을 위해 방송·간행물·인터넷 등의 언어실태를 조사해 각종 매체의 유해 언어 사용이 청소년의 언어에 미치는 영향을 평가하고, 청소년의 언어 사용 실태를 조사해 청소년용 표준화법을 개발·보급하는 것도 유용할 것입니다. 이 외에도 청소년 언어순화·인성교육 관련 홍보 콘텐츠를 개발·보급하고, '청소년 언어순화 캠페인', '좋은 인터넷 사용 습관 키우기 캠페인' 등도 좋을 것입니다. 또한 취학 전 아동, 학생, 학부모 등을 대상으로 인터넷 중독 예방법을 교육하고, '찾아가는 인터넷 중독 상담' 등을 통해 청소년의 올바른 인터넷 이용습관 형성에도 관심을 기울여야 합니다.

인문학의 위기와 대학의 몸부림

몇 해 전, 제가 사는 지역의 종합대학이 정부가 발표하는 부실대학에 선정되면서 심각한 어려움에 직면한 것을 보았습니다. 격한 감정이 여과 없이 드러난 플래카드들이 캠퍼스 내에 가득하였습니다. 재단이사회를 성토하고 총장을 비난하는 글귀들은 이게 지성인의 전당인 대학인가 하는 의구심마저 들었습니다. 부실대학으로 선정되면 학생들은 한국장학재단을 통해 지원되는 학자금 대출에서 제외되는 엄청난 불이익을 감수해야 합니다. 그러니 부실대학에 신입생이 충원되지 않고 학생 수급의 위기로 수입이 줄다 보면 결국 학교는 자연스럽게 타 대학으로 통폐합되거나 폐교 순서를 밟게 됩니다. 실제로 부실대학으로 선정된 몇몇 대학들이 인근 대학으로 흡수되거나 자진 폐교하기도 하였습니다. 그러니 부실대학 선정은 학교의 존망을 결정짓는 엄청난 위기를 불러오는 대사건입니다. 정부는 계속해서 부실대학을 발표하여 대학을 정리해 나갈 것입니다. 이는 학령기 인구의 감소와 대학들의 부실 운영 문제 그리고 우리나라 산업구조상 지나치게 양산되는 비경제적인 고급인력들을 사전에 조절하려는, 필요에 따른 조치로 바람직한 측면도 있습니다. 그러나 이것을 폭력적인 방식으로 단기간에 이루려다 보니 대학의 근간을 흔드는 문제도 발생하고 있습니다.

얼마 전, 제가 졸업한 대학도 정부가 발표한 부실대학에 선정되었습니다. 부실 대학 선정이 남의 일인 줄로만 알았는데, 이는 졸업생으로서 큰 충격이었습니다. 이렇다 할 후원금을 보내지 못하고, 사는 게 바빠

모교에 관심을 두지 않았던 것들이 생각나면서 마음이 착잡하였습니다. 모교의 정든 교정과 스승님들과 직원들의 모습이 아른거렸습니다. '이를 어떻게 해야 하나' 하는 생각에 하루 종일 일이 손에 잡히지 않았습니다. 학교를 떠나 사는 졸업생인 제가 이런 마음인데 모교의 이사장, 총장, 교수, 직원들의 마음은 얼마나 힘들고 괴로울까 하는 생각에 마음이 무거워졌습니다. 문득 제가 입학하던 때가 떠올랐습니다. 꽃피는 춘삼월, 대학 입학이라는 기쁨에 하늘을 날 것만 같았습니다. 세상이 다 내 것인 양 어찌나 신나고 기쁘던지 빠른 걸음으로 강의실로 향하던 생각을 하면 지금도 웃음이 납니다. 수년간의 공장 생활과 야간 아르바이트를 해 가며 입시준비를 했고, 치열한 경쟁률을 뚫고 이루어낸 고등학교를 졸업한 지 6년만의 대학 입학이었으니 그 감격은 남달랐습니다. 이렇게 시작한 대학 공부가 어렵긴 해도 즐거웠고 반드시 해내고야 만다는 각오로 졸린 눈을 부릅뜨고 가끔은 코피도 흘려가면서 공부하였습니다. 학비를 벌기 위해 야간 아르바이트도 멈추지 않았습니다.

저는 대학 공부를 통해 무엇을 이루려는 생각은 없었습니다. 그저 4대째 기독교 집안에서 자라면서 늘 풀리지 않는 숙제처럼 여겨지는 하나님의 존재에 대한 물음, 사람은 왜 사는 건지, 어떻게 사는 것이 바람직한지를 진지하게 고민해 보고 싶었고, 그저 실존적인 질문에 목말라 거기에 집중하였습니다. 그러고 보면 저는 참 바보 같았습니다. 밤잠 설쳐가며 비싼 등록금을 벌면서 대학을 통한 신분 상승이나 평생직장 구하기는 생각해 본 적이 없었으니까요. 다행히 대학을 졸업하고 33살이라는 늦은 나이에 지금의 학교 교사와 목사로 근무하기 시작했습니다. 올해로 13년째 아이들을 가르치고 학교 일을 하면서 살아가는 제게 대학 시절 배우고 사색하고 고민한 것들은 삶을 진지하게 성찰하는 귀한 자양분이 되었습니다. 이래서 인문학의 중요성을 말하나 봅니다.

오늘날 지식의 척도가 그저 돈벌이나 실용성으로 규정되는 것과는 다른, 사람됨의 가치와 궁극적인 질문, 살아감의 진지함, 역사와 전통에 잇대어 살아감을 생각하게 하는 인문학은 중요한 공부입니다. 이 공부는 대학 시절에서 그치는 것이 아니라 죽을 때까지 이어갈 끝없는 공부입니다.

그런데 오늘날 인문학이 커다란 위기에 직면하였습니다. 근시안적인 경제논리에 따라 돈이 안 되는 인문학은 손쉽게 폐기처분되는 것으로 간주되는 지경에 이르렀습니다. 그러다 보니 이른바 문(文), 사(史), 철(哲)로 대표되는 인문학 강좌와 학과들이 실용적인 분야로 흡수되거나 통폐합되거나 사라지고 있다는 소문이 여기저기에서 들려옵니다. 대학의 가치와 교육의 척도가 취업률, 학생 충원율로 평가되다 보니 인문학이 설 자리가 없습니다. 이는 순수 예술도 마찬가지입니다. 예술의 성과가 단기간의 취업률로 드러나는 게 아닌데 우물에서 숭늉 찾는 격으로 예술계에 성과를 요구하는 것은 어처구니가 없습니다. 동서고금에 길이 빛나는 예술 작품들은 오랜 시간의 축적물이고 작가의 시대정신과 혼이 담긴 것입니다. 그러기에 오랜 세월이 흘러도 그 가치와 감동은 더 깊어져 갑니다. 이는 인문학의 성과도 그렇습니다.

우리가 사는 오늘 이 시대는 이전 시대에 비해 시설이나 교육 재정 등의 학교 여건이 좋아진 것이 사실입니다. 이에 따라 대학이 소수 특권층만의 지식의 전당이 아니라 많은 사람이 쉽게 접할 수 있는 대중교육적 성격을 띠게 되었습니다. 그러다 보니 대학 교육현장이 확대를 거듭하면서 지식의 평준화를 이루게 되었습니다. 이제는 여기저기에서 쉽게 대학을 찾아볼 수 있고 석사와 박사학위 소지자도 많아졌습니다. 방송통신대학은 물론이고 원격(사이버, 디지털)이나 학점은행제, 독학사와 같은 것들도 생겼습니다. 그러니 이제 누구나 마음만 먹으면 돈, 시간, 거리, 나이와 상관없이 쉽게 대학 교육을 받을 수 있습니다. 이렇게 변화된 시대에 맞게 오늘날의 대학은 변화해야 하는 시점에 이르렀습니다. 이제는 가만히 있어도 학생들이 알아서 찾아오거나 몰려들지 않습니다. 박사 학위를 취득하면 대학 교수로 모셔 가던 시대도 지났습니다. 이 변화를 재빨리 이해하고 인정하고 대처하는 일은 대학의 존폐를 결정짓는 문제입니다.

제가 잘 아는 대학교들은 부실대학이 될 가능성을 두고 이를 극복하면서 대학의 정체성을 지켜 나가려는 몸부림으로 어수선합니다. 얼마 전, 이메일로 알고 지내는 인문학 분야의 교수님 한 분과 총장님의 말씀을 들으니 외부적인 압력은 물론이고 내부적인 갈등도 심각한 것 같습니다. 철학, 종교, 독어독문, 불어불문, 한문학과와 같은 인문학과의 미래는 아주 불투명하답니다. 아니, 사실 아주 투명합니다. 위축과 소멸……. 현재의 구조조정 방식이라면 몇 년 뒤엔 폐과될 수도 있다고 합니다. 지금 대학은 정부 기준인 취업률과 학생 충원율을 기준으로 학과 평가라는 것을 해서 활성화할 학과와 정리할 학과의 순위를 매기는 방식을 취하고 있습니다. 이에 따라 광고홍보, 신문방송, 사회복지학과와 같은 인기학과는 성장하고, 인문학과들은 위축되고 폐기되는 구조입니다. 이미 일부 사립대학들은 폭력적인 통폐합이나 폐과와 같은 방식을 택하였습니다. 결국 활성화할 학과와 죽일 학과로 양분하는 것은 시간 문제입니다. 그러니 제가 참 좋아하는 인문학의 진수를 보여 주는 종교, 철학, 어문학계의 학과들이 학령기 인구 감소라는 전국 대학의 위기에 따른 대학의 구조조정 폭풍 앞에서 그야말로 가장 혹독한 최전방에서 온몸으로 비바람을 맞고 있는 형국입니다.

어느 지방 사립대는 총장님이 자신의 봉급을 전액 삭감, 보직교수 수당 폐지, 교수 봉급 5% 삭감이라는 초강수를 내놓았습니다. 그리고 오랜 역사와 전통을 자랑하는 목회자 양성 전문 신학대학인데 비인기 학과의 학생 수를 줄여 전혀 어울리지 않을 것 같은 학과를 신설하고, 사회복지와 상담학과 실용음악을 활성화해 나가는 방향으로 개편해 나간다는 보도를 보았습니다. 이런 방식은 단기간의 효과를 얻을지는 몰라도 결국은 학교의 위기는 계속될 것입니다. 변화된 세상, 시대를 인지하지 못하고 구태의 기득권을 지키려는 교수들이 위기 의식을 전혀 느끼지 못하거나 공유하지 못한다면 난감한 일입니다. 편협한 학과 중심 주의는 위기를 극복해 나갈 방향을 흩트려 놓고, 발목을 잡게 될 뿐입니다. 이는 위기에 처한 학교를 살려나가는 몸부림에 자해 행위일 뿐입니다. 이런 교수와 직원들을 포기하지 말고 다독이며 기다려 주면서 공동의 위기를 극복해 나가는 협력이 중요합니다. 외부의 어려움도 힘들지만 내부의 불화와 상처는 더 힘든 상황을 초래하고 맙니다.

지금 우리의 대학은 학령 인구 감소를 내세워 한바탕 회오리가 몰아치고 있습니다. 정부는 대학 교육의 참다운 목적과는 거리가 먼 취업률, 등록금 인하, 학생 정원 감축, 총장직선제 폐지 등 해괴한 지표를 이용하여 대학을 평가합니다. 지구상의 어느 국가가 이러한 지표를 가지고 대학을 평가할까요? 대학은 지배 이데올로기를 재생산하는 기관이기도 하지만 비판담론과 대안담론을 생산하는 곳이기도 합니다. 대학은 이 사회를 새롭게 이끌어가는 사상, 지식, 기술을 생산하는 창조적 산실이어야 하며, 새로운 제도와 질서를 구상할 수 있는 인재를 배출해야 합니다. 그런데 살아남기 위해 대학이 진정으로 해야 할 일은 뒷전으로 미루고, 지표를 높이는 일에 매진합니다. 대학은 이제 정부에 의해 길들일 수 있는 사정권에 들어선 것입니다. 연구와 교육에 온 열정을 쏟아야 할 교수가 대학 교육의 본질과는 거리가 먼 지표 관리에 매달려야 하니 우리 대학의 장래는 암담합니다.

우리 사회는 구성원들이 살아가는 공동의 장이며, 모든 구성원은 사회 제도를 만드는 데 동등한 권한을 가지고 있습니다. 우리 사회를 신명 나는 사회가 되도록 만들기 위해서는 구성원들의 의식이 깨어 있어야 합니다. 구성원들의 의식을 개혁하기 위해서는 의식 형성에 영향을 미치는 교육, 언론, 가정, 종교 등이 제 역할을 해야 합니다. 이 중에서 교육, 특히 대학 교육은 중심적인 역할을 해야 합니다. 대학의 교육자들은 사람들로 하여금 진정으로 그들이 원하는 사회를 건설하는 데 기초가 되는 사상, 이론, 지식을 생산하고, 교육하는 데 정열을 쏟아야 합니다. 그래서 그러한 사상, 이론, 지식이 들불처럼 퍼져 사회구성원 모두가 행복한 삶을 살 수 있는 사회를 건설하도록 해야 합니다.

조금은 시간이 걸리더라도 혼자 가는 빠른 걸음보다는 같이 가는 잰 걸음이 보다 효과적이고 바람직할 것입니다. 학교의 설립 정신과 오랜 역사적 뿌리를 소홀히 하지 말고 학교의 정체성을 지켜 나가면서 구성원 간 협의와 합의를 존중하고, 체제를 바꿔 나가는 민주적인 논의가 필요합니다. 결국 학교 구성원의 열정과 헌신이 없으면 학교가 망한다는 생각으로 혁신과 변화를 추진해야 합니다.

이제 뿌리 깊은 학연, 파벌과 같은 구태에서 벗어나야 합니다. 아무리 힘들고 어려워도 지속 가능한 발전의 기틀을 마련하는 것이 필요합니다. 이는 학령 인구 감소에 따라 많은 학생 수를 감축해야 하는 현실 문제입니다. 문제는 약육강식으로 활성화할 학과, 죽일 학과로 양분하는 것은 더 큰 문제를 초래할 것입니다. 살생부를 만들어 인기학과와 비인기학과로 구분하고 활성화하느냐, 죽이느냐로 결정짓지 말고 모든 분야를 조금씩 줄여서 골고루 다이어트를 해 나가는 방식으로 진행되기를 바랍니다.

오늘날 급속하게 발전한 물질문명과 사회구조가 빚어낸 부작용에 대한 대안적 가치로 고전과 전통적 가치가 새롭게 각광받고 있습니다. 최첨단 과학 문명 시대에 구시대적 가치로 내몰리고 배척받던 것들에 주목하고 있습니다. 이것이 인문학의 힘입니다. 인문학은 기초가 튼튼한 뿌리 깊은 나무입니다. 그러니 그 가치와 힘은 어려움은 겪겠지만 쉽게 사라지지 않을 것입니다. 그러나 그런다고 변화된 세상에 독야청청(獨也靑靑)하는 자세로 넋 놓고 있어서는 안 됩니다. 새로운 시대에는 새로운 인문학이 요구됩니다. 왜냐하면 인문학은 시대정신에서 배태되고 성장하고 운명을 같이해 왔기 때문입니다. 오늘의 시대에 적응하면서 이 시대를 참됨을 일깨워 주고 긴장시켜 줄 인문학이 꼭 필요합니다. 이러한 인문학을 실현해 나가는 대학으로 우리 기독교계 대학들이 앞장서기를 기대해 봅니다.

또한 정부의 살인적인 부실대학 정책으로 인한 인문학의 참혹한 짓밟힘은 대학만의 문제가 아님을 알아야 합니다. 오늘날 인문학의 위기는 기초 학문, 인간 본연의 근본정신, 우리 사회의 정신 문화적 토대가 뒤흔들리게 되는 국가 존망의 위기임을 잊지 말아야 합니다. 인문학이 본연의 기능을 수행하도록 국가적 차원의 지원과 기업과 사회단체의 지원이 절실한 때입니다. 이에 우리의 교회와 신앙인들이 앞장서야 합니다.

팔꿈치 사회를 넘어서는 상생교육

고려대학교의 강수돌 교수가『팔꿈치 사회』라는 책을 냈습니다. '팔꿈치 사회'의 뜻은 누가 봐도 반칙이 틀림없지만 옆 사람을 팔꿈치로 치며 앞만 보고 달려가는 사회를 가리킵니다. 이 책은 오직 더 높은 사다리 오르기 게임에 열중하는 자본이 강제하는 생존경쟁을 마치 자신의 삶의 논리인 것처럼 받아들이는 우리 사회의 모순을 지적한 것입니다. 한 학급에 수십여 명의 학생이 있다면 한두 명을 빼놓고는 모두가 자신은 실패자, 잉여인간이라는 생각을 갖고 있습니다. 브레이크 없는 경쟁이 가속화되면서 승자독식 현상이 가속화되고 있습니다. 1990년대에는 부의 편중이 '20 대 80 사회'였다면, 지금은 '10 대 90 사회'의 사회를 넘어 '1 대 99 사회'가 되었다고도 할 수 있습니다. 결국 돈으로 모든 것을 결정하는 맘몬주의에서는 이 한 사람을 빼놓고는 나머지 99명은 모두 실패자로 전락한다는 것입니다. 그러다 보니 사람들은 살아갈 의미를 잃게 되고 지금 우리 사회는 학생부터 어른까지 세계에서 가장 높은 자살률을 기록하게 된 것입니다. 강수돌 교수의 말입니다.

"더 이상 '일류대학'이나 '일류직장'을 목표로 살아선 안 됩니다. 우리가 진정 추구해야 할 것은 '일류인생'입니다. 그것은 꿈의 발견, 실력 증진, 사회 헌신의 3요소로 구성됩니다. 일류 대학이나 일류 직장은 소수만 성공하지만 일류 인생은 누구나 할 수 있습니다. 나는 내 아이가 경쟁의 승자가 아니라 사랑의 주체자가 되기를 바랍니다."

자신만이 가진 재능과 자질을 소중히 여김으로 자존감을 갖는 일이야말로 청소년기에 매우 중요한 일인데, 인생의 목적을 돈에 두다 보니 성적만으로 자신을 평가하는 잘못된 풍토가 생기고 만 것입니다. 이제 우리 부모들과 기성세대들이 자녀들을 향해 그리고 어르신들은 손주들을 향해 "성적이 인생의 전부는 아니다"라는 얘기를 자주 들려주어야 합니다. 꽃이 저마다의 모양으로 저마다의 시기에 자신의 숨은 모습을 드러내듯이 세상이 어떻게 평가하든 우리 청소년 한 사람 한 사람이 열정과 꿈을 갖고 사랑하며 살아가는 일이야말로 참다운 성공인 것입니다.

영어와 수학에서 점수 몇 점을 더 얻는 일보다 좋은 문학작품을 읽어 감성을 일깨우고 제대로 된 역사 인식을 갖는 일이야말로 정말 귀한 것입니다. 이는 결코 돈으로 살 수 없는 것입니다. 성공했다고 하는 사람들이 인생의 막바지에 이르러 갖가지 불법을 저지른 일들이 언론에 계속 폭로되고 있는 것을 잘 알고 있지 않습니까? 사회고위층 인사로 학력과 경력에서 타의 추종을 불허하는 사람들이 보여 주는 추태는 자신의 저급한 수준을 그대로 보여 줌은 물론 우리 사회의 실상을 드러내 주는 것 같습니다. 아무리 돈을 많이 벌고 권력의 자리에 올랐다 한들, 그 한 번의 뉴스로 그 자신은 물론 그 가족들조차 얼굴을 들고 다닐 수 없게 되곤 합니다.

신약성경 누가복음 7장 1∼10절에 보면, '로마의 백부장 이야기'가 나옵니다. 그는 출세와 권력을 지향하는 직종의 사람입니다. 그런 그가 아끼는 종이 중병에 걸리자 그는 예수께 종의 병 낫기를 간절히 청하였습니다. 그의 사회적 지위로 볼 때 그가 종의 중병 치유의 이유로 식민지 청년으로 아무런 사회적 지위나 학식을 갖추지 못하신 예수님을 찾아온다는 것은 결코 쉬운 일이 아닙니다. 그런데 그는 자신의 종을 사랑하여 그의 치유를 간청하고 피지배민족인 유대인을 사랑할 뿐만 아니라 유대인의 회당까지 지어 주었다고 말합니다. 종을 아끼는 인간애, 약소민족에 대한 배려와 예수님에 대한 믿음까지 지닌 사람이었습니다. 이는 분명 로마인으로 출세하는 데 아무런 도움이 되지 않았을 것이고 오히려 걸림돌이 되었을지도 모릅니다. 당시 로마에는 수없이 많은 백부장들이 있었지만, 이천 년이 지난 지금 저들의 얘기는 남아 있지 않습니다. 오직 이 한 사람만이 기억되고 있습니다. 황제마저도 기억되지 않고 있습니다. 긴 역사에서 보면 이 백부장이야말로 성공한 사람입니다. 그가 다른 백부장과 다른 점은 국경과 인종을 뛰어넘은 순수한 인간애를 지니고 있었다는 것입니다. 또한 현존하는 역사를 뛰어넘는 깊은 역사의식이 있었습니다. 그는 피지배민족의 종교에서 참된 진리와 참된 삶의 길을 모색하였습니다. 그는 로마제국을 넘어선 하나님 나라에 대한 대망을 품었는지도 모릅니다. 참으로 중요하고 가치 있는 것을 추구하는 사람은 지금 당장 사람들이 알아주는 것에 마음을 빼앗기지 않습니다. 언젠가 어느 새터민(북한 이탈주민) 여성이 한 말이 떠오릅니다.

"탈북의 이유가 '아이들이 너무 배고파해서'였답니다. 남한에서는 그래도 먹는 것만큼은 배불리 먹이고, 자신도 자활의 계기를 만들 수 있어 좋다고 합니다. 그런데요, 목숨 걸고 넘어온 남한에서는 마음이 너무 배고파서 죽을 지경입니다. 탈북해서 온 남한에서는 대형교회나 온갖 집회에서 북한 체제를 비판하는 간증 및 연설에 대해 제안해 옵니다. 이념을 떠나 사무치게 그리운 고향인데, 그리고 북에 있는 가족들은 어떻게 하라고 거기에 나설 수 있습니까? 이럴 때 저는 북한이 밉지만, 남한도 미운 생각이 들곤 합니다."

새터민을 돕고, 북한 동포를 돕는 일은 아름다운 일입니다. 그러나 우리가 부지불식간에 우리보다 어려운 사람들을 돕는다는 의식이 자칫 진심으로 그들을 위한 것이 아니라 결국 우리 자신을 위한 것인지도 모릅니다. 가만히 깊이 생각해 보면 우리가 돕는 사람보다 우월하다는 의식과 돕는 여유와 힘이 있다는 의식으로 뿌듯함을 가지려는 동기를 갖는 것인지 모릅니다. 그러다 보니 우리는 우리가 돕는 사람들을 낮게 보고 그들을 우리 생각과 감정대로 주장하려고 하는지 모릅니다. 이러다 보니 우리가 돕는 사람들이 우리보다 낫게 되는 것을 꺼리거나 이들이 우리의 뜻과 다르게 나올 때 언짢아하거나 화를 내면서 돕는 것을 끊으려 하기도 합니다. 그러다 보니 어느 새터민은 남한 사람들이 자신들을 돕는다고 과시하는 듯한 인상을 받으면 차라리 가난하고 어렵더라도 도움을 받지 않고 싶다고 하였습니다. 그러므로 우리는 다른 사람을 도울 때 자칫 교만에 빠지지 않도록 진심과 겸손한 자세를 견지해야 합니다.

치열한 경쟁은 사람을 죽이는 문화입니다. 경쟁이 아닌 상생으로 협력의 사회를 위해 진심어린 배려, 참다운 사랑과 나눔과 협력을 이루려는 공동체 정신을 가져야 합니다. '나'만이 아닌 '우리'라는 의식, 내 가족만이 아닌 '모두가 함께'라는 의식이 중요합니다. 우리 각자가 마음의 울타리를 낮추고 내 옆의 사람이 밥은 먹었는지 아프지는 않는지 살펴보고 아플 때 다독여 주고, 잘못할 때는 호통도 쳐 주는 사회적 가족을 이루어가야 합니다.

호모 엠파티쿠스의 시대 교육을 꿈꾸며

지금으로부터 대략 한 세기 전에 아주 충격적인, 도저히 믿어지지 않는 일이 있었습니다. 서양사에서 배운 바와 같이 당시 서구 사회에는 전염병의 공포가 만연되어 있었습니다. 그래서일까요? '위생'을 이유로 엄마와 아기의 신체적 접촉이 권유되지 못하고 분리하는 것이 당연시되기도 하였습니다. 그 이유는 면역력이 부족한 아기가 감염되어 죽음에 이르는 경우가 흔하게 일어났기 때문이었습니다. 그런데 어느 의사가 버려진 아기들을 보호해 주는 병원에서 이상한 점을 발견했습니다. 아기들이 전염병에 걸린 것도 아니었고, 어떤 질병도 없었고, 적절한 영양을 섭취하였는데도 하나둘 죽어나가기 시작하는 것이었습니다. 이를 이상하게 여겨 주의 깊게 관찰해 보니 그 원인을 알 수 있었습니다. 그것은 어처구니없게도 아기들의 '의욕 상실' 때문이었습니다. 이 병원 역시 의사나 간호사들이 아기들과의 접촉이 거의 없었습니다. 이처럼 아기가 어떤 대상과의 접촉이 이루어지지 않자 '삶의 의욕'을 잃고 죽음으로 치달았다는 사실입니다. 이 연구결과로 인해 아기들과의 접촉이 강조되고 나니 아기들의 사망률이 현저하게 줄어들고 몰라보게 활기를 띠기 시작했다고 합니다.

위의 이야기에서 우리는 상투적으로 사용하고 있는 단어를 재발견하게 됩니다. 그것은 바로 접촉과 소통 그리고 공감입니다. 아기들이 말은 하지 않았지만 간절히 원했던 것은 좋은 환경이나 맛있는 음식이나 장난감이 아니었습니다. 누군가와 접촉하고 소통하고 공감하는 교감(交感)이었습니다. 아기들이 이성(사고, 생각)이 깨기도 전에 보이는 이 교감에 대한 욕망은 모든 아기들에게서 나타나는 본능으로 볼 수 있습니다. 교감하지 못하면 우울과 의기소침은 물론 죽음으로 이어지기도 하니 아무리 강조해도 지나치지 않을 것입니다. 그러기에 사람을 지칭하는 용어 중의 하나로 '호모 엠파티쿠스', 즉 '교감하는 인간'이란 말처럼 우리는 서로 접촉하고 소통하면서 공감하면서 더불어 살아가는 존재들입니다. 데카르트의 말을 변용해 본다면 우리는 "교감한다. 그러므로 존재한다."라는 말이 성립됩니다.

사실 '교감'이 이 시대의 키워드가 된 것은 과학문명의 발전에 따른 대중매체에 의한 커뮤니케이션 혁명 덕분이기도 합니다. 제가 어린 시절만 해도 상상조차 하지 못한 풍경이 지금 눈앞에 펼쳐지고 있습니다. 이제 인터넷은 전 세계 어느 곳이든 뻗어나갈 수 있는 소통과 공감의 매체로서 우리 생활의 일부가 된 지 오래입니다. 더 나아가 지극히 개인적이고 사적인 네트워크가 전 세계와 접촉하는 시대이기도 합니다. 스마트폰은 그 접점이고, 트위터나 페이스북은 세상과 연결해 주는 마법의 램프이기도 합니다. 누구나 자신의 이야기와 감정을 토로하고, 여기에 누군가가 시간과 공간을 초월하기도 하고 실시간으로 여기에 맞장구를 쳐주고 공감해 주기도 합니다. 이 커뮤니케이션 혁명이 산업의 중요 동력 자체를 바꾸었습니다. 스마트폰에 이어 스마트TV 같은 스마트 가전기기들이 속속 등장하고 있고, 이것은 스마트 워크처럼 기기에서 머물지 않고 생활 패턴의 변화까지 이어지고 있습니다. 그것이 효율성이 있기 때문입니다.

산업혁명의 시대에서 우리가 겪었던 것은 구분하고 나누는 것이었습니다. 컨베이어 벨트로 상징되는 전문화, 분업화는 효율성이라는 이름으로 우리 삶을 분류하는 구조 속에 밀어 넣었습니다. 우리에게 이른바 산업화의 시대였던 1970~1980년대는 바로 이 분류의 삶이 극단화되었던 시점입니다. 우리는 나와 남, 동과 서, 성별, 나이, 학력, 계층, 문과와 이과, 남과 북으로 나뉘었습니다. 우리나라에서 인기 있는 대표적인 프로 스포츠 경기인 야구나 축구나 농구를 봐도 지역 연고로 분리하면서 살아왔습니다. 이런 모습은 종교 집단에서도 찾아볼 수 있을 정도입니다.

이러한 분류의 삶은 빠른 경제 성장이라는 가시적인 성과를 가져왔지만 결국 빈부의 극단적 격차라는 사회적 희생을 동반했습니다. 이런 모습이 극명하게 사회문제로 드러나는 것이 바로 학연, 지연, 혈연의 폐단입니다. 나와 남은 늘 경쟁관계입니다. 학교현장에서도 안타까운 현실이 드러납니다. 중·고교에서 상급학교 진학에 필요한 내신 성적을 잘 받기 위해서 내 옆의 친구가 경쟁상대입니다. 이는 대학도 마찬가지입니다. 최근 대학들이 상대평가를 일반화하면서 누구나 A+를 받을 수 없습니다. 등급을 나누어 인원을 기계적으로 정해 A학점은 몇 명, B학점은 몇 명이라는 식으로 나누다 보니 모두가 경쟁입니다. 제가 졸업한 사범대학의 경우도 그랬습니다. 사범대학은 중·고교 교사를 양성하는 특수목적대학임에도 그랬습니다. 교사 임용고사에서 내신이 중요하게 작용하다 보니 더더욱 경쟁이 심합니다. 심지어 종교지도자를 양성하는 신학대학에서도 상대평가가 일반화되기도 하면서 경쟁은 예비 종교지도자들에게도 당연시되고 주입되는 사회입니다. 더욱이 최근 개신교의 경우 교회 성장률이 둔화되면서 신학대학과 신학대학원 졸업생들과 교회 전임사역자 간의 수요와 공급의 부조화로 인해 더더욱 졸업생들 간의 경쟁이 현실화되는 시대입니다. 이러다 보니 우리는 공통점을 찾기보다는 차이점을 찾는 데 익숙해졌습니다.

사실 전 지구적으로 벌어지는 환경 재앙은 나와 남을 분리하는 시각에서 비롯되기도 합니다. 아프리카는 환경문제에 거의 원인 제공을 하지 않는 나라지만, 유럽이나 북미대륙이 아무렇지도 않게 뿜어대는 온실가스에 의해 처참하게 도륙되고 있습니다. 만일 아프리카를 남이 아니라 바로 나로 본다면 과연 이렇게 살아갈 수 있을까요? 상호 협력과 소통과 공감이 어우러지는 교감에 대한 시대적인 요청은 바로 이런 위기감에서부터 비롯된 것입니다. 분리하는 삶이 전 지구를 위협하는 시점에 이른 오늘날에서야 우리는 바보스럽게도 공존을 생각하게 되었습니다. 교감은 차이점을 넘어서서 공통점을 찾는 삶의 방식입니다. 우리는 성별, 나이, 피부색 등이 다르지만 이것이 틀린 것을 나와 같게 고쳐야 하는 것이 아님을 분명히 알아야 합니다. 다름은 나를 반성하게 하고 나를 풍성하게 하고 새롭게 하는 것으로 나를 겸손하고 친절하고 관용으로 이끄는 소중한 것입니다. 다양함을 통해 서로를 보완해 주고 세상을 다채롭게 합니다.

우리가 살아가는 교감의 시대는 열림을 수반합니다. '교감의 시대'라고 하면 어딘가 전 지구적인 거창한 거대담론을 떠올립니다. 물론 교감은 거창해 보입니다. 그러나 그렇다고 우리의 일상과 다른 것은 아닙니다. 흔히 드라마나 영화를 보면서 "나 완전 공감했어."라고 말할 때 그 공감은 일상적이고 사소한 것입니다. 그러나 이 일상적이고 사소한 공감이 커뮤니케이션 혁명과 만날 때 거창한 거대담론이 되기도 합니다. 소셜 네트워크 서비스(SNS)를 타고 일찌감치 세계 구석구석으로 날아간 한류스타인 '동방신기', '슈퍼주니어', '소녀시대', '카라'의 인기는 소소하게 시작하였지만 이들을 이어간 한류는 우리나라는 물론 세계를 놀라게 하고 있습니다. 2012년 '싸이(PSY)'의 〈강남스타일〉이라는 곡이 유튜브를 통해 전 세계로 퍼져나간 것은 그 대표적인 사례입니다.

이집트에서 벌어진 민주화의 물결도 누군가 SNS에 올린 작은 교감어린 말에서 비롯된 것이었습니다. 이 교감이 전 세계로 퍼져나가 이집트의 민주화를 이루어 냈습니다. 굳이 그렇게 멀리 가지 않더라도 교감이 바꿔 놓은 세상은 우리 눈앞에 펼쳐져 있습니다. 과거 연예인들은 자신과 일반 대중들을 분류하려고 했고, 자신들이 대중들과는 다른 '신비적 존재'임을 강조하려 했습니다. 그러나 지금은 상황이 완전히 뒤바뀌었습니다. TV에 출연하는 연예인들은 백이면 백, 자신들이 대중들과 똑같다는 것을 알리려고 혈안이 되어 있습니다. 나와 다르지 않다는 점을 통해 교감하려 하는 것입니다. 이렇게 되자 연예인과 일반인 사이에 점점 공통점이 부각되면서, 일반인들도 누구나 TV에 나올 수 있다는 인식이 생겨나게 되었습니다. 최근 〈슈퍼스타K〉와 같은 오디션 프로그램이 대성공할 수 있었던 것은 이 교감이 바꿔놓은 인식의 대전환이 있었기 때문일 것입니다.

교감이 바꿔놓은 풍경 중 두드러지는 또 한 가지는 전문가들의 시대가 점점 저물고 있다는 점입니다. 전문가란 특정 분야에 정통한 사람을 일컫는데 이 특정 분야라는 것이 과거 분류의 시대의 산물입니다. 그 시대에 우리는 경제 전문가를 나누고, 시사 전문가를 나누고, 심지어 영화 평론가와 문학가를 나누어 그런 분야는 그들 전문인들의 영역이라 치부하며 살아왔습니다. 그러므로 그 전문가들의 말 한마디는 당시에는 권력이었습니다. 그러나 교감의 시점으로 바뀌면서 전문가보다 더 전문가다운 호모 엠파티쿠스들이 등장했습니다.

블로거나 네티즌들은 자신들이 교감하는 것들에 대해 스스로 글을 생산하기도 하고, 타인의 글에 교감의 댓글을 달기도 합니다. 블로거들은 특정 분야의 전문가가 아니라는 점에서 오히려 통섭의 시각을 갖습니다. 엄마의 입장에서 보는 경제라든가 직장인의 입장에서 보는 정치나 시사 문제 등은 그 자체로 분류가 아닌 통합의 시각을 갖게 마련입니다. 그래서 요즘은 전문가들의 멋진 미사어구보다 더 효과적인 게 아줌마들의 수다스럽지만 실제 생활에서 나오는 입소문이 되었습니다. 보통 사람과는 특별히 다르다고 대접받는 전문가(연예인 등)의 시대는 점점 저물고 있고 대신 우리와 똑같이 교감하며 함께 느끼기를 원하는 호모 엠파티쿠스의 시대가 열리고 있습니다. 이 변화의 흐름은 누구나 쉽게 실감할 수 있습니다. 우리는 변화된 시대에 따라 달라진 커뮤니케이션이 어디를 지향해야 하는지 쉽게 알 수 있습니다.

여럿이 함께하는 어우러짐……. 나와 남의 다름을 찾으려고 하기보다는 함께할 수 있는 접점을 찾아내어 접촉하고 소통하고 공감하는 공동체 의식이야말로 우리의 전통문화인 대동(大同)의 정신입니다. 콩 한쪽도 나누고 함께하였기에 콩 한쪽은 물리적인 경계를 넘어서는 사랑의 매개체였습니다. 우리는 바로 이 교감의 지점에서부터 성숙할 수 있습니다. 그리고 그 성숙은 전 지구적으로 벌어지고 있는 정신 문화의 혼동과 인간과 생태계의 분리, 서양과 동양의 분리, 자본주의와 사회주의의 분리 등의 갈등과 긴장과 위기를 극복해 나가는 해법의 실마리를 제공해 줄 것입니다. 이런 점에서 잭 웰치(Jack Welch)의 사례는 시사하는 바가 큽니다.

그는 1990년대 세계 경영계의 상징이었고 주주가치를 최우선으로 하는 대표적 경영자로 평가되어 온 제너럴 모터스(GE)의 회장이었습니다. 그는 워크아웃(Work-out), 6시그마(Six-Sigma) 등 경영혁신을 주도하였으며 20년간 경영을 책임진 GE의 시가총액을 3,000% 증가시킨 장본인이었습니다. 이에 1999년 미국 잡지 『포춘(Fortune)』에서는 그를 지난 100년간 최고의 경영자로 선정하였습니다. 그러나 그가 은퇴한 이후 GE는 글로벌 금융위기를 겪게 되었고 1990년대의 지나친 구조조정으로 성장 동력을 상실하게 되자 구시대적 경영의 화신으로 비판받았습니다. 이처럼 그의 평가가 극명하게 달라졌습니다. 그는 2009년 『Financial Times』의 기고문에서 이런 고백을 하였습니다.

"제가 회장이었던 시절 단행한 구조조정은 단기적 주식시장의 반응과 수익성에만 기초한 것으로 참으로 어리석은 행위였습니다." "주주가치만을 중시했던 구조조정은 지금 생각해 보니 바보 같은 생각이었습니다. 여러분! 주주가치를 최우선적인 전략으로 추진해서는 안 됩니다. 그것은 결코 최종 전략일 수는 없습니다."

그의 이러한 고백에서 중요한 것은 단기적인 시장의 반응과 획일적 비용절감이라는 차원에서 무리한 구조조정을 단행하였고 한 동안 GE를 위기에서 구한 위대한 경영자로 각광받았지만 그 자신은 그것은 어리석은 행위이었음을 스스로 인정했다는 데 있습니다. 그가 말하는 참된 주주가치는 경영자와 노동자의 합심, 합력하는 노력의 결과라는 것이었습니다.

우리나라는 일제강점기와 한국 전쟁과 권위주의 군사정권통치를 거치고 급속한 경제개발을 경험하면서 우리나라 사람들은 철두철미 '호모 이코노미쿠스(Homon Economicus)', 즉 '경제적 인간'이 되었습니다. 생존을 위하여 이익을 추구하는 인간이 된 덕에 물질적 부는 누리게 되었습니다. 약육강식, 승자독식의 원리를 신봉하며 달려왔습니다. 승자의 '먹잇감'이 된 패자는 열패감 속에 살아야 하며, '한 탕'을 노리는 유혹에서 빠져 더 불행해집니다. 먹이를 확보한 소수의 승자는 승리감에 도취하지만, 이들도 끊임없는 경쟁과 축적의 욕망의 노예가 되어 불안과 공허에 시달립니다. 그 결과 승자도 패자도 모두가 불행합니다. 이와 같은 사회의 문제를 지그문트 바우만은 『액체근대』에서 '호모 이코노미쿠스'는 "이 세상을 일회용 물품들, 한 번 쓰고 버리는 물품들이 가득 담긴 용기처럼 보는 훈련을 하고 있다."라고 비판하였습니다. 우리 모두가 행복해지기 위해서는 '호모 이코노미쿠스'에 의해 억압된 '호모 엠파티쿠스'와 '호모 심비우스'를 되살려야 합니다.

우리가 사는 지금 이 세상은 화석연료를 기반으로 하는 2차 산업혁명이 종언을 고하고 새로운 에너지체계(재생에너지)와 새로운 커뮤니케이션 기술(인터넷)이 결합된 3차 산업혁명이 본격화되고 있으며, 이에 따라 무한경쟁의 산업 시대에서 상생 공존의 협업 시대로 전환하고 있습니다. 이러한 상황은 동시대 지구촌 사람들과의 관계, 공감, 연대의 중요성을 일깨우며, 협력적 이해관계, 연결성, 상호의존 등이 삶의 질을 결정짓는 중요한 요소가 되고 있습니다. 이에 따라 앞으로의 교육은 교감을 중시하는 새로운 인간상을 지향하도록 요청받고 있습니다.

제레미 리프킨은 『공감의 시대』에서 '공감'을 "관찰자가 기꺼이 다른 사람의 경험의 일부가 되어 그들의 경험에 대한 느낌을 공유하는 것"이라고 정의했습니다. 그리고 인류의 존속과 번영을 위해서는 '공감의 문명(empathic civilization)'이 중요하며, 21세기 '공감의 시대'에서 우리 속에 들어 있는 '호모 엠파티쿠스', 즉 '공감하는 인간'을 찾고 계발해야 한다고 말했습니다. 유사한 맥락에서 최재천 교수는 『호모 심비우스』에서 21세기가 추구하는 이상적 인간은 '호모 심비우스(Homo Symbious)'라고 말했습니다. 경쟁 일변도에 빠진 사람이 아니라 '협력하고 공생하는 인간'이 필요하다는 것입니다.

예수님은 최후의 심판을 말씀하시면서 "너희가 내 형제들인 이 가장 작은 이들 가운데 한 사람에게 해 준 것이 바로 나에게 해 준 것이다."라며 심판 기준을 선언하셨습니다. 여기서 말하는 가장 작은 이들은 누구를 가리키는 것일까요? 예수님은 그 예로 굶주린 이들에게 먹을 것을 주고 목마른 이들에게 마실 것을 주며, 나그네를 따뜻이 맞아들이며 헐벗은 이들에게 입을 것을 주고, 병든 이를 돌보아 주며 교도소에 갇힌 이를 찾아가는 일이 바로 당신에게 베푼 일이라고 말씀하셨습니다. 여기 언급된 이들은 통칭 '불쌍한 이웃들'입니다. 이들을 불쌍히 여기며 가엾이 여기는 마음이야말로 최후의 심판 기준이라는 것입니다.

우리는 흔히 인간을 가리켜 호모 사피엔스(Homo Sapiens, 지혜로운 사람)라고 했습니다. 그러나 최근 이성적인 사람보다는 교감하는 사람이란 뜻으로 호모 엠파티쿠스(Homo Empathicus)가 강조되고 있습니다. 교감은 다른 사람의 고통에 관심을 갖고 함께 느끼며 도우려는 감정입니다. 다른 사람의 고통을 외면하고 가엾게 여기지 않는다면, 우리는 결코 호모 엠파티쿠스가 될 수 없습니다. 우리의 이웃의 아픔이 내 아픔이 되어 이들에게 손을 내밀 수 있는 사람, 이것이 바로 우리가 마땅히 실천해야 할 정신입니다.

열린 생각과 질문하는 교육으로

제가 교직에 처음 임한 시절에는 설익은 지식을 자랑하면서 스스로 유식하고 지혜롭다고 생각했던 것 같습니다. 젊고 의욕이 넘치고 자신만만하다 보니 의욕도 앞서고 앞뒤 가리지 않고 말과 행동이 앞섰던 것이 아닌가 싶습니다. 그땐 뭣도 모르고 의욕만 앞서다 보니 단단한 콘크리트대교를 건너듯 자신만만하고 여유로웠습니다. 그런데 이제 나이 마흔 일곱이고 교단 경력도 쌓이다 보니 저도 모르게 요즘은 외나무다리를 건너듯 조심스러워졌습니다. 물론 사람됨이 부족하여 아직도 머릿속 깨달음과는 달리 저의 말과 행동이 제어되지 않은 채 머리보다 앞서 나가는 것에 당혹하는 때가 한두 번이 아니기는 하지만 조금씩 철이 드는지 지금은 저의 무지함과 어리석음의 심각한 깊이와 넓이를 시시때때로 느낍니다. 때문에 말을 많이 하기보다는 다른 사람의 이야기를 더 들으려고 애를 쓰게 되고 제가 모르는 게 많음을 실감합니다.

스스로의 한계를 체감할수록 가르치는 일이 예전처럼 쉽지가 않습니다. 늘 해 오던 수업이, 아이들을 만나는 것이, 동료와의 관계가 익숙해지니 쉬워지는 것이 아니라 더 어렵게 느껴집니다. 매사에 조심스럽고 힘들고 어렵기는 하지만 겸손해지고 배우려는 자세를 갖게 되니 참 좋습니다. 제가 몸담고 있는 교육계가 좋은 점이 바로 이 점입니다. 가르치는 것 못지않게 배울 수 있는 기회가 많습니다. 그래야 하는 자극을 끊임없이 받습니다. 물론 이러한 자극이 부담이 되는 점이 있지만 마지못해서가 아니라 꾸준한 자기반성과 혁신의 각오로 임한다면 좋은 기회요, 과정인 것 같습니다.

요즘 제가 여러 교육기관에서 열리는 연수를 접하면서 우리 교육의 문제에 대해 절실히 느낀 것이 있습니다. 각양각색의 사고와 견해를 거르지 않고 블랙홀처럼 빨아들이는 자라나는 세대들이 귀중한 시간을 들여 교육을 받고 있는데, 저의 편협함과 미숙함과 오류를 전달하는 것은 아닐까 하는 생각입니다. 교육은 일방적인 지식을 마구잡이로 주입하는 것이 아닙니다. 또한 교사 개인이 믿는 하나의 '사실'이나 '진실'을 강압하거나 제시하는 것도 아닙니다. 살아가면서 필요한 교양이나 도구적 지식 습득으로는 참된 교육이라고 말할 수 없습니다. 교육은 자신의 시각으로 다른 사람을 바라보는 것이 아니라 다른 사람의 시각에서 자신을 바라보도록 자극하는 것입니다. 이런 자세를 갖도록 일깨워 주는 것이야말로 오늘 우리의 교육현장에 꼭 필요합니다. 이를 위해서 제가 강조하는 것은 열린 생각과 너그러운 자세입니다. 내가 옳은 만큼 상대방도 옳을 수 있고 상대방이 그른 만큼 나도 그를 수 있다는 열린 마음이 배움의 시작이요, 진정한 의미에서 배움의 절정입니다. 오늘날 배운 사람들의 집단에서 쉽게 찾아볼 수 있는 불협화음의 추태에 새삼 두 하인의 다툼에 "네가 옳다, 너도 옳다."라고 말한 황희 정승의 목소리가 들려오는 듯합니다.

우리나라 학생들에게 '수업'을 연상해 보라고 하면 대부분은 선생님이 칠판에 적어 주는 걸 그대로 받아 적는 모습을 떠올릴 것입니다. 그렇게 배우며 자라온 습관 때문인지, 진리의 전당이라는 대학에서도 질문하는 학생들을 보며 키득키득 웃으면서 "쟤, 또 왜 저래?"라는 식으로 비꼬는 학생들이 있습니다. 세계 0.2%밖에 되지 않는 민족이지만 하버드대학교 정원의 30%, 노벨상 수상자 중 20%의 비율을 차지하는 유태인들은 세계를 뒤흔들 정도로 막강한 영향력을 지녔습니다. 그 힘의 원천은 바로 질문하는 자세입니다. 어려서부터 정답이 정해진 이른바 닫힌 정답이 아닌 정답이 따로 없는 질문으로 사고의 폭을 넓히는 대화식 교육, 토론식 교육을 받고 자란 그들은 이 과정을 통해 스스로 생각할 기회를 갖고 친구들과 활발한 토론을 벌입니다. 그러다 보니 이들은 다양한 입장을 이해하고 들어 주고 배우려는 자세를 지녀 협력할 줄 압니다.

그러나 우리나라 교육은 초중고 모두 수능에 맞춰진 암기식 교육입니다. 잘 외우고 적용하고 맞히면 그걸로 끝인, 남는 것이 없는 매우 소모적인 방식입니다. 물론 암기가 무조건 나쁜 것은 아닙니다. 그러나 분명 교육현장에 소통과 공유와 열림이 없는 것은 사실입니다. 이렇게 그저 듣고 적고 외우기만 한다면 오늘 우리에게 요구되는 창의성과 자발성과 협력은 기대하기 어렵습니다. 스스로 묻고 질문하는 만큼 배움이 일어납니다.

질문은 통찰력과 사고력을 길러 줍니다. 우리를 진보하게 하는 것이 바로 질문입니다. 더 깊게 배우려면 주입식으로는 안 됩니다. 그러면 우리는 틀에 갇힌 생각밖에 하지 못할 것입니다. 질문은 부끄럽고 놀림받아야 하는 것이 아니라 수업에 얼마나 집중했고 이해했느냐를 보여 주는 증거이며 배움을 갈망하는 열정의 표출입니다.

이처럼 나만 옳은 것이 아니라 너도 옳고 나도 옳다는 열린 생각과 적극적인 자세로 질문하는 비판적 정신을 길러가도록 하는 것이 오늘 우리의 교육에서 필요한 것 같습니다. 그러기 위해서 제 자신이 먼저 몸에 밴 익숙한 기존의 방법들을 고집하지 말고 좀 더 너그럽게 다른 사람을 존중하고 인정하고 자라나는 세대가 질문하고 스스로 답을 찾아가도록 자극하는 방향으로 교육 방법을 모색해 보려고 합니다. 그러다 보니 각종 배움의 기회에 주의를 기울이고 새로운 교육 기회를 놓치지 않으려고 애를 씁니다. 이런 점에서 다른 곳보다는 상대적으로 배움의 기회와 자극이 많은 교육계에 몸담고 있음이 감사합니다.

나이가 들고 경력이 쌓여도 배움에는 끝이 없습니다. 그래서 우리는 선생이고 목사이기 이전에 죽을 때까지 학생인가 봅니다.

혁신학교의 이상 구현 교육

지난 2014년 6월 4일 지방선거의 결과는 보수진영의 승리였습니다. 이로써 우리 사회의 방향은 아무래도 보수적인 성향이 강할 것 같은 느낌입니다. 그런데 지자체 선거의 결과와는 달리 이른바 지방의 교육 대통령으로 불리는 교육감 선거의 결과는 의외였습니다. 선거 결과 총 17개 시도교육청에서 진보적인 성향의 교육감이 무려 13명이나 당선되었습니다. 그야말로 교육 분야에서 보수는 참패를 면치 못하고 진보는 압도적인 지지를 받았습니다. 이로써 이제 우리 교육계는 진보적인 교육 노선이 강하게 현실화될 것 같습니다. 이에 따라 벌써 서울시는 자립형 사립고 폐지, 일반고교로의 전환을 강하게 진행 중이고 경기도는 아이들이 아침밥을 먹고 다니게 하기 위해 0교시 폐지와 9시 등교가 적극적으로 논의되고 추진되는 등 실제적인 교육 정책들이 드러나고 있습니다. 이에 반대하는 목소리도 있지만 진보교육감들의 강한 의지 앞에 교육부도 보수진영도 제대로 힘을 발휘하지는 못하고 있습니다.

진보진영의 교육에서 중점을 두는 학교 형태로 '혁신학교'라는 것이 있습니다. 혁신학교는 기존의 진보교육감 체제에서 나름대로 성과를 거둔 것으로 평가되면서 새롭게 교육감에 당선된 이들에게도 중점 과제로 떠오르고 있습니다. 이에 따라 기존에 혁신학교를 추진해 온 진보교육감이나 이번에 당선된 진보교육감 모두 혁신학교에 중점을 둘 것 같습니다. 그러니 혁신학교는 이제 여러 지역에서 중점 과제로 진행될 것 같습니다. 그러다 보면 혁신학교가 일부 특정 학교의 이름이 아니라 일반

학교와 같은 개념으로 이해될지도 모르겠습니다. 이에 혁신학교가 무엇인지, 어떤 특징과 장점이 있는 지를 살펴보고 이것이 좀 더 효율적이고 바람직한 방향으로 적용되기를 바라는 뜻에서 글을 전개해 보고자 합니다.

혁신학교가 전국교직원노동조합(전교조)의 작품이라고 비난하는 경우도 있습니다. 전교조 마크에는 '참교육'이라는 세 글자가 적혀 있는데, '참교육'을 정부 정책이나 사회운동의 수준이 아니라 학교현장에서 구현해 보려는 흐름이 전교조 내에 존재해 왔습니다. 그러나 이는 정치적이고 강경 노선의 전교조의 주류가 아닌 비주류에서 나온 것입니다. 전교조 비주류는 크게 학교 개혁 운동과 수업 개혁 운동이라는 두 흐름을 이루고 있습니다. 이 가운데 학교개혁 운동은 특히 경기도에서 활발했습니다. 2000년대 경기도 광주의 남한산초등학교, 양평의 조현초등학교 등에서 폐교 위기에 몰린 학교를 멋지게 재활시켰고, 2009년 김상곤 경기도 교육감이 등장하면서 이러한 흐름을 제도화시켜 '혁신학교'라는 이름으로 확산시킨 것입니다. 혁신학교의 유래가 전교조에 있다고 해서 현재의 혁신학교가 '전교조 학교'로 규정하는 것은 타당하지 않습니다. 이것은 마치 '태권도가 한국 것'이라는 주장이 옳기도 하고 틀리기도 한 것과 마찬가지입니다. 태권도는 한국에서 유래했지만 광범위한 국제화를 통해 더 이상 한국만의 것이 아니게 된 것처럼, 혁신학교는 전교조에서 유래했지만 더 이상 전교조의 것이라고 보기 어렵습니다. 이는 진보 교육감의 것도 아닌 이유와 같습니다. 이는 지난 2012년 통계를 보면 경기도 혁신학교 교사 중, 전교조가 아닌 한국교원총연합(교총) 회원도 혁신학교 교사들 중 31%로 전교조 조합원 14%보다 많았고, 심지어 전교조 조합원이 한 명도 없는 혁신학교도 경기도만 해도 20여 곳이 넘었습니다.

혁신학교를 들여다본 사람들은 무엇보다 아이들이 학교 생활을 즐거워하고, 탐구와 참여와 협업이 일상적으로 벌어짐으로써 수업시간에 소외되거나 자는 아이들이 없어진다는 점에 주목합니다. 이렇듯 겉으로 드러나는 변화의 기저(基底)에 있는 가장 중요한 변화는 교사들이 적극적으로 모이고 발언이 활성화된다는 데 있습니다. 교사들의 자발적인 수업 연구 스터디 그룹이 생기고 업무 협력 모임이 생겨납니다. 또한 교무회의에서 말 한마디 하는데 10년 넘게 걸리는 경우가 비일비재한 학교문화와 달리, 혁신학교에서는 교장과 교감과 부장교사와 평교사들이 이른바 '계급장 떼고' 회의하고 토론하는 자유분방한 분위기가 형성됩니다. 의사 결정 구조가 전환되고 이를 통해 실질적인 협력관계가 성립되는 순간, 교사들의 자발적인 실천들이 효과를 내기 시작합니다. 이런 자유분방한 분위기는 아이들에게도 이어져 규제나 타율보다는 자율적인 분위기에서 아이들의 학교 생활이 이어지고 다양한 학생 본위의 동아리들과 교실을 넘어서는 수업과 체험 활동이 활성화되기도 합니다. 이런 것이야말로 혁신학교의 큰 매력일 것입니다. 여태까지 숱한 시범학교나 연구학교들이 '위로부터의' 개혁을 시도했지만 자생력과 지속력을 얻지 못한 데 비해, 혁신학교는 분명하게 '현장으로부터의' 개혁을 시도했기 때문에 남다른 성공이 가능했던 것 같습니다.

혁신학교는 교육을 상품으로 규정한 신자유주의 경쟁 교육을 공공성을 되찾자며 시작된 학교입니다. 상품이 된 교육을 학교가 해야 할 본래의 교육, 다시 말하면 교육의 공공성과 기회 균등을 회복하겠다는 것이 혁신학교의 목표입니다. 대학 서열화로 학교는 교육 과정이 있지만 일류 대학을 몇 명 더 입학시키는가의 여부에 따라 서열을 매기는 학원이 됐습니다. 무너진 학교를 살린다고 온갖 극약처방을 하다 보니 누더기가 된 학교 교육 과정을 정상적으로 운영하여 모든 학생이 각자 최대한으로 행복을 추구하고 최대한의 능력을 발휘하는 교육을 받는 학교를 혁신학교라고 보면 틀림없습니다. 시험 문제를 풀이해 서열을 매기고 자율학습이니 보충수업을 하느라 개성과 소질과는 관계없이 국영수가 주요 과목이 되고 예체능교과는 기타 과목이 되는 그런 학교가 아닌 교육 과정을 정상적으로 운영하는 학교 말입니다. 혁신학교는 우리나라 학교의 한 형태로, 학급 인원이 25명 이하인 소규모 학교로 운영하고 학교 운영과 교육과정 운영에서 자율성을 가지며 교직원의 안정적인 근무와 행정 인력을 지원하기 위해 예산이 지원되는 형태의 학교를 말합니다. 지역에 따라서는 강원행복더하기학교, 빛고을혁신학교, 서울형혁신학교, 무지개학교 등으로 불리기도 합니다.

혁신학교가 '대안학교가 아닌가' 하고 궁금해 하는 사람들이 많이 있습니다. 혁신학교가 공교육의 대안으로 세워졌으니 대안학교라고 해도 틀린 말은 아닙니다. 혁신학교는 파행적인 공교육을 정상화시키겠다는 학교입니다. 한마디로 '입시학원이 된 학교를 교육하는 학교로' 만들자는 것입니다. 실종된 민주주의를 찾고 파행적인 교육 과정을 정상적으로 운영하자는 것입니다. 그 기본이 상품이 된 교육을 물과 공기처럼 누구나 누릴 수 있는 교육의 기회균등을 실현하겠다는 공공성의 회복입니다. 경기교육청이 혁신학교를 시작하며 내건 슬로건이 '자발성·공공성·지역성·창의성을 지향하겠다'인 이유가 그렇습니다. 딱딱한 의자에 30~40명의 학생을 하루 15시간 앉혀놓고 일방적인 주입식 교육을 하는 학교가 아니라 교과과정 편성과 학교 운영의 자율권을 확대하고, 학생의 수업 집중도와 참여도를 높이려고 학급당 학생 수를 25명 이하, 학년당 학급 수는 6개 이내로 편성해 놓은 학교입니다. 교사들이 교육과 상담에 집중할 수 있게 교무보조 인력과 상담·사서·보건교사를 배치하고, 학생들의 쾌적한 수업 환경을 위해 예산도 지원합니다.

혁신학교의 기본철학의 하나는 공공성의 회복입니다. 공공성이란 노무현 정권에서 시작한 교육의 상품화 정책이 이명박, 박근혜 정부로 이어지면서 수요와 공급이라는 경쟁논리로 추진되고 있는 신자유주의 교육에서 벗어나 핀란드를 비롯한 북유럽처럼 교육의 기회균등을 실천하자는 것입니다. 헌법이 보장하는 '능력에 따라 균등하게 교육받을 권리' (제31조 1항) 즉 경제력이 있는 부모의 자녀가 양질의 교육을 받고 가난한 집 아이들이 그렇지 못한 교육을 받는 게 아니라 부모의 사회적 지위나 경제력에 관계없이 차등 교육을 받지 않는 교육입니다.

구성원 모두가 함께 참여하는 '학교의 민주주의 회복'은 혁신학교가 추구하는 기본가치입니다. 학교 운영을 '교수·학습 우선, 자발성, 소통과 협력, 자율과 책임을 중시'하자는 이유가 그렇습니다. 교장 중심의 운영을 구성원 모두가 함께 협력하고 소통하고 책임을 나누는 학교, 이름뿐인 교사회와 학생회 그리고 학부모회를 명실상부한 민주주의 정신으로 바꿔내는 것……. 그것이 혁신학교가 만들고자 하는 학교입니다. 혁신학교에 근무하거나 학교 혁신을 몸소 실천하는 선생님들의 이야기를 들으면 분명 평이하게 교직생활을 하는 사람들보다 힘들고 시간이 많이 드는 것 같습니다. 그런데 많은 혁신학교 교사들은 그런 고통보다 더 큰 보람과 행복감을 맛본다고 합니다. 가슴으로부터 새로운 열정이 샘솟는다고 합니다. 앞에서 혹은 옆에서 행복하다고 말하는 그 선생님들을 보면 일부러 그렇게 표현하는 것 같지는 않습니다. 저는 이들의 목소리에 '가슴 떨림'이 담겨 있음을 느낄 수 있습니다.

혁신학교는 입시 위주의 타율적인 학교문화를 개선하기 위한 중요한 시도이며, 그 성과는 많은 가능성을 제시해 주었습니다. 혁신학교에 다니는 아이들이 행복했으며, 학부모들도 만족도가 상당히 높다고 합니다. 그래서 혁신학교 근처의 집값까지 들썩거릴 정도라는 얘기도 있습니다.

이는 집값이 문제가 아니라 그만큼 학생과 학부모의 만족도가 높다는 것을 말해 줍니다. 전국 단위 일제고사와 같은 시험 문제 풀이에 중점을 두는 것이 아니라 수업시간 중에 과제를 수행하는 것을 관찰하거나 쪽지시험을 통해서, 교과서에 기록한 것을 통해서 다양하게 기록해 평가를 하기 때문에 시험성적 때문에 스트레스를 받는 일은 없습니다. "대학이 서열화되어 있는데 그게 가능하기나 한 일인가?"라고 의문을 제기하는 사람들이 있습니다. 그런데 정말 일류대학을 두고 교육 과정을 정상적으로 운영하는 혁신학교가 가능한 것일까요? 현재 공교육 파괴의 가장 큰 주범이 대학 서열화라고 해도 지나친 말이 아닙니다. 서열화된 대학, 우수한 인재를 뽑아 고시 준비나 시키고 공무원 시험 준비나 시키는 그런 대학을 두고 혁신학교가 가당키나 한 일인가라고 걱정하는 부모들이 많습니다. 서열화된 대학 구조를 그대로 두고 교육의 기회균등이 성공할 수는 없습니다. 특수 목적을 위해 만든 특목고가 특수 목적이 아닌 SKY (서울대, 연세대, 고려대) 입학을 준비하는 특수 목적고가 됐습니다. 과학고는 과학을, 외국어고는 외국어를, 체육고, 예술고, 마이스터고는 각각 그 설립목적을 달성하기 위한 본래의 목적을 달성할 수 있도록 해야 합니다.

이처럼 혁신학교의 이념과 내용은 우리 교육이 지향할 것들을 담고 있습니다. 공공성을 회복해 기회균등을 실현하고 민주적인 학교 운영으로 학생들이 행복한 혁신학교는 어떻게 성공할 수 있을까요? 진보교육감이 혁신학교 운영을 공동 공약으로 정하고 시행에 나섰지만 혁신학교가 성공하기 위해서는 수많은 난관이 도사리고 있습니다. 혁신학교가 하나의 구호로 그칠 것이 아니라 제대로 실현되려면 이에 대한 공유와 이해와 협력과 열정이 필요합니다.

현재 학교가 안고 있는 문제는 한두 가지가 아닙니다. 교사의 양성과정에서부터 교장 승진제 그리고 권위주의 문화, 계급화된 관료제, 지식의 전달에 익숙한 지도방식 등 풀어야 할 과제가 산적해 있습니다. 주입식 교육에 길들여진 교사들의 수업 방식에서 '배움과 돌봄의 책임교육 공동체'를 만들어 '학습의 의미와 성장의 기쁨을 맛보게 하는 돌봄'의 학교를 만들기 위해서는 교사들의 사랑과 헌신 그리고 철학이 중요합니다. 교장과 교사, 교사와 학생 간에 배려와 존중의 관계를 만드는 구성원들의 변화 없이는 혁신학교를 성공할 수 없습니다.

혁신학교가 많은 장점이 있지만 많은 이들이 우려하는 것은 학력이 떨어진다는 것입니다. 혁신학교를 반대하는 이들의 입장은 혁신학교가 일반학교에 비해 상대적으로 학력이 떨어지는 경우가 많다고 봅니다. 아직은 우리나라 학생들이 스스로 규율을 정하고 학습을 주도하는 능력이 떨어지고, 학업에 충실해야 할 학생들은 일정 부분의 책임이나 규제가 필요하다고 보는 견해도 있습니다. 교육의 기회 균등이나 학교 혁신은 좋으나 하향평준화는 문제라는 것입니다. 우수한 학생을 길러내지 못하면 국제 경쟁력에서 뒤질 수밖에 없다는 논리입니다. 정말 그럴까요? 세계에서 가장 낮은 학생들 간의 학업성취도 편차와 OECD 주관 국제학업 성취도 평가 PISA 연속 1위를 차지하고 있는 핀란드는 교육의 기회 균등을 실천하는 대표적인 국가입니다. 그런데 어떻게 성취도 평가에서 연속 1위를 차지해 세계의 국가들의 부러움을 살 수 있을까요? 교육을 경쟁의 도구로 보는 학부모들의 욕망, 이를 활용하는 정치적 계산과 경쟁 이념의 과잉문제를 혁신학교 간판을 붙인다고 하루아침에 혁신학교가 되는 게 아닙니다. 공부를 잘하는 내 아이가 손해 볼 수 없다는 부모들의 가치관은 혁신을 가로막는 또 다른 걸림돌입니다. 경쟁은 큰 틀에서 보면 모두가 피해자가 되지만 내 아이를 일류대학을 보내야 한다는 학부모들의 경쟁교육의 학교관에서 벗어나지 못하는 한 혁신학교가 성공할 수 없습니다.

학교는 목적을 위해 교사 및 학생, 학부모를 대상화하지 않아야 합니다. 프레네 교육의 불변법칙 제1조는 '아동의 본성은 어른의 본성과 같다'입니다. 어른이 하고 싶지 않은 것이라면 아이들에게 강요해서는 안 된다는 것입니다. 하기 싫은 것을 억지로 해야 할 때 비굴함이나 참담함을 느끼기 때문입니다. 물론 인내심을 기르거나 고진감래(苦盡甘來)의 정신을 부정하는 것은 아닙니다. 다만 즐겁게 공부할 수 있는 것을 구태여 힘들게 만들지는 말아야 합니다. 기꺼이 어려움을 감내할 수 있는 것이라면 어른과 마찬가지로 아이들도 마다하지 않을 것입니다. 아이들이 사랑하는 마음으로 학교에 올 수 있는 환경을 만들어 주는 것이 학교가 해야 할 일입니다.

사랑하는 선생님과 친구들, 그리고 사랑할 만한 것들이 많은 학교는 오고 싶은 학교일 것입니다. 자기 이름으로 자라는 화초 한 포기, 눈빛을 마주치면 빙그레 웃어 주는 토끼 한 마리가 있는 학교, 쉬는 시간이면 친구들과 뛰어 놀 수 있는 놀이 공간, 몇 명이 둘러 앉아 소꿉장난할 수 있는 모래사장 등 선생님들이 조금만 애쓰면 사랑스럽고 소중한 공간으로 바꿀 수 있는 것들입니다. 혁신학교에서 나무와 이야기하기, 텃밭 가꾸기, 동물 기르기 등을 많이 하고 있는 것도 사실 자연을 사랑하고 생명을 사랑하며 마침내 인간에 대한 사랑까지도 연결 짓도록 하는 것입니다. 남한산초등학교에서 아침시간에 학교 인근의 나무를 껴안고 나무의 소리를 듣는 것도, 도봉초등학교에서 토끼와 닭을 기르면서 생명의 성장을 지켜보는 것도 생명에 대한 사랑을 실천적으로 가르치는 것입니다. 학교에서는 시간표만 조금 바꿔도 아이들은 재미있게 놀 수 있습니다. 블록 타임의 중간 놀이시간 30분이 아이들에겐 무엇과도 바꿀 수 없는 소중한 시간입니다. 중간 놀이시간을 어떻게 보낼까 생각하면 아이들은 잠을 자다가도 벌떡 일어난다고 합니다.

　진보교육감 지역 교육청에서는 비상이 걸렸습니다. 공청회를 열고 전문가들을 초청 특강을 하는 등 뒤늦게 혁신학교 연수 바람이 불고 있습니다. 혁신학교의 목적이 '교육 정상화의 성공적인 사례·모델 창출 및 보급, 맞춤형 교육 과정 운영으로 교육만족도 제고, 교육 양극화 해소를 통한 교육복지 실현'이며 5가지 기본 가치가 '공공성(사회적 역할), 창의성(교육의 내용), 민주성(운영의 원리), 역동성(교육의 방법), 국제성(인재육성의 지향)'입니다. 그런데 일선학교에서는 갑작스런 진보교육감들의 지시에 당황해 하는 모습들도 모이고 있습니다. 혁신학교가 해야 할 역할이 평생 들어 보지도 못한 모델 학교니, 중심 학교니, 선도 학교, 거점 학교' 등 그게 무슨 학교인지 감을 잡지 못하고 있습니다. 꼬이고 비틀린 교육이다 보니 새롭게 뭘 하자고 하니 헷갈리기도 할 것입니다. 혁신학교를 배우려는 사람들도 헷갈리기는 마찬가지입니다. 자칫하다 내용은 없고 형식만 있는 기형적인 연구 학교를 만들어 놓을 수도 있습니다. 내용은 없고 형식만 있는 정책은 공허합니다. 아무리 좋은 정책이라도 내용과 형식이 통일되지 못하면 차라리 없는 게 낫습니다. 제대로 된 혁신학교를 만들기 위해서는 교사부터 달라져야 합니다. 교육에 대한 열정과 아이들에 대한 사랑이 없는 교사들이라면 혁신학교는 승진 점수를 채우고 예산이나 낭비하는 또 다른 연구 시험 학교에 불과할 뿐입니다. 학부모들의 협조와 공감 그리고 정책 지원이 함께할 때 비로소 혁신학교의 이상은 실현될 수 있습니다. 학교 혁신은 혼자서 할 수 없습니다. 우리가 혁신의 길로 가려면 동행하는 사람들과 사랑하는 마음을 가져야 합니다. 함께 새로운 변신을 하기 위해 필요한 사람을 챙겨야 할 사람이 우리입니다. 학생의 행복을 위해, 이제 학교는 달라져야 합니다. 공공교육은 혁신이 필요합니다. 이는 혁신학교이든 아니든 마찬가지입니다.

'행복'과 '혁신'이란 키워드를 가지고 인터넷 검색을 해 보았습니다. 이 두 낱말은 사실 어울리지 않는 것 같기도 합니다. 혁신이란 일정한 고통을 수반하기 때문입니다. 고통이 따라 다니는 행복이란 말은 어색할 수밖에 없습니다. 그러나 이 두 가지는 하나로 어우러질 수 있습니다. 당장은 적응하고 변화하는 게 어렵지만 이를 극복해 나가면서 성장한다면 장기적인 측면에서 행복을 이룰 수 있습니다. 그러므로 혁신은 행복을 위한 필수요소입니다.

솔개는 80년 정도를 산다고 합니다. 그런데 솔개도 나이를 먹다보면 부리와 발톱이 닳고, 깃털도 여기저기 부러져 있어 볼품없을뿐더러 사냥하기도 힘들게 됩니다. 그러면 솔개는 두 가지 중 하나를 선택합니다. 그 모양 그대로 작고 잡기 쉬운 먹잇감만을 사냥해 가며 배고픔을 겨우 면하고 살 것인지, 아니면 부리와 발톱, 그리고 깃털을 갈아서 먹음직스러운 먹이를 사냥하며 힘차게 살 것인지 선택합니다. 배고픔을 면하고 산다는 것은 자신의 노화를 그대로 인정하면서 세월의 흐름을 겨우 따라간다는 것을 의미이고, 부리와 발톱을 간다는 것은 새롭게 변신하면서 세월의 흐름을 자신의 것으로 만들어 나간다는 의미입니다.

제가 재직하는 학교도 2015학년도에 전라북도 교육청 심사에서 혁신학교로 선정되었습니다. 이에 따라 교육청 지정 2박 3일간 연수를 시작으로 분주하게 혁신의 업무를 수행해 나가고 있습니다. 혁신학교는 교사에 대한 별도의 인센티브가 없습니다. 교사의 자발성과 헌신에 초점을 맞춰 혁신학교를 진행하다 보니 그 무엇보다도 교사들의 열정과 헌신이 가장 중요하고 지속적인 혁신학교를 주도해 나갈 교사들의 각오와 다짐이 중요합니다. 그러므로 혁신학교의 성패는 이러한 교사들의 열정과 헌신이 뒷받침될 수밖에 없습니다. 이에 학교장을 비롯한 간부진들이 교사들의 자발성과 열의에 힘을 보태고 권한을 위임하는 것이 좋습니다.

이런 분위기 속에서 학교는 교사들의 자발성과 협동으로 혁신의 과제를 수행해 나갈 수 있습니다.

혁신학교의 성패는 교육당국이나 정책이나 교육재정이나 교육시설이 아니라 교사에게 달려있습니다. 이는 혁신학교를 연구하고 혁신학교에서 재직하는 많은 이들의 공통된 견해입니다. 교사의 자기 혁신이야말로 최고의 원동력이요, 추진동력입니다.

혁신학교의 최종 목표는 진정한 의미의 행복한 학교문화에 따른 학력 증진에 있습니다. 즐겁게 배워야 학력도 증진됩니다. 즐겁게 배우고 학력을 높이기 위해서는 수업이 바뀌어야 합니다. 지식전달 수업은 산업사회의 일꾼을 길러내는 데 기여했으나 미래인재를 길러낼 수 있는 수업방법으로는 역부족입니다. 더 이상 현대사회의 패러다임에 맞지 않습니다. 수업이 바뀌려면 교사의 인식 전환이 필요하고 이는 교사의 치열한 자기 혁신을 통한 성장이 요구됩니다. 교직사회는 전문성과 교육적 희생정신을 강하게 요구합니다. 교사의 자긍심이 자기성장의 열쇠가 될 수 있습니다.

학부모의 교육적 열의는 혁신학교에서도 그대로 나타납니다. 학부모의 최대 관심사는 학력(學力)입니다. 학교를 향한 요구도 이에서 벗어나지 않습니다. 혁신학교는 '배움'을 보다 활성화시키고 독려하는 학습 방법을 모색하고 학생들과의 친밀한 관계를 통해 학생들의 능력을 최대한 이끌어내고 있습니다. 이 과정이 잘 진행되면 학력저하는 막을 수 있고 오히려 학력신장을 이룰 수도 있습니다. 혁신학교의 인문학적 분위기가 초반기에는 힘들고 학력신장에 저해가 되는 것처럼 보이지만 시나브로 학력신장을 이룰 수 있습니다. 제가 재직하는 학교는 농촌 면단위의 비교적 소규모학교로서 수업혁신에 성공할 수 있는 여지가 높습니다. 학교가 소규모일수록 교사의 수업시수가 적기 때문에 수업의 질을 높일 수 있습니다. 블록타임(교과수업을 몰아서 수업시간 배정) 수업 진행이 쉽고 교과 통합 수업이나 주제통합 융합수업도 수월합니다. 제가 재직하는 학교의 경우, 유치원이나 어린이집에서부터 중학교 졸업까지 함께 지내온 친구 관계가 80% 이상입니다. 그러므로 학생들 간은 물론 학부모들 간의 소통도 원활합니다. 서로의 성향은 물론 가정사의 자질구레한 부분까지 꿰고 있는 경우가 많습니다. 이에 따라 학교는 지역사회와 연계하는 다양한 행사를 진행해 오고 있습니다. 이처럼 참된 배움의 행복감과 학교의 즐거운 분위기는 참된 배움으로 스스로를 세워나가는 인간형을 길러내는 참교육의 이상이 될 것입니다. 혁신학교가 교육시스템을 잘 이해하고 이를 학교의 상황과 여건에 적절히 접목해 나간다면 지금보다 나은 학교를 기대할 수 있을 것입니다.

이야기 넷

더 나은
세상으로

혁신과 창조의 시간

우리가 사는 지금의 시대정신으로 심심치 않게 일컬어지는 것이 '혁신과 창조'입니다. '스티브 잡스'는 이 시대 혁신의 키워드로 불립니다. 그는 pc, imac, ipod, iphone, ipad 등으로 우리 생활 환경을 완전히 바꿔 놓고 떠났습니다. 그는 '시대의 핵심 과제를 읽으려는 노력과 열정'이 있었기에 혁신적 창조자가 되었습니다. 개혁이 집을 개·보수 하는 것이라면, 혁신은 집을 부수고 다시 짓는 일과 같습니다. 이러한 혁신을 인식하지 못하고 기존의 일에 지나치게 매몰되어 시대의 트렌드에 맞춘 개혁과 혁신을 등한시하면 뒤쳐지는 것은 물론이고, 살아남기도 어렵게 됩니다. 그러나 '혁신'은 결코 쉬운 일이 아닙니다. 때로는 우리의 일을 부정하는 '창조적 파괴'를 필요로 합니다. 그러기에 때로는 반대도 있고, 갈등도 있고, 관계의 아픔도 있고, 실수와 긴장으로 어려움에 봉착하기도 합니다.

코닥은 이를 대표하는 기업입니다. 코닥은 아이러니하게도 디지털카메라를 최초로 만들었습니다. 그럼에도 디지털사진은 필름 사진의 대체물 정도로 보았습니다. 하지만 불과 몇 년 사이에 디지털사진이 시장을 점령하자 시간을 놓친 코닥은 역사 속으로 사라지고 말았습니다. 코닥의 몰락은 변화의 흐름을 간과하고 옛 영화에 대한 향수와 애착이 가져다준 결과물입니다. 그들이 세계 최초로 개발한 디지털카메라를 양산해서 시판했다면 또 다른 영화를 누렸을지 모릅니다.

혁신은 시간과의 싸움이라 해도 지나친 말이 아닙니다. 변화의 시간

226

표에 따라 적절하게 대응하는 예지(叡智)가 필요합니다. 천주교가 민주화의 물결에 맞춰 대응하며 명동성당을 민주화의 성지로 각인 시킨 것이 교세의 급성장을 가져온 원인 중 하나입니다. 마르쿠스 아우렐리우스는 "존재하는 것은 변화에 의해서만 존재한다는 것을 잊지 말라."라고 말했습니다. 시대의 흐름에 따라 변화를 주도할 때 존재의 의미가 드러난다는 사실을 잊지 말아야 합니다. 개혁과 혁신에는 과거 영화에 대한 애착과 향수를 버려야 하는 선결 조건이 있습니다. 코닥은 필름을 버리지못해 문을 닫았습니다.

우리 사회는 도시화, 산업화, 지식정보화가 계속되고 있습니다. 따라서 이에 관련된 지역과 산업에 인적·물적 자원이 몰려 있습니다. 이런 시대에 우리는 무엇을 했을까요? 시대의 흐름과는 동떨어지게 이리 저리 얽힌 혈연, 학연, 지연, 인정과 자비, 연공서열식 인사 등으로 이어왔습니다. 이런 것들은 코닥의 필름과 같은 것이 아닐까 싶습니다. 개혁과 혁신은 시간이 좌우합니다. 시대의 흐름을 읽고 실천해야 합니다. 코닥은 혁신의 시간표를 잘 맞춰야 성공할 수 있다는 것을 보여 주었습니다. 무엇은 어떻게 유지하고, 무엇은 혁신해야 하는 핵심인지를 잘 파악해서 유지 전략과 핵심 전략을 세워야 합니다. 회사는 CEO의 결정이 중요하듯이, 리더의 생각 여하에 따라 새롭게 도약할 수도 있고, 좌초할 수도 있습니다.

요즘 어느 조직과 공동체마다 위기에 처해 있다고 말하는 사람들은 많습니다. 하지만 정작 위기의 원인을 정확히 진단하고 중장기 전략을 담은 처방책을 찾기란 쉽지 않습니다. 이러한 때에 리더는 구성원들 스스로 주어진 일에 열심을 내도록 권한을 위임하고 격려하는 자세를 갖춰야 합니다. 상명하복의 지시하는 시대는 지났습니다. '나를 따르라'는 방식의 불도저식 리더십의 시대도 지났습니다. 이제는 자기 조직만을 위한 것이 아니라 이를 넘어서는 사회봉사와 연대도 필요합니다. 머리 좋은 리더보다는 마음 좋은 리더가 필요한 시대입니다. 리더의 넉넉한 마음이면 구성원들이 발 벗고 나서서 위기를 극복해 나가자고 나설 것입니다. 또한 리더는 구성원들의 충성심을 하나로 결속해 나가는 리더십도 필요합니다. '구슬이 서 말이라도 꿰어야 보배가 된다'는 말처럼 조직의 힘과 저력을 응집하는 것은 뛰어난 리더십에 달려 있습니다. 무한 경쟁을 불가피하게 하는 세계화 추세와 함께 '경쟁력'이라는 말을 자주 접하게 되며, 어떤 조직이든 세계화 시대에 걸맞는 적합한 리더십의 확보가 경쟁력 제고의 요인이 되고 있습니다.

또한 리더는 끊임없는 자기혁신과 조직의 혁신을 촉진해 나가야 합니다. 최근 최고의 경영실적으로 업계 1위를 달리고 있는 삼성그룹의 이건희 회장은 "위기의식을 갖고 21세기를 대비한 선견(先見)·선수(先手)·선제(先制) 경영에 나서자"라며 "자만하지 말고 위기의식을 갖자"라고 스스로 채찍질 하는 모습을 보여 주었습니다. 즉 뛰어난 리더십은 '미래의 변화추세를 보는 시각'과 '새로운 마인드', '전문적인 노하우'에서 비롯됩니다. 그래야 세상을 읽으면서 시대의 필요를 활용해 조직을 활성화하고 사람을 얻을 수 있습니다.

집단 창의성의 시대정신

한국교회는 세계 교회사에서 그 유례를 찾아보기 어려울 정도로 급성장하였습니다. 그러다 보니 세계적인 교인 수와 예배당 시설과 재정을 자랑합니다. 이는 그야말로 맨땅에서 맨주먹으로 혼신의 힘을 다하여 교회를 개척하여 초대형 교회를 이룬, 이른바 성공적인 목사들의 영웅적인 노력의 결과라고 해도 과언이 아닐 것입니다. 이들의 성공 스토리는 책으로, 방송으로 제작되어 교회 성장학의 모델로 거론되기도 하고, 이들의 교회 성장 비결을 배우고자 찾아오고 연구하는 신학생과 신학자들은 국내는 물론 국외에서도 많이 있습니다. 실제로 신학 분야의 학위논문과 학술지에서 어렵지 않게 이들에 대한 연구를 쉽게 찾아볼 수 있습니다. 더욱이 다른 종교나 일반경영학에서도 연구될 정도이니 이들의 리더십과 업적은 놀라울 지경입니다.

그러나 어느 해부터인가 이러한 목사들에 대한 평가가 긍정적이지만은 않은 논의들이 제시되기 시작하였습니다. 심지어 비판적인 목소리들이 공공연하게 나오기 시작하였고 이 목소리들은 한국교회만이 아니라 세계 교회와 일반 사회로까지 확산되었습니다. 이게 어찌된 일일까요? 긍정과 부정의 평가가 극명하게 다른 이유는 무엇일까요?

여기에 유념해서 볼 것은 그들의 교회 성장세가 정체되고 있다는 사실입니다. 심지어 목사들이 반사회적 비윤리적인 문제로 교회마저 어려움을 겪게 되는 일들도 벌어졌습니다. 이것이 사회문제까지 이어져, 대중매체에서 이를 다루면서 안티 기독교가 더 확산되기도 하였습니다.

이러한 문제의 원인에 대해 여러 가지 논의가 가능하겠지만 저는 지나치게 한 사람의 목사를 신성시하고 이를 영웅시하면서 생긴 문제는 아닐까 생각해 봅니다. 또한 이러한 목사들의 급속한 교회 성장은 이전 시대의 시대정신과 맞아떨어지는 리더십이었는데 이것이 오늘날에는 부적합한 것이 되면서 그 성장세가 정체된 것으로 볼 수 있습니다. 다시 말해서 이전 시대는 군사정권 시대에 따라 급속하게 근대화를 해나가는 시대로 빠른 결정과 개척 정신이 중요하게 여기던 시대였습니다. 그러다 보니 군대식의 발상인 상명하복과 권위주의적 사회구조로 조직이 일사분란하게 움직였습니다.

이는 교육현장과 교회도 마찬가지였습니다. 모든 교회의 중요 결정요소들을 담임목사가 결정하는 제왕적 권위로 교회가 운영되었고 이것이 시대정신이다 보니 유효적절하게 통용되어 교회가 급성장할 수 있었습니다. 그러다 보니 대다수의 교인들은 담임목사의 지시에 무조건적으로 따르는 수동적 자세가 익숙하게 되었습니다.

그런데 민주화가 이루어지고 지식정보화가 촉진되면서 자연스럽게 시대정신의 변화도 요구되었습니다. 그럼에도 아직도 우리 사회의 여러 조직과 교육현장 그리고 교회는 이전 시대의 방식에서 벗어나지 못하고 있습니다. 부정할 수 없는 현실은 우리 사회는 소수의 리더가 의사결정권을 갖는 형태가 아닌 권력의 분산과 소통과 공유로 변하고 있습니다. 이에 이 글에서는 이러한 변화된 시대정신을 이해하는 하나의 틀로 오늘날 중요하게 논의되는 '집단 창의성'의 개념이 우리에게 시사하는 바가 무엇일지 생각해 보고자 합니다.

흔히 사람들은 창의적인 아이디어는 한 명의 뛰어난 인재가 만드는 것이라고 생각합니다. 이는 어느 정도 사실입니다. 일반적으로 전문지식의 복잡성 및 기술적 난이도가 상대적으로 낮은 예술과 디자인 분야에서는 100명의 창의적인 미술가들을 모아서 집단을 구성한다고 해도, 피카소와 같은 세계적인 대가 1명의 창의성을 능가하기 어렵습니다. 또한 사람들은 흔히 소수의 천재적인 엘리트가 놀라운 통찰력을 발휘하여 세상을 바꿨다고 생각합니다. 심지어 상위 1%가 99%를 먹여 살린다는 논리로 이른바 소수의 엘리트나 영재 교육에 치중합니다. 그러나 미국 워싱턴대학교 심리학과 교수이자 경영 컨설턴트인 키스 소여는 그의 책 『그룹 지니어스』를 통해 정반대의 주장을 펼쳤습니다. 그는 한 명의 천재가 세상을 바꾸는 것은 신화에 불과하다고 말합니다. 지금처럼 기술 발전이 빠른 환경에서는 뛰어난 한 명의 천재보다 다양한 전문 지식과 많은 경험을 보유한 다수의 개인들로 구성된 집단이 상대적으로 훨씬 높은 창의력을 발휘하는 경우가 많습니다. 특히 어떻게 해결해야 할지 명확하지 않은 개방형 문제에 직면했을 때는 혼자 고민하는 것보다 여러 명의 전문가들이 함께 아이디어를 내고 토론하는 것이 보다 창의적이고 생산적일 때가 많습니다. 위대한 발명품은 역사를 빛낸 위대한 발명가가 아닌 여러 사람들이 모여 이루어내는 그룹 지니어스(group genius)를 통해 만들어졌습니다. '혁신적 성과는 그룹에 속한 사람들이 협력하여 통찰력을 이끌어낼 때 가능했으며, 개개인의 통찰력을 모았을 때 엄청난 위력을 발휘하게 되었다'는 것입니다. 실제로 지그문트 프로이트는 정신분석학의 창시자로 인정받았지만 사실 광범위하게 구축된 동료 네트워크로부터 아이디어를 얻었고, 발명왕 에디슨도 골방에서 혼자 연구하는 사람이 아니라 뛰어난 사교가이며 협업가(協業家)였다고 전해집니다. 『위키노믹스』의 저자 돈 탭스콧과 앤서니 윌리엄스는 똑똑한 소수가 경제를 이끌던 이코노믹스의 시대가 끝나고 다수의 집단 창의성이 경제를 주도하는 위키노믹스의 시대가 열렸다고 선언했습니다. 이들 이외에도 많은 미래학자나 경영학자들은 집단 창의성 시대의 도래를 예측하고 있습니다.

집단 창의성이란 무엇일까요? 집단 창의성, 혹은 집단 지성이란 다수의 개체들이 서로 협력하거나 경쟁을 통해 얻게 된 집단의 지적 능력을 의미합니다. 집단 창의성은 미국의 곤충학자 윌리엄 모턴 휠러가 '한 개체로는 매우 미미한 흰개미들이 협업을 통해 과학적으로 뛰어나고 규모도 거대한 개미집을 만드는 과정'을 관찰하면서 처음 제시한 개념입니다. 즉, 개개인의 지식과 창의력이 모이면 훨씬 더 큰 성과를 창출할 수 있다는 의미입니다.

최근에는 사이버 공간에서 열린 토론과 정보 공유를 통해 형성되는 대중들의 생각과 공감을 '집단 창의성', 혹은 '집단 지성'이라 칭합니다. 인터넷 사용자들이 함께 만든 위키백과(Wikipedia)와 같은 사례가 사이버 집단 지성이 이룬 성과로 꼽힙니다. 집단 지성은 자칫 군중심리에 의해 반지성으로 흐를 수 있다는 우려도 나오지만, 결국 핵심은 '소통'입니다. 미물이나 인간이나 자신만의 생각에 갇혀 있을 때보다 상호 소통하고 점검을 받으면 그 생각이 확장됩니다. 이러한 추세 탓인지 '문답'을 주요 기능으로 삼은 소셜 네트워크 서비스도 곧 출시가 된다는 뉴스가 눈길을 끕니다. 상호 댓글을 다는 수준이 아니라 집단 질문과 개별 질문, 비밀 질문 등 묻고 답하는 다양한 방식을 탑재한 SNS를 개발했다는 것입니다. 이러한 집단 창의성은 특히 호기심 있는 대중의 자발적 참여, 자율성, 개방성, 수평적 관계에서의 협업 등이 주요 특징으로 꼽힙니다. 그런 의미에서 한 명의 리더가 구성원들을 모아 놓고 돌아가며 의견을 내도록 하는 회의나 소수의 팀원끼리만 함께 일하는 협동과는 그 의미가 분명하게 다릅니다. 협업이라는 용어와 많이 혼용되기도 하나 수평적, 자발적 참여라는 측면에서 공동 과업을 달성하기 위해 사람들이 참여한다는 의미에서는 유사한 개념이라고 볼 수도 있습니다. 그렇습니다.

이제는 '참여와 협업이 존중되는 집단 창의성의 시대입니다. 경영, 정치, 사회, 문화, 과학 등에서 집단 창의성이 활용될 전망입니다. 이러한 집단 창의성을 활성화하기 위해서는 다음 몇 가지를 고려해야 합니다.

첫째, 공유에 대한 인식의 변화가 필요합니다. 어렸을 때부터 몸에 밴 치열한 개인 차원의 경쟁 문화의 부작용으로 인해 사람들은 아이디어나 정보를 공유하면 경쟁력을 잃을 수 있다는 인식이 있습니다. 실제로 기업에서는 개인 경쟁 시스템으로 인해 진짜 경쟁 상대는 외부에 있음에도 구성원들이 눈에 보이는 동료를 경쟁상대로 인식하고 자원을 공유하지 않으려고 하거나, 토론을 통해 동료 아이디어를 발전시키기보다 우선 비판하는 모습을 쉽게 볼 수 있습니다. 이런 분위기 속에서는 집단 창의성은 이상적이고 교과서적인 단어로밖에 인식되지 않습니다. 분명한 것은 집단 창의성은 공유에서 시작된다는 점입니다. 리누스 토발즈(컴퓨터 프로그래머)가 연구한 내용을 인터넷에 공유함으로써 리눅스(유닉스 기반 개인컴퓨터용 공개 운영체제)가 시작된 것처럼 혁신을 이루기 위해서는 자신이 가진 지식이나 문제를 공유해야 합니다. 공유와 협력을 통해 더 큰 기회를 찾고 최고의 성과를 창출할 수 있음을 인식해야 합니다.

둘째, 구성원의 창의적 역량 수준을 최대로 끌어올리는 리더의 역량이 중요합니다. 집단 창의성의 핵심은 커뮤니케이션을 통한 생각의 결합, 호기심과 열정의 발휘, 인정과 성취감 등인데 이를 원활하게 하기 위해서는 리더의 역할이 무엇보다 중요합니다. 이를 위해서는 우선 리더가 끊임없이 자기를 반성하고 새롭게 함으로써 미래를 향한 열린 의식으로 창의적인 통찰력을 키워야 합니다. 리더가 복잡 다양한 여러 분야의 전문성을 갖추기는 어렵습니다. 하지만 구성원들이 아이디어를 내거나 의견을 제시할 때 옥석(玉石)을 가릴 수 있는 판단력과 통찰력을 갖고 있어야 합니다. 집단의 창조와 리더의 의사결정이 적절히 조화를 이룰 때 비로소 집단 창의성이 성공할 수 있습니다. 리더의 전문성, 통찰력과 더불어 리더의 커뮤니케이션 역량도 집단 창의성을 활성화하는 데 중요한 요건으로 꼽힙니다. 알버트 아인슈타인의 말입니다. "아이디어를 처음 보았을 때 터무니없어 보이지 않으면 그 아이디어는 더 이상 기대할 것이 없습니다." 그러나 대부분의 리더는 아이디어가 터무니없어 보이면 제대로 듣거나 이해하려고 노력하기보다 "아냐"라고 단정해 버리는 경향이 있습니다. 이는 구성원들의 창의적 생각을 리더가 앞장서서 제한한 셈입니다. 특히 "쓸데없는 소리 하지 말고~", "내가 시키는 것이나 잘해!" 등의 경직된 위계질서를 강요하는 말은 구성원들의 수동적인 태도만 강화시킬 뿐입니다. 생각과 표현이 자유롭고, 이를 인정해 주고 호기심이나 탐구정신을 잃지 않도록 하는 새로운 리더십이 무엇보다 중요합니다.

셋째, 보다 수평적이고 구성원들의 호기심 및 자발성을 최대한 활용할 수 있는 조직 모습을 고민해야 합니다. 위계적 구조 아래에서 구성원들이 수동적으로 일하던 전통방식으로는 집단 창의성에 한계가 있기 때문입니다. 특정 범위의 전문성을 뛰어넘는 인재들이 흥미를 느끼는 과제에 자발적으로 지원할 수 있는 수평적이고 개방된 모습의 조직을 고민해야 합니다.

그렇다면 과연 뛰어난 창의력을 발휘할 수 있는 집단을 만드는 가장 효과적인 방법은 무엇일까요? 창의성에 대한 기존 연구들에서는 개인의 창의성과 창의적 성과가 비례한다고 설명합니다. 그렇다고 해서 집단을 구성할 때 창의적인 인재들을 투입하는 것이 가장 빠르고 효과적인 대안은 아닙니다. 기존 연구들은 집단의 창의적 성과는 개인 창의성의 산술적 합이 아니라는 사실을 보여 줍니다. 집단마다 창의성에 차이가 발생하는 가장 큰 원인은 구성원들의 능력 차이때문이 아니라 서로 다른 구성원들이 갖고 있는 정보를 공유하고 활용할 수 있는 과정이 얼마나 효율적인가 혹은 조직의 환경적 조건에 달려 있습니다.

기존 연구들은 창의적 성과를 내기 위해서는 한 명보다는 어느 정도 이상의 구성원들이 필요하다고 주장합니다. 구성원의 수가 늘어나면 다양한 경험, 지식, 정보에 대한 접근이 가능해지고 창의적 사고를 할 수 있는 인지적 기반이 넓어지는 장점이 있습니다. 그러나 구성원 수가 일정 인원을 초과하면 오히려 장점보다 단점이 많아질 수 있습니다. 의사소통을 위해 필요한 회의가 많아지고 회의를 위해 필요한 비용이 증가하며 다양한 의견이 충돌하기 때문입니다. 그러므로 무조건 인원이 많다고 좋은 것은 아닙니다. 둥그렇게 둘러 앉아 이야기 나눌 정도의 적정 인원으로 팀을 이루어 나간다면 집단 창의성이 발휘될 수 있습니다.

오늘날 교육학 연구성과들을 보면, 교수자의 일방적인 집단강의식 교수법보다는 협동 학습의 방법과 토론 학습의 방법이 더 효과적이라는 연구결과가 많습니다. 이에 따라 협동 학습이나 토론 학습의 방법론에 대한 연구와 서적들이 많습니다. 이것이 오늘날 교육현장의 모습입니다. 그러므로 오늘날 학생들은 저와 같은 세대가 경험한 소수의 우수한 교수자가 수많은 학습자를 대상으로 대형 교실에서 수업하는 광경을 낯설어하고 조별 협동 학습을 통해 발언하고 경청하면서 공동의 문제를 해결해 나가는 과정이 얼마나 중요한가를 잘 압니다. 이와 같은 협동 학습은 대화와 타협과 양보와 협력의 민주시민의 자질을 길러 가는 데도 유익합니다. 이처럼 우리가 사는 시대는 집단의 협력을 중요시되고 있습니다. 이렇게 협동 학습에 익숙한 아이들이 어른이 되어 우리 사회를 이끌어 갑니다. 협동의 중요성을 체득한 세대는 더 이상 소수의 리더에게 종속되려고 하지 않습니다. 모두가 주인이고 모두가 참여하고 모두가 협력하는 시대정신이야말로 오늘 우리 사회의 모순을 벗어나게 할 수도 있습니다. 이러한 시대정신이 우리 사회 전반에서 일반화되고 활성화되도록 기성세대인 우리의 의식이 변화해야만 합니다.

지금 우리에게는 해야 할 일이 많습니다. 그러나 꿈이 크면 클수록, 먼저 겸허하게 자신을 돌아보아야 합니다. 자세를 가다듬고 멀리 내다보아야 합니다. 그리고 분명하게 묻고 명쾌하게 대답해야 합니다. 과연 그간 우리는 무엇을 준비해 왔으며, 미래를 향한 우리의 정체성과 비전은 무엇인가를 진솔하게 돌아보아야 합니다.

한 마디로 지금은 '스마트폰' 시대입니다. 손 안의 조그만 스마트 폰 하나로 세상의 모든 지식과 정보, 문화의 흐름을 한눈에 볼 수 있습니다. 지금 세상의 모든 가치와 문화의 척도는 '실질'과 '실용성'이 최대의 목표인 것처럼 보입니다. 그야말로 '스마트(Smart)'하고 미래지향적인 사고와 실사구시의 실천적인 '마인드(Mind)'가 주도해 나가는 시대입니다. 아무리 이상과 목적이 훌륭하다 할지라도 자발적으로 즐겁게 참여할 수 있는 현실적인 동기와 성취의 가능성, 그리고 미래에 대한 확신이 없이는 그 어떤 지지도 호응도 기대할 수 없습니다. 우리는 이제 이러한 시대정서와 가치를 포용하고 리드해 나가는 스마트한 정신적 푯대와 비전을 제시해야 합니다.

이제 우리는 보다 수준 높은 자기성찰과 새로운 안목으로 거듭나야 합니다. 지금 이 시대의 패러다임은 협력과 상생, 가치의 공유입니다. 이제는 몇 사람의 힘만으로는 안 됩니다. 모든 구성원의 지혜와 역량을 결집·융화해 나가는 문화와 제도(시스템)의 건전성이 강조되는 이유를 보다 열린 마음으로 귀담아 들어야 합니다.

이제 우리는 이러한 시대적 흐름과 요구에 대답해야 합니다. 그러기 위해서는 먼저 우리가 처한 오늘의 현실 상황과 문제점들을 보다 명쾌하게 개선·광정(匡正)해 나가야 합니다. 멀리 내다보고 미리 준비해 가는 예지와 꾸준한 노력이 그 시대의 주인을 만든다고 하였습니다. 지금 우리의 갈 길은 멀고 마음은 바쁩니다. 넘어야 할 고개는 많고 우리의 수레바퀴는 짐이 무겁습니다. 그러나 우리에게는 무한한 잠재력이 있습니다. 의지만 있다면 우리의 역량은 얼마든지 키워낼 수 있습니다. 이 시대에 독불장군은 없습니다. 우리 모두의 지혜와 역량을 모아야 합니다.

늘 점검하고 준비해 나가는 사람이 이 세상을 만들어 갑니다. 그간 우리는 기회 있을 때마다 부단한 자기 혁신과 개혁을 역설해 왔습니다. 시대에 걸맞는 의식의 전환과 합리적인 제도 개선, 체질 강화를 위한, 또한 보다 발전적인 정책 등을 통합·연구하고 디자인하는 '태스크 포스(Task Force)'나 '싱크 탱크(Think Tank)'의 필요성이 강조되고 있습니다. 이제 우리는 한결같은 구성원들의 신뢰와 자발적 참여 그리고 하나로 결집된 힘이 곧 사회 전체의 발전을 담보하는 최상의 동력이자 절대적 자산인 것을 주목해야 합니다.

문제는 이러한 시대의 가치와 흐름을 꿰뚫어 보는 지도자의 통찰력과 신념과 의지입니다. 구성원들의 다양한 재능과 역량을 집대성하여 조직의 현재와 미래를 보다 깊이 묻고, 깊이 생각하고, 깊이 궁리하는 그런 두뇌집단의 결집이 필요합니다.

도농 상생의 대안을 위하여

어린 시절의 추억을 떠올리면 으레 외갓집을 떠올리는 이들이 많을 것입니다. 도시생활에 지치고 힘들 때 가끔 찾아가는 외갓집은 포근한 어머니의 품속처럼 정겹고 생각만 해도 가슴이 훈훈해지는 느낌에 기분이 좋아집니다. 그러기에 외갓집은 마음의 고향이요, 안식처요, 힐링캠프입니다. 외갓집에 다녀오는 길은 언제나 두 손 가득히 바리바리 먹거리로 팔이 아팠습니다. 외할머니는 한해 농사를 꼭 시집간 딸 자식네 챙겨 주려고 하시는 듯 하나라도 더 싸 주시려고 애쓰셨습니다. "이제는 괜찮습니다", "더는 못 들고 갑니다", "가서 사 먹으면 됩니다" 하고 말씀드려도 꾹꾹 눌러 담아낸 보따리를 자꾸만 주셨습니다. 그러다 보니 차 트렁크는 언제나 가득해 때로는 뒷좌석까지 양보해야 했고 두 손은 더 이상 버텨낼 자간이 없을 정도로 한가득이었습니다. 쌀이며 된장, 호박과 마늘, 때로는 설익은 감이 매달린 가지며 갓 피워낸 꽃들도 담아 주셨습니다. 도시의 아이들은 외할머니, 외할아버지가 직접 재배하신 농작물을 식탁에서 접하며, 쑥은 봄에 캐고 밤은 가을에 여문다는 걸 배웠습니다.

그러나 시대가 변했습니다. 오늘날의 외할머니, 외할아버지들은 아파트에 사시면서 밭이 아닌 노인회관이나 문화센터에 가십니다. 자식들 손주들 먹인다며 종류별로 조금씩 다양하게 길러내던 텃밭은 도시에서는 찾아보기 힘듭니다. 가족들이 먹으니 농약이며 화학비료 대신 사랑과 정성으로만 키워내던 외할머니의 농작물 한 짐……. 이제는 그 자리를 대형마트의 쇼핑이 대신하고 있습니다.

　이제 우리나라가 그거 먹고 살기에 급급하던 시대에서 벗어나 풍요와 편리가 당연시되면서 삶의 질, 웰빙이라는 단어가 일상어가 되면서 안전하고 믿을 수 있는 먹거리를 추구하는 목소리도 높아졌습니다. 이를 농촌 살리기와 연결한 것이 바로 '제철 농작물 꾸러미'입니다. 꾸러미는 농촌마을에서 각 가정이 길러낸 농작물을 한데 꾸려 주기적으로 보내 주는 것으로, 최근 로컬 푸드의 열풍에 힘입어 전국 곳곳에서 확산되고 있습니다. 언니네텃밭, 한살림, 농협 등 지역공동체를 통해 이름 있는 생산자의 제철농작물을 다양하게 소량 구매함으로써 안전 추구는 물론, 식단이나 구입의 부담을 덜 수 있어 호응이 높습니다. 농촌에서는 단 하나의 농산물로도 유통마진 없는 지속적인 소득을 창출하는 데 의미가 있습니다. 이를 통해 나 혼자만의 부농이 되어 잘 사는 의미가 아닌, 우리 마을 모두가 잘 살게 되는 공동체 정신의 발현이 드러나기도 합니다. 도시에서는 안심하고 저렴하게 맞춤형으로 사전에 주문한 농작물을 공급받을 수 있고 마음의 고향인 농촌과 연계하는 보람도 느낄 수 있습니다. 이를 통해 도농 상생이라는 삶의 방식이 세상을 아름답게 합니다.

　여기서 다 나아가 꾸러미를 사업으로 활성화하는 이들도 생겨나고 있습니다. 인근의 좋은 농작물과 맛있는 먹거리를 찾아서 선보이는 일을 사업 아이템으로 구체화합니다. 자신의 농작물만이 아니라 지역 내 다른 생산자들의 농작물로 꾸러미를 만들어 소비자를 찾아 나서기도 하고 인터넷 정보망을 통해 새로운 소비자를 창출해 나갑니다. 소비자들의 반응에 민감하게 반응하며 수시로 이벤트와 깜짝 품목을 넣고, SNS 이벤트, 깜짝 경매를 열어 소통 창구를 넓히기도 하고 소비자가 원하는 품목의 트렌드를 적극 반영하기도 합니다. 밸런타인데이에 장미꽃 한 송이씩 포장해 넣어 주거나 돼지고기가 비싼 시즌에는 제주산 흑돈과 쌈야채, 장아찌 등 삼겹살 파티 꾸러미를 보내 주기도 합니다. 농산물만 한다기보다는 '뭐가 필요할까, 뭐가 재밌을까'를 늘 생각합니다. 인근에 농공단지에 있는 냉면이나 당뇨빵, 떡, 폐식용유로 만든 비누 같은 다양한 아이템을 섞어 선물세트를 같이 꾸리기도 합니다. 이러한 꾸러미 사업은 농촌을 살리며 식탁을 지키는 가치 아래 무한한 가능성이 있는 분야입니다. 누가 어느 곳에서 하든지 지역적 특성만 잘 배합하면 안정적으로 성장할 수 있는 모델을 만들 수 있습니다. 아이템 개발부터 포장·배송까지 혼자가 아닌 여럿이 함께하기에 즐겁습니다. 정보화 시대에 창의력을 발휘하는 젊은이들을 통해, 식구들이나 이웃들과 나눠먹는 정도의 수확물로도 수입이 생기게 된 어르신들의 기쁨은 이루 말할 수 없습니다.

꾸러미 사업은 앞으로 더 커지겠지만 지역이나 유통적인 한계라는 과제가 있습니다. 그런 시행착오를 극복해야 더 대중화될 수 있습니다. 도시 지역의 특성상 젊거나 맞벌이 부부들이 많아 농작물보다는 반찬을 더 선호하기도 합니다. 앞으로 선택 옵션을 넣거나 반찬 비율을 늘리는 등의 새로운 시도도 필요할 것입니다. 안전한 먹거리를 먹는 것이 곧 농촌을 살리는 일이라는 꾸러미의 정신이 곧 도농 상생의 대안일 것입니다. 여기에 도시와 농촌교회의 자매결연이나 연합과 같은 시스템을 통해 상생의 꾸러미를 구성해 가는 것이 좋을 듯합니다.

일회용 사회와 인재 양성

새벽길의 쓰레기는 지난밤에 흥겨웠던 순간들을 말해 줍니다. 대부분 일회용 컵, 포장지 등입니다. 소비를 위하여 잠시 존재하였다 버림받은 존재들입니다. 인스턴트 제품과 일회용품은 현재 우리 사회의 가치관을 말해 줍니다. 한치 앞을 바라볼 상황도 능력도 그리고 의지도 없는 사회입니다. 단지 필요하다고 느끼면 당장의 충족을 바라며, 충족이 되면 아낌없이 버리는 사회적 현상입니다.

일회용 컵이 대표적 제품입니다. 정부가 친환경을 위하여 시행하였던 일회용 컵 요금 반환제가 폐지되었습니다. 몇 년 간의 계도 기간을 거쳤건만 요즘 커피점의 일회용 컵 사랑은 날로 높아만 가고 있습니다. 머그잔을 닦는 것이 귀찮을 수도 있습니다. 커피점에서는 종업원들이 암묵적으로 일회용 컵 사용을 요구하는 경우를 종종 볼 수 있습니다. 또한 남이 입댄 컵에 대한 불쾌감을 갖고 있는 결벽증적 사람들과 아무 생각 없이 살아가는 사람들이 함께 암묵적으로 일회용 문화를 만들어 가고 있습니다. 반대로 일회용 종이컵이나 플라스틱 컵을 한 손에 들고 거리를 활보하는 모습이 마치 세련된 도시 문화인의 행동인 것과 같은 착각에 살고 있는 듯한 느낌입니다.

얼마나 많은 사람들이 일회용 컵을 만들고 운송하기 위하여 얼마나 많은 자연 파괴가 일어나고 있는가에 대해 생각할지 의문입니다. 씨앗이 뿌려지고, 태양과 대지의 양분과 물, 그리고 세월을 거쳐 하나의 나무가 성장합니다. 그 나무가 벌목되고 운송되고 펄프로 변신을 하며, 또한 가공 과정을 통하여 하나의 종이컵이 만들어집니다. 이같이 기나긴 세월과 과정을 통하여 만들어진 컵이 필요에 따라 찰나의 사용 후 무심히 폐기되어 가는 것이 종이컵의 운명입니다. 마치 이것은 우리 사회에서 무감각하게 행하여져 가고 있는 인재에 대한 가치관을 말하는 것 같기도 합니다. 모두가 입으로 지구 기후변화의 심각성을 이야기하고 있으나, 자신의 행동이 지구 환경파괴의 원인이라는 생각을 전혀 하고 있지 못하고 있다는 느낌입니다. 일회용 컵을 위하여 나무들이 숲 속에서 잘려 나가며, 이를 만들기 위해 얼마나 많은 물이 사용되고, 또한 운송하기 위하여 얼마나 많은 화석연료가 사용되는가를 우리는 생각하고 있을까요? 개개인의 행동 변화 없이 지구의 환경적 재앙은 막을 수 없다는 사실을 인식하지 못하는 것 같습니다. 또한 죄의식 없이 환경에 대한 죄악을 저지르고 있다는 사실조차 깨닫지 못하고 있습니다.

인스턴트 및 일회용 제품은 단지 제품 사용에 그치지 않습니다. 학교 교육이나 인력의 수급 문제에서도 이러한 가치관이 적용되고 있습니다. 사회는 교육계에 지금 당장 생산 현장에 투입할 수 있는 인재를 요구합니다. 다시 말해 현재 현실에 적합한 인재에 대한 요구입니다. 오늘날 학교와 교회는 변화하는 사회적 현실에 적합한 인재 양성에 적응하느라 바쁘며, 더욱 근본적인, 변화하는 불확실한 미래 사회에 적응할 수 있는 인재 양성에 어려움을 겪고 있습니다. 사회에서 요구하는 인재는 미래 상황이 바뀔 경우 언제든 폐기될 운명인지도 모릅니다. 이는 변화하는 시대적 상황에 적응할 수 있는 인재 양성의 목표가 아닌 현실적 실용성을 교육의 핵심적 가치로 갖고 있기 때문입니다.

우리 사회의 청년 실업과 비정규직의 증가는 인스턴트 문화의 한 단면일 것입니다. 필요에 따라 싼 값에 구입하여 사용하며, 더 이상 필요가 없으면 폐기하는 가치관의 표현입니다. 모든 사회와 비즈니스의 핵심은 사람이라고 이야기하고 있으며, 사람 자원을 가장 중요시해야 한다고 이야기는 합니다만 실제적으로는 고용과 함께 인간을 소유한다고 생각하고 자의적 사용과 폐기를 바라고 있는 것이 사회적 현실입니다. 우리 사회의 갈등은 기업과 인재가 함께 커 가는 개념이 아닌 기업의 성장을 위한 도구의 개념이 그 원인이기도 합니다.

우리는 이 지구의 자원을 현 세대가 자유롭게 사용할 수 있다는 생각을 하고 있습니다. 지구의 자원과 환경을 마치 일회용 취급하고 있는 것이 아닌가 하는 생각이 듭니다. 지구의 자원이 무한하다는 생각으로 얼마든지 파서 사용해도 좋다고 생각하고 있으며, 수십억 년을 거쳐 축적되어 왔던 화석연료를 무한정으로 사용하고 있습니다.

우리는 언제나 새롭고 편리하고 손쉬운 것을 추구하는 문화에 익숙해져 있습니다. 기존의 것을 손쉽게 버리고, 나의 편의에 따라 즉흥적으로 사용하고 버리는 문화입니다. 또한 물질은 무한하다며, 무한한 물질적 풍요를 꿈꾸고 있습니다. 그러나 지구 자원은 무한한 것이 아니라 유한합니다. 우리 세대뿐만 아니라 우리의 자손 또한 영위해야 합니다. 중국과 인도의 경제적 성장은 지구 자원 고갈을 더욱 가속화시키고 있습니다.

어느 장로님의 말씀이 생각납니다. 이 분은 대학 교수로서 제자 사랑이 남다른 분이신데 가만히 생각해 보니 교회가 지나치게 경제 논리로 사람을 대하는 것 같고 어느 순간 교회가 커지면서 교회가 변질된 것 같다고 하셨습니다. 사람이 먼저가 아니라 조직과 일이 중요해졌다고 하셨습니다. 그 단적인 예로 교회에서 어느 장로님이 부목사님을 모시는데 그 조건으로 '사례금은 적게, 젊고 유능한 분으로, 재직은 5년 이내로 하자'고 하셔서 마음이 아프셨다고 합니다. 해서 이건 아니지 않느냐고 강변했다 하셨습니다. 우리가 저비용, 고효율의 노동자를 채용하려는 악덕 기업주는 아니지 않느냐고요. 이 이야기가 받아들여진 것인지, 혼자만의 항변에 그친 것인지는 잘 모르겠습니다. 그러나 비슷한 이야기들은 저도 쉽게, 자주 접합니다. 제가 있는 교육계에서도, 교회에서도 이처럼 사람을 일회용으로 대하는 자세입니다. 당장의 이익에 급급한 천박한 자본주의적 발상입니다.

인재 또한 유한합니다. 평소 인재를 키우지 않은 조직은 언제나 인재 부족을 호소합니다. 바꿔 말하면 인재가 없음을 호소하는 조직은 인재 양성에 소홀한 조직이며, 이와 같이 인재를 귀중하게 생각하지 않는 조직은 건강하게 발전할 수 없다는 말입니다. 지구 환경문제의 해결과 사회적 안정 그리고 기업의 발전은 기술적 혁신 이전에 가치관의 변화가 우선되어야 합니다. 우리가 이와 같은 현실을 외면할 때, 지구에서 우리 인류의 존재는 사라지고 말 것입니다. 또한 인재를 소홀히 하는 사회와 기업과 교육계와 교회는 사라지고 말 것입니다. 모든 것이 마음먹기 나름이라고 합니다. 현재는 과거에 마음먹고 실행한 결과일 뿐입니다. 다행스러운 것은 우리는 마음을 고쳐 먹고 변화할 수 있는 시간이 아직도 남아 있다는 사실입니다.

일터의 스트레스와 가족 건강

이미 많은 연구를 통해 우리나라는 일자리를 구하기도 어렵지만 업무 스트레스로 건강 훼손이 심각하다고 알려져 있습니다. 얼마 전 우리나라 노동자의 노동 환경을 감안한 스트레스 측정 도구를 통해 우리나라 노동자의 스트레스 원인과 건강 결과를 속속 밝혀 내고 있고, 특히 장시간 노동 및 교대제, 일과 가정이라는 양립이 어려움으로 인해 스트레스가 높아 노동자의 신체적·정신적 건강이 좋지 않다는 연구결과들이 줄을 잇고 있습니다. 이러한 연구의 결론은 일터의 환경을 적극적으로 개선해 근로자가 건강할 수 있는 여건을 만들어 주어야 한다는 것입니다.

최근 발표된 고용 정보원의 보고서 '소득과 시간 빈곤 계층을 위한 고용복지정책 수립방안–림팁(LIMTIP) 모델의 한국 사례'에 의하면, 시간 빈곤층이 930만 명이라고 합니다. 이 보고서는 레비경제학 연구소가 개발한 빈곤 측정 모델 림팁을 활용하여 소득 빈곤 외에 시간 빈곤을 측정 했는데 '시간 빈곤'이란 1주일 168시간 중에서 개인 관리와 가사·보육 등 가계 생산에 필요한 시간을 뺀 시간이 주당 근로시간보다 적을 경우를 의미합니다. 빈곤하면서도 시간도 부족한 사람들이 최소한 1주일에 잠자고, 먹고, 쉬고, 가정을 돌볼 시간이 보장되지 못한 현실을 잘 분석 하였습니다.

고달픈 우리나라 노동자들의 삶과 낮은 건강수준을 다양한 연구에서 밝히고 있지만 노동환경의 스트레스 요인이 가족과 다른 관계 및 생활에 미치는 영향에 대해서는 구체적으로 연구가 된 바가 없습니다. 어느 기관에서 올해 실시한 프로젝트에서 이 문제를 알아보기 위해 40명의 다양한 직종에 종사하는 근로자를 면접하였습니다. 그 결과 일터에서 스트레스를 받은 노동자가 가족에게 부정적 영향을 많이 미치고 있었습니다. 대체로 스트레스 받은 노동자를 세 가지 유형으로 나누어 볼 수 있었는데 표출형, 회피형, 문제 해결형으로 표출형과 회피형 반응을 보이는 노동자 가족의 삶이 어렵다는 것을 알 수 있었습니다.

스트레스를 받았을 때 표출형은 잔소리, 짜증과 화내기, 표정으로 말하기, 울기, 욕설과 폭력을 행사하며 본인뿐만 아니라 가족에게 힘든 상황을 연출하고 있었습니다.

"장난치는 것, 농담하는 것, 너무 좋아하고 그러는데 이상하게 집에 들어가면 그게 안 돼요. 오히려 집에 들어가면 말수가 더 적어지는 것 같아요. 직장에서 너무 힘들어서 그런지 밖에서 웃고 떠들고 하던 게 집에 들어가면 이상하게 말수가 적어지고 뭔가 내심 속으로 '나는 지금 피곤하니까 건들지 마라'라는 기운을 표출하는 것 같아요."

한편 직장을 다니는 젊은 여성의 경우에는 "직장에서 힘들어서 아빠한테 매일 같이 화를 냈던 것 같아요. 소리 지르고, 화내고, 가끔 물건도 집어던졌던 것 같고……. 미치는 거죠. 나는 왜 아빠한테 이러는 거지? 내가 왜 이랬지? 이러면서 이렇게 가슴 아프게 후회 하면서 다음날 또 화내고, 또 막 뭐라 그러고……."라고 진술하여 자신의 행동에 문제가 있음을 시인하고 있었다고 합니다. 고객을 상대하는 업무를 맡은 한 노동자의 증언이었습니다.

"고객한테 안 좋은 소리 통보 받은 날은 완전 맥 빠지는 거죠. 다시 얼굴 볼 사람도 아니지만 굉장히 기분 나쁘고, 그런 날은 집에서 애들이 뭔가 눈에 거슬리는 짓을 했다. 그러면 인제 걔가 옴팡 뒤집어쓰는 거죠. 근데 애들이 둘 다 남자애들이다 보니 엄마의 기분이 저하됐는지 어쨌는지 모르니깐 간혹 애들도 엄마는 당연히 밥해 주는 사람, 옷 빨아 주는 사람, 이렇게 생각을 하는 거죠. 그래서 지쳐서 누워 있는데, '엄마, 밥', '밥 주세요'도 아니고, '엄마 밥', '엄마 준비 안 했는데' 이러면 '왜? 엄마 뭐했는데' 막 짜증부리고 그러면 걔가 인제 폭탄을 맞는 거죠. '너는 엄마한테 뭐 해줬는데, 내가 너 밥해 주는 사람이냐, 너는 뭐를 엄마한테 잘해 줘서 그런 소리를 하냐' 집중 포화를 받는 거죠."

한편 회피형은 몸 사리기, 가사 및 양육 회피, 미디어 중독, 일중독, 대화 회피, 대인 기피, 음주, 흡연, 수면 장애 등으로 나타났습니다. "……들어오자마자 TV 틀어요. 여전히 그냥 게임과 TV와 함께 지내다가 12시까지도 그러고 있어요."라고 하며 가족과의 대화나 관계가 단절되었다고 표현하였습니다. "제 처도 직장에서 어려움이 있을 때 저와 이야기를 나누며 풀려고 하는 것 같은데, 저는 잘 들으려고 노력하지만, 저도 힘들어서 '그런 이야기 나한테 하지 않으면 좋겠다, 나는 회사에 다 놓고 오는데 왜 그러냐'고 하죠. 그러면 처는 이런 것들을 꼭 당신이 해결해 달라는 게 아니라 들어 주는 것만으로도 의미가 있는데 그것도 못하느냐, 이런 걸로 다툼이 될 때가 있어요."라며 부부간 위로와 의지가 안 되는 현실을 이야기하기도 하였습니다.

반면에 어려운 일터의 상황에서도 취미 생활과 노작을 하거나, 자기 돌봄에 집중하거나, 가족과의 시간을 마련하고, 지역사회 활동에 참여하거나 근로자 네트워크 및 종교 활동을 통해 스트레스를 해소하고 보다 긍정적인 삶을 살아가는 노동자도 있었습니다.

"텃밭을 조그맣게 집 앞에 가꿔봤는데, 그런 것들이 최고인 것 같아요. 예전에 제가 우울증은 아니고, 스트레스를 받으면 항상 하는 것들이 있었어요. 제가 굉장히 남성적임에도 불구하고 어느 순간 갑자기 십자수가 너무 놓고 싶은 거예요. 그래서 십자수 그거 한 판 다 놓고, 그리고 좋아하면 계속 해야 하잖아요. 그런데 딱 버려요. 아, 끝이다, 이렇게 생각이 되나 봐요. 그리고 두 번 다시 쳐다보지 않아요. 그런 것들이 도움이 돼요."

멍하게 있는 시간이 필요하다며 자신만의 시간을 확보하거나 공동육아를 통해 마을 커뮤니티를 형성하고, 아버지의 자연스러운 육아 참여 독려로 가정 불화를 줄여 나가는 사람, 신앙생활을 통해서 가서 울기도 하고 욕하기도 하며 해소하는 사람도 있었습니다.

스트레스가 많은 일터에서 일하는 노동자는 다양한 방식을 취하지만, 우리가 눈여겨 보아야할 것은 표출형이나 회피형에 속하는 노동자의 반응이 가족 내 긴장과 불안감을 조성하거나, 가족 간 무관심과 소외를 낳고, 심하면 가족해체에 이르기도 한다는 것입니다. 또한 자녀 양육에 있어 자녀 문제를 방치·방임하거나, 자녀에게 강박적인 태도를 나타내거나, 힘든 일로 인해 양육 태도가 부정적으로 변하기도 하여 아이들에게 평생 씻을 수 없는 상처를 남기게 됩니다. 더 나아가 해소되지 않는 스트레스는 분노와 모욕의 일상화에 따른 분풀이로 사회적 범죄로까지 이어질 가능성이 높습니다. 그러므로 일터가 온전하고 건강하여 노동자의 건강을 지킬 수 있도록 법에 명시된 대로 기업주가 그 책임을 다하여야 합니다. 변화된 일터는 노동자의 건강뿐 아니라 가족과 우리 사회 전체에 중요하고 긍정적인 영향을 미칠 수 있을 것입니다. 가족 문제의 해결은 가족 상담만으로 해결될 수 있는 것이 아닙니다. 우리 사회의 가족해체와 불화의 중요 요인 중의 하나도 일터의 스트레스에 따른 것입니다. 그러므로 가족 공동체가 건강할 수 있도록 하는 것은 여성 가족부의 책임이나 가족 구성원의 책임이 아닙니다. 보다 근본적인 접근은 삶의 중요한 요인으로 작용하는 일터의 근무 여건과 분위기를 사업주와 정부가 어떻게 행복하게 만들어 내느냐일 것입니다. 이 일에는 우리 모두의 관심과 노력과 지원과 감독이 필요합니다.

380년 로마는 기독교를 국교로 인정하였으나 5만 명을 수용하는 콜로세움에서 검투사들의 잔인한 살육전을 로마인들에게 볼거리로 계속 제공하고 있었습니다. 노예나 전쟁포로 신분인 검투사들은 열광하는 로마 관중들을 위한 관람용으로 하루에 40명씩 검투장에서 희생되었습니다. 그러던 어느 날 수도사인 텔레마쿠스가 경기장에 섰습니다. 그는 이 야만적인 살육전을 즉시 중단할 것을 외쳤고, 결국 관중들이 던진 돌멩이에 맞아 숨을 거두었습니다. 이 사건을 계기로 당시의 서로마 황제였던 호노리우스는 검투장을 폐쇄했습니다. 사명(使命)이란 한자로 풀이하면 '목숨을 건 심부름'입니다. 세상 모든 만물에는 주어진 사명이 있습니다. 즉 존재의 이유가 있습니다. 우리의 기준으로 미물로 규정짓는 지렁이도 흙을 비옥하게 하는 사명을 감당하면서 살아갑니다.

그렇다면 우리 인간의 존재 이유, 즉 사명은 무엇일까요? 아니 무엇이어야 할까요? 여러 가지 사명이 있을 수 있겠지만 기독교 개혁자 루터와 칼뱅의 직업소명설은 직업이 사명이라고 말합니다. 사람은 일을 통해서 자기를 표현하고 존재의 의미를 실현합니다. 따라서 직업은 모두가 천직이요, 숭고합니다. 자기의 직업에 최선을 다하는 것은 하나님의 소명(召命)을 다하는 것입니다.

스웨덴 사람들은 이런 의식이 철저합니다. 이 나라의 국민들에게는 일(job)은 사명이요, 소명입니다. 일은 자아실현 수단이며 국민의 기본권입니다. 이 때문에 조세 부담률이 40%를 넘어도 세금에 대해서는 불만이 없습니다. 루터교 정신에 기반을 둔 사회공헌이나 기부문화가 일반화되고 자기를 키워준 국가와 사회에 보답하고, 그 은혜를 되돌려 주는 것은 당연한 의무라고 생각합니다. 이는 핀란드나 서구 여러 기독교 국가들의 경우도 마찬가지입니다. 이윤을 목적으로 하는 것이 아니라 사람을 바라보는 것, 나의 수고를 통하여 타인이 누리는 평안과 만족도를 바라보는 것, 그것이 직업의 의미요, 사명입니다. 스웨덴의 국민소득 5만 달러가 놀랍고 본받을 만한 것이 아니라 그 의식이 놀랍고 본받고 싶습니다.

그렇다면 우리의 현실은 어떤가요? 국내 한 취업 포털 사이트에서 직장인 952명을 대상으로 한 현재 직업의 만족도 조사('직장인 증후군 여부' 조사) 결과에 따르면 60.7%의 직장인이 '파랑새 증후군(L'Oiseau Bleu)'을 겪고 있는 것으로 나타났습니다.

'파랑새 증후군'은 현재 자신이 하고 있는 일이나 직무의 적성이나 비전에는 관심이 없고, 급여가 많고 현재의 일보다 조금이라도 수월해 보이면, 언제든지 떠날 준비가 되어 있는 사람들을 칭합니다. 이러한 파랑새 증후군을 양산하는 데에는 경영자의 이익을 위해서 사원을 부품화하고 파편화하는 기업 문화에도 그 책임이 있다고 할 수 있습니다.

반면, 자신이 몸담고 있는 직장을 제2의 가정, 평생 직장으로 여기고 소명을 다하는 사람들도 있습니다. 행복한 기업으로 꼽히는 한 철강 회사는 노조가 '영구 무파업'을 선언했습니다. 이 기업은 직원들이 만족하는 회사를 만드는 것이 오너의 철학이요, 희망입니다. 이윤의 극대화나 매출 증가가 기업의 최종 목표는 아니라는 말입니다. 철강산업에서 자존심을 세워가는 것, 오래도록 지속되는 기업을 만드는 것, 이 회사에는 지난 십수년 간 퇴직자가 없었습니다. 정년퇴직자도 희망자는 재고용합니다.

직업소명론은 노·사·정이 같이 이루어가야 할 과제입니다. 노동자만 혹은 기업가만의 의지와 노력으로 이루어질 일은 아닙니다. 목숨을 바쳐서 헌신하고 싶은 직장을, 직업을 만들어 가는 것, 그것은 개인과 국가가 이루어내야 할 그야말로 '소명'입니다. 참된 직업소명이 시민의식으로,

국민의식으로 자리 잡고 생활화되도록 바른 노동의 자세와 노동과 가정
의 양립에 따른 교육 또한 우리 기독교학교와 교회 교육의 사명일 것입
니다.

농촌 위기와 대응 모색

농촌이 전례 없는 위기에 처했습니다. 도시 유입으로 인한 인구의 감소, 인구 고령화뿐만 아니라 경제적 빈곤 등의 구조적 악순환은 우리 농촌의 미래를 더욱 암담하게 만들고 있습니다. 쌀 한 톨을 얻기 위해 여든여덟 번 농부의 손길이 필요하다 했습니다. 쌀 미(米) 자가 뜻하는 것 또한 팔십팔(八十八)에 다름 아닙니다. 여든여덟 번째 손길로 귀한 나락을 수확하던 그날만큼 농부에게 뿌듯한 날은 없을 것입니다. 헌데 농부는 나락 베는 날 풍년가 대신 '즐거울 수 없다'고 읊조립니다. 소출이 줄어서가 아닙니다. 가격이 폭락해서도 아닙니다.

우리나라 정부는 2015년부터 쌀 시장을 관세화로 전면 개방하겠다고 세계무역기구(WTO)에 통보했습니다. 정부는 513% 관세율을 WTO에 통보했고 우리나라가 높은 수준의 관세만 확보하면 별다른 문제가 없을 것이라고 주장합니다. 또 앞으로 모든 자유무역협정(FTA/TPP)에서 쌀을 제외시키겠다고 주장합니다. 하지만 이를 믿는 농민들은 거의 없습니다. 513%라고요? 정부가 발표한 주장의 문제점은 말하기도 귀찮을 정도입니다. 지금 생산되는 모든 농산물의 가격을 보시면 그것이 얼마나 자던 소도 웃을 멀쩡한 거짓말인지는 쉽게 알 수 있습니다.

이미 한국 시장을 노리는 미국과 초국적 식량기업들이 손길을 뻗친 지 오래입니다. 미국 무역대표부는 공식 문서를 통해 "한국과 긴밀한 협력을 통해 미국 쌀 공급업체들이 한국 시장에 지속적으로 접근할 수 있도록 할 예정"이라고 밝힌 바 있습니다.

WTO 검증과 협상 과정에서 513%가 그대로 유지될 가능성은 얼마나 될까요? 이후 FTA, DDA, TPP가 추진될 경우 쌀 관세화가 유지될 확률은 얼마나 될까요? 매우 희박한 것이 현실입니다. 그럼에도 계속 정부에서는 아니라고 하고 믿어 달라고 합니다. 그러면 이를 제도적으로 법률적으로 보장해 달라고 농민 단체는 요구하고 있습니다만 이에는 대답을 피하고 있습니다.

관세화를 가지고는 결코 수입쌀을 막아 낼 수가 없습니다. 그냥 그나마 하나 남아 있는 쌀마저도 모조리 내주겠다는 소리입니다. 결국 쌀을 완전 개방하겠다는 것입니다. 쌀이 완전 개방되면 대한민국에 더 이상 농업은 존재할 수가 없습니다.

한국의 식량자급률은 23.1%입니다. 계속해서 하강추세입니다. 쌀 자급률도 근 3년에 걸쳐 80%를 유지하고 있습니다. 식량자급률 OECD 국가들 중에서 뒤에서 순서를 찾는 것이 빠를 정도로 하위권을 맴돌고 있습니다. 결국 대한민국 구성원들이 삶을 유지하고 살아가기 위해서는 80%에 가까운 식량을 외국에 의지해야 하는 상황입니다. 하루 세끼 중 두 끼는 외국 농산물을 먹는 셈입니다.

그렇다면 쌀을 전면 개방한다면 어떻게 되겠습니까? 자급율이 80%대인 쌀을 제외한 대한민국의 식량자급률은 고작 4%일 뿐입니다. 현재가 그렇다고 하는 것입니다. 시간이 가면 갈수록 이 수치는 더 줄어들 수밖에 없다는 결론입니다. 결국 쌀 전면 개방은 우리나라의 식량주권 상실로 이어질 것입니다.

자유 무역 시대이자 세계화 시대, 즉 무한 경쟁 시대인데 우리 쌀도 외국 쌀과 경쟁해야 되는 것 아니냐는 분들이 계십니다. 외국 쌀과 경쟁에서 이기는 방법이 있을까요? 낮은 생산단가와 외교적 압박 수단을 통해 수입 쌀이 들어오면 가격 경쟁력에서 도저히 맞출 수가 없을 것입니다. 관세를 적용시키지 않으면 미국 쌀만 해도 국내산 쌀 가격의 3분의 1 수준입니다.

아직 쌀 개방이 되지 않은 지금도 수입 쌀이 국산 쌀로 둔갑하여 팔리고 있습니다. 국산 쌀 5%와 수입 쌀 95%가 섞이면 이게 국산 쌀이 되고 있습니다. 이 정도는 그래도 나은 편이라고 합니다. 아예 100% 수입 쌀을 국내에서 포장지만 슬쩍 바꿔 국내산으로 내놓는 경우도 허다합니다. 게다가 나날이 농촌은 고령화되고 농가 인구는 줄어드는 상황입니다. 이렇게 모든 안전장치가 제거된다면 우리 농업과 농촌은 어찌되는지, 우리나라의 식량 주권은 어찌되는 것인지 묻지 않을 수 없습니다.

> 때를 만나서는 천지가 모두 힘을 합치더니
> 운이 다하매 영웅도 스스로 도모할 길이 없구나
> 백성을 사랑하고 의를 세움에 잘못이 없건마는
> 나라 위한 붉은 마음을 그 누가 알까
> (갑오동학농민혁명의 전봉준 장군의 절명시에서)

> 녹두꽃이 떨어지면

> 새야 새야 파랑새야
> 녹두밭에 앉지마라
> 녹두꽃이 떨어지면
> 청포장수 울고 간다

전쟁 말미 중 농민군들은 계속 밀리기 시작합니다. 패퇴(敗退)의 길로 접어든 농민군들은 처절한 저항을 하고 그 결과 모두 죽게 됩니다. 우리 민족사에 가장 중요한 사건이라 할 수 있는 갑오동학농민혁명은 녹두장군 전봉준이 체포되어 그의 목이 잘려 나가면서 끝나게 됩니다.

　전봉준, 그는 매우 작은 사람이었습니다. 오죽했으면 그 당시 가장 흔하고 작은 곡물인 녹두에 비견했겠습니까? 그런데 흰 옷 입은 조선 사람들은 그를 대장으로 삼습니다. 그리고 그는 스스럼없는 민중의 지도자로 우뚝 서게 됩니다. 그는 이후 조선의 영웅, 불멸하는 혁명가의 모습으로 자리 잡지만 현상금과 벼슬에 눈 먼 제자의 밀고로 포위당하고 무지한 산골 무지렁이가 휘두른 눈 먼 몽둥이에 쓰러지면서 체포당하고 맙니다. 이후 조선은 몇 고비의 우여곡절을 겪게 되고 결국은 일본에 나라를 빼앗기고 말았습니다.

　이스라엘의 역사는 고난과 절망의 역사라고 불릴 만큼 힘든 과정이 수시로 끊이지 않고 지속된 민족입니다. 풍전등화 위기는 쉴 날이 없었고 산전수전 다 겪은 나라였습니다. 그 안에 사는 백성들의 사정은 오죽했겠습니까? 조롱과 멸시를 당하며 죽을 지경의 고통을 감내하며 살 수밖에 없었던 백성들의 삶이었습니다. 성경의 곳곳에 '불쌍히 여기옵소서', '속량하옵소서', '우리를 버리시옵니까' 등등의 원망과 탄식의 구절이 쉼 없이 반복되어 사용되고 있고, 그들이 얼마나 힘들었으면 그들을 힘들게 하는 자들을 향해 '부끄러움을 당하게 하옵소서', '벌하여 주옵소서', '망하게 해달라', '사라지게 해달라'고 저주의 말들을 끊임없이 퍼붓고 있겠습니까? 마치 싱싱하게 자라다 열매를 맺어 갈 때쯤 베임을 당하는 풀 같은 운명으로 자신들의 처지를 바라보기까지 했습니다. 보잘것없는 한낱 풀에 자신들의 처지를 비교하는 것만 해도 처절하기 짝이 없는데 심지어는 잘려 나가는 그 풀에서까지 자신들의 운명을 바라봤다니, 그들의 심정이 얼마나 통탄스러웠을까요. 하지만 이스라엘의 실제 사정은 조금도 과장됨이 없었습니다. 정치적, 경제적, 종교적으로 억눌리고 빼앗긴 삶, 종과 노예의 삶이었음은 우리가 익히 알고 있는 사실입니다. 이런 상황에서 희망과 꿈을 이야기한다는 건 쉬운 일이 아닙니다. 대부분 겨우 신음소리를 내다가 이내 체념하고 길들여지기가 일쑤입니다.

정직한 농사는 풀과의 전쟁입니다. 뽑아도, 뽑아도 또 나오고, 잘라도, 잘라도 또 자라는 것이 풀입니다. 농사 지어 본 농민들이면 누구나 다 잘 아는 내용입니다. 예수님도 보면 농사에 대해서 훤히 잘 알고 계신 듯합니다. 어쩌면 그리 적절하게 비유를 잘 드시는지 입을 벌릴 정도입니다. 농사에 대해 잘 알뿐 아니라 농업의 중요성과 소중함을 알고 계셨기에 이렇게 자주 농사의 대한 비유를 자주 사용하신 것으로 보입니다.

보통의 농민들은 얼마나 징그러웠으면 풀을 '웬수'라고까지 부릅니다. 그러나 시편 72편 1~7절 말씀은 이 풀에게서 생명력을 발견합니다.

> 오 하나님이여, 왕에게 주의 판단력을 주시고 왕의 아들에게 주의 의를 주소서. 그가 주의 백성들을 의롭게 판단하고 주의 가난한 사람들을 공평하게 판단할 것입니다. 산들이 백성들에게 평안을 주고 작은 언덕들도 의로 평화로워질 것입니다. 왕이 백성들 가운데 가난한 사람들을 판단해 주고 궁핍한 사람들의 자녀들을 구원해 주며 억압하는 사람들을 칠 것입니다. 해가 존재하는 한, 달이 존재하는 한 온 세대에 걸쳐 백성들이 주를 경외하게 하소서. 왕이 잔디밭에 비가 내리듯 소나기가 땅을 적시듯 나아올 것이니 그가 다스릴 때 의인들이 번성하고 달이 없어질 때까지 그 번영이 계속될 것입니다.

잘린 풀에게서 오히려 복원력을 보게 됩니다. 피를 흘리며 잘린 풀이었지만 이내 더 튼튼하게 회복될 것을 확신하고 있습니다. 바로 비가 내리고 그 비를 잘린 풀이 맞고서 너무도 좋아 어쩔 줄을 모르고 춤을 추는 모습이 오늘의 성서 내용입니다. 영문도 모르고 잘린 풀은 얼마나 황당하고 억울하겠습니까? 엄청나게 상처를 입고 어이없어 주저앉았는데 하늘에서 비가 내리는 것이었습니다. 그 비를 맞고 다시 정신을 차립니다. 그리고 몸부림치며 재정비합니다. 그러면서 새록새록 싹을 틔웁니다. 더 알차고 힘 있게 잎과 줄기를 품어 올립니다.

동학혁명은 봉건체제를 대신해 자주적 정권을 세우는 데까지 나아가지는 못했지만 구체제를 붕괴시키는 결정적인 구실을 했습니다. 수천년을 이어온 신분제도를 철폐함으로써 인간평등의 새 세상을 여는 데 결정적인 역할을 했으며 집강소를 통해 민주주의의 씨를 뿌렸습니다. 또한 외세의 침략에 맞서 나라를 지키려는 대투쟁을 전개함으로써 민족자존을 오롯이 세운 역사적인 혁명이었음이 분명합니다.

이른바 개방 농정이라는 미명하에 우루과이라운드에서 WTO, 수많은 FTA 체결 등으로 우리 농업은 서서히 목 졸려졌고 이제 단말마의 고비에 이르렀습니다. 그야말로 절체절명의 때인 것입니다. 어떻게 해야 합니까? 그날, 학정과 외세의 침탈에 맞서 일어났던 우리의 할아버지의 할아버지들이 오늘을 다시 산다면 또 다시 일어서지 않겠습니까? 돈에 눈 먼 자본과 권력이 생목숨을 수장시키는 대학살을 우리는 똑똑히 보지 않았습니까? 그리고 지금도 여기저기서 목도하고 있지 않습니까? 크게, 아주 크게 바꾸어야 한다는 것, 세상을 바꾸는 것, 그게 동학혁명이 우리에게 주는 오늘의 외침일 것입니다. 잘린 풀이지만 내리는 비를 맞고 춤추면서 새 싹을 내는 것처럼 우리도 역사의 비를 맞고, 현장의 비를 맞으며 세상을 바꾸기 위해 새 꿈을 꾸는 사람들이 되어야 합니다.

지난 2014년 11월 10일 한·중 FTA(자유무역협정)의 '실질적 타결'이 선언됨에 따라 식량 안보 문제에 있어 큰 위협을 받게 됐습니다. 가장 우려가 높았던 쌀과 주요 민감 품목은 제외됐다고 하지만 이들도 점차 개방의 움직임을 피하지 못할 것으로 예상됩니다. 농축산업 대국에 속하는 호주·캐나다·뉴질랜드와도 FTA 국회 비준을 앞두면서 국내 농가의 우려가 날로 높아지고 있습니다.

잇단 FTA 체결로 국내 농촌의 경제적 기반이 흔들리고 있는 가운데 농촌교회가 겪게 될 어려움도 클 수밖에 없습니다. 교회가 지역 식량 체계 구축을 사회적 선교의 우선 과제로 삼고, 안전한 '먹을거리'의 주체로 건강한 지역사회를 만드는 일에 나설 필요가 있습니다. 이러한 노력을 통해 '함께'하는 교회가 될 때야 비로소 굳게 닫힌 농촌 선교의 문도 열릴 수 있을 것입니다.

이번 FTA에서 농산물의 경우 가장 우려했던 '쌀'은 제외됐으며 민감 품목인 고추, 마늘, 양파, 쇠고기, 돼지고기, 사과, 배 등 610여 개 품목 역시 관세 인하 대상에서 제외하기로 했습니다만 즉시 개방되는 농축산물 품목 수는 총 216개로 한국 전체 농산물의 13.4%를 차지합니다.

한·중 FTA 체결을 놓고 업종별 희비가 엇갈리는 가운데 전문가들은 농수산물의 분야가 극심한 타격을 입을 것이라며 값싼 중국산 농산물의 공세로, 국내 농업 생산기반이 무너지는 결과를 불러올 수 있다고 진단합니다. 더욱이 중국은 우리나라와 유사한 작부체계와 기후를 가지고 있어 추가적인 피해가 더욱 클 수 있습니다.

농민 단체들도 긴급성명서를 발표하고 쌀과 고추, 마늘, 양파 등 주요 농산물을 개방 대상에서 제외했다고 하지만, 쌀은 이미 정부가 WTO에 관세화를 통보해 2015년 1월부터 완전 개방이 예정된 상태라며, 고추, 마늘, 양파 등은 한중 가격 차이가 커서 관세 철폐 대상에서 제외되었다 해도 그 실질적인 효과는 거의 없을 것이라고 주장했습니다.

우리나라의 식량 자급률은 2013년 기준 23.1%로 OECD 국가 중 최하위에 속합니다. 먹을거리 75% 이상이 수입에 의존하고 있는 실정입니다. 주식인 쌀의 자급률도 89.2%로 2014년 현재를 기준으로, 최근 3년 연속 90% 이하로 떨어졌습니다. 한·중 농산물 개방이 국내 농업 쇠퇴로 이어질 가능성이 높은 가운데 식량 자급률이 낮아지게 되면 식량 안보에도 큰 타격을 줄 수 있습니다.

실제로 2008년 세계적인 곡물 파동이 일어났을 때 식량이 부족한 나라에서는 폭동이 일어나기도 했습니다. 당시 세계적 경제 불황과 이상기후가 겹치면서 식량이 무기가 될 수 있음을 경고한 사건입니다. 쌀 관세화는 농업과 생산자만의 문제가 아니라 '국민 모두'가 관심을 가지고 지켜봐야 할 중대한 사안인 것입니다.

쌀을 빼면 곡물자급률이 4.6%밖에 안 되는 우리나라에서 쌀 부족 현상이 벌어지면 사태는 더욱 심각해질 수 있습니다. 단순히 국제시장의 농산물 개방을 경제적 효율성이라는 잣대로 평가할 수 없는 이유가 여기에 있습니다.

쌀, 보리, 밀 주곡에 해당되는 것에 대해서는 단순히 국제시장에서 있어서 경쟁력의 효율성만을 따져선 안 됩니다. 농산물 국제시장은 충분한 경쟁력을 가지도록 대폭적인 지원을 한 후에 개방을 하는 것이 원칙인데 그러한 과정 없이 개방하는 것은 상당히 위험한 선택입니다.

잇단 FTA 체결로 국내 농촌에 경제적 어려움이 가중될 것으로 예상되는 가운데 교회가 지역사회를 위해 할 수 있는 역할은 무엇일까요? 전문가들은 한·중 FTA 체결은 국제화 시대를 맞이해 피할 수 없는 부분이라며, 단순한 가격 경쟁을 넘어 국내 농업 분야의 품질 향상 및 차별화가 필요하다고 진단합니다. 중국 농산물 시장도 FTA에 따라 개방되는 만큼 중국 내 고소득 소비계층의 소비 성향을 면밀히 분석해 국내 농산물의 수출을 확대하는 노력이 필요합니다.

또 생산비 절감을 위한 유통 구조 개선과 기술개발 투자 등 적극적인 대책 마련이 필수적입니다. 하지만 소규모 영세농가의 경우 이마저도 쉽지 않아 정부의 기본적 보호 아래 민간 차원에서 친환경 '우리 농산물'을 애용하고 자발적인 농촌 살리기 운동을 시행할 필요가 있습니다.

특히 교회가 소외된 이웃을 향한 섬김의 본을 보이셨던 예수님의 삶을 따라 농촌의 위기에 대한 대책을 모색하는 것이 중요합니다. 더욱이 교회는 지역사회 내에서 도시와 농촌을 잇는 가교 역할을 할 수 있다는 점에서 더욱 큰 영향력을 발휘할 수 있습니다.

교회는 식량을 상품이 아니라 생명을 살리는 하나님의 선물, 필수품으로 여기고 교회 내에서 공유할 뿐 아니라 국민의 식량 보장에 적극적으로 나서야 합니다. 식량마저 상품화된 현실 내에서 교회가 안전한 먹을거리 문제 해결의 주체가 되어야 합니다. '로컬 푸드 운동'과 같은 것을 전개하며 식량 안보를 위해 나서는 것이 중요합니다.

갈수록 안전한 먹을거리의 중요성이 강조되는 가운데 교회를 중심으로 향토식품에 대한 긍정적인 인식을 확산하고 농촌교회 주변의 농가와 협력하는 것도 좋은 방법입니다. 도시교회와 농촌교회가 지역별, 교단별 네트워크를 맺어 보다 지속적이고 장기적인 노력을 이어가는 것이 중요합니다.

이미 교단별로는 도시교회와 농촌교회의 연계를 통해 착한 직거래 장터, 협동 조합, 자매결연 등 다양한 '농촌 살리기 운동'이 추진되어 왔습니다. 아쉬운 점은 창구가 일원화되어 있지 않고 단기적 서비스에 그칠 때가 많다는 것입니다. 일부 대형교회와 몇몇 농촌교회의 일회적인 행사로 끝나는 경우도 많습니다. 교단을 넘어 전교회 차원의 운동으로 '도-농교회' 간 일대일 결연을 맺고 '상생'하려는 노력이 필요합니다.

이를 통해 도시에서는 몸에 좋은 향토 음식을 저렴한 가격에 맛볼 수 있고, 농촌에서는 유통 마진을 줄여 더 많은 이윤을 남길 수 있습니다. 한·중 FTA 타결로 국내 농가가 큰 타격을 입은 상황에서 한국교회의 적극적인 움직임은 잃어버린 대사회적 신뢰와 위상을 회복할 수 있는 하나의 타개책이 될 수도 있습니다. 이런 일에 이런 생각, 저런 생각을 하던 차에 생각난 이야기입니다.

흔히들 현대 도시문명사회의 특징을 '공동체의식이 결여되고 개인주의적인 파편 문화'라고 말합니다. 실제로 이전 시대에 비해 우리 주변에서 일어나는 일들에 대해 무관심하거나 잘 모이지 않습니다. 그러다 보니 만나는 사람들은 분명 많은데 왠지 모르게 외롭고 가까이 사는 이웃인데 낯선 느낌이기도 합니다. 더욱이 층간 소음 문제로 이웃 간에 얼굴을 붉히는 경우도 많고 잦은 이사로 이웃에게 별다른 관심이 없습니다. 그러나 이처럼 삭막한 도시에서도 이를 당연하게 여기지 않는 새로운 문화가 생겨나고 있습니다. 누가 봐도 도시가 분명한데 여느 시골장터와 같은 정다움을 느끼고 훈훈한 인심에 입가에 미소가 절로 나옵니다. 알고 보면 간단하고 어렵지 않은데 지금까지 왜 이렇게 못했나 싶기도 합니다. 부디 이런 문화적 시도들이 다양한 곳에서 더욱 풍성해지기를 바랍니다. 저마다의 지역적 특성에 맞게 개량해서 문화를 창출해 나가면 좋을 것 같습니다.

서울 혜화동에 가면 특별한 곳이 있습니다. 이곳에서 운영하고 있는 씨앗도서관에서 5종류의 토종 씨앗을 대출 받아 1년 후 반납할 수 있습니다. 몇 시간이고 돌아다녀도 끄떡없는 편한 복장에 운동화, 손에는 텀블러와 개인 식기를 장착합니다. 거기에 딸기 모종도 담고 토종 씨앗도 담을 에코백까지 어깨에 둘러매면 출격 준비 완료입니다. 매월 둘째 주 일요일 서울 대학로에는 일명 '마르쉐 패션'들이 눈에 띕니다. 농부에게 채소를 사고 요리사의 '한 땀 한 땀' 장인정신을 맛볼 수 있는 도시형 장터 마르쉐(Marche: 프랑스어로 '장터'라는 뜻), 2012년 10월 문을 연 뒤 매달 더 많은 '홀릭(중독)'을 양산하고 있습니다.

'거짓 없는 정직한 직업인 농부와 요리사, 이들을 도심에서 직접 만날 순 없을까?'

마르쉐의 시작은 단순한 이 질문이었습니다. 런던의 첼시 파머스마켓 (Chelsea Farmers Market)이나 케이프타운의 플리마켓 등 전 세계 주요도시에서 주기적으로 열리는 생산자들의 직거래 장터가 마르쉐의 모델입니다. 소비자들은 농부의 손을 보고 식재료를 사고 요리사의 설명을 들으며 먹거리를 구입합니다. 여기에 마르쉐는 수공예 팀을 더해 품목의 다양성을 높였습니다. 매달 열리는 마르쉐는 계절에 맞게 주제를 바꿔 답니다. 얼마 전에 열린 마르쉐의 주제는 '씨앗'이었습니다. 게으름을 피우며 더디게 오는 봄을 재촉하는 씨앗장이 오전 11시부터 펼쳐졌습니다. 개장 전부터 하나둘 모여든 사람들은 텀블러나 에코백(환경친화적인 핸드백)만으로 서로를 '감지'합니다. 안내판이 서고 가판들이 갖춰지는 동시에 장보기를 시작하는 시민들의 표정은 이미 부자입니다.

'믿을 수 있는 농산물과 음식을 사고 팔며 상생하는 도농 관계를 통해 지속 가능한 세상을 만든다'는 취지로 시작한 마르쉐의 정확한 이름은 '마르쉐@혜화동'입니다. 지금은 한 곳에서만 열리지만 앞으로 더 많은 장소에서 열리기 바라는 마음에서 장소를 바꿔 붙일 수 있도록 '@'을 이용했습니다. 실제로 이곳보다 먼저 계획했던 '마르쉐@합정'이 무산된 바 있는데, '@혜화동'은 아르코 예술극장이 앞마당을 무상으로 대여하겠다는 결정에 의해 가능했습니다.

한 달에 한 번, 오전 11시부터 오후 4시까지 딱 5시간 열리는 마르쉐의 경험자들은 가판 앞에서 망설이지 않습니다. 제주에서 올라온 무농약 한라봉, 충남 홍성에서 온 쌈야채, 전남 신안에서 올라온 소금 등은 돌아서면 매진될까 보자마자 집어 듭니다. 그러나 무엇보다도 인기 있는 품목은 3월의 주제인 '씨앗'이었습니다. 전국 방방곡곡 좋은 땅에서 맑은 공기와 물을 먹고 결실 맺은 수백 종류의 씨앗들이 소비자들의 에코백에 파고 들었습니다.

마르쉐의 단골 농부 '우보'의 우보 농장은 바구니 한 가득 볍씨를 판매했습니다. 페트병을 잘라 흙을 젖게 유지하면 쌀을 기를 수 있다는 거짓말 같은 이야기에 소비자들은 노트까지 꺼내들고 즉석에서 수업을 받습니다.

실제로 유치원에서 페트병 벼농사를 지도하고 있는 '우보'의 얼굴과 팔은 까맣고 단단하게 그을려 있었습니다. '흑생', '북흑조', '자광도', '버들벼' 등 세상에 이렇게 다양한 토종 쌀이 있는 줄 몰랐던 농사 까막눈들이 볍씨들을 사 가며 가을 벼수확을 꿈꿨습니다.

'씨앗도서관'이라는 특별한 이름이 눈길을 잡는 '토종씨드림'은 단연 스타였습니다. 소비자들은 이곳에서 씨앗을 대출받고 1년 뒤 역시 씨앗으로 반납하는 '도서관'입니다.

이곳은 작년 3월 '개눈깔콩', '호랭이밤콩', '염주율무' 등 이름도 예쁜 토종씨앗 5종을 대출해 주고 1년 뒤 오늘을 기다리고 있었습니다. 이 씨앗들 중에 1종류만 성공해 반납한 초보농부에게 작년 보증금 5천 원을 돌려 주자, '올해는 적어도 2종류는 성공할 것'이라며 씩씩하게 다시 대출해 가기도 했습니다.

정오가 넘어가니 요리 가판의 줄이 길어졌습니다. 물론 요리도 친환경 유기농 식재료를 이용하며, 요리하랴 설명하랴 각각의 재미난 사연들이 양념처럼 담겨 있었습니다. '빵굽는소녀햄냥'은 주제 '씨앗'에 맞춰 천연발효종과 우리 밀을 이용한 빵을 내놓았습니다. 더구나 직접 키우고 있는 천연 발효 종을 나눠 주고 다음 마르쉐 때까지 키워 오면 새 빵으로 교환해 주는 깜찍한 아이디어를 실현시켜 홈베이커들이 열광하기도 했습니다.

이 특별한 장터 마르쉐, 어떻게 이용할까요? 마르쉐는 도심 속에 푸름과 생명을 불어넣는 장터인 만큼 특별한 규칙들도 뒤따릅니다. 먼저 소비자들에겐 텀블러와 개인식기 지참이 권장됩니다. 그저 권장만이 아닙니다. 텀블러 지참시 음료 가격 20% 할인, 수제 잼을 담아갈 빈 병을 가져오면 1천 원 할인 등의 혜택을 누리는 쏠쏠함도 있습니다. 혹 깜빡 잊었을 경우 파는 곳에서 식기가 주어지지만, 1~3천 원의 보증금이 있어 다 먹고 돌려줄 때 반환받을 수 있습니다. 입점에 있어서는 우선 도시 농부와 초보 귀농자를 우대하지만, 그보다 먼저 생산자와 소비자의 소통과 관계를 최우선 가치로 여기는 만큼 자신과 물품에 대한 이야기를 할 수 있는 참가자를 뽑습니다. '물건 판매보다 수다가 우선'인 덕에, 60개에 달하는 참가팀들은 자신의 물건이 소진돼도 가판을 치우거나 자리를 떠나지 않습니다.

장사를 끝낸 이웃 입점 팀이나 소비자들과 잔디밭에 둘러앉아 먹거리도 먹고 수다도 떱니다. '이웃이 있어야 내가 있다'는 마르쉐의 원칙 덕분입니다. 폐장이 가까워지자 공연도 마무리되는 한편, 각종 시연과 막판 판매에 불이 붙었습니다. '먹을 수 있는 모든 재료로 피클이 가능하다'는 타카타 농부의 '도레미팜'에는 색색의 피클들이 봄볕에 반짝거렸습니다.

마른나물 현미 떡볶이에 포크를 꽂은 채 유기농 마요네즈 시연에 참석했고, 수제 맥주와 타락죽, 리예뜨⁺를 잔디밭에 펼쳐놓은 다국적 피크닉도 펼쳐졌습니다. 소비자들은 줄을 길게 서도 짜증내지 않으며, 판매자들은 사방에서 들려오는 질문에도 얼굴 찌푸리지 않습니다. 파는 농부도, 사는 도시인도 모두 웃는 낯인 '마르쉐 스타일', 시골에서 도시에서 흙을 만지고 생명을 키워내는 씨앗 한 줌씩 든 마르쉐 사람들이 봄을 재촉하고 있었습니다.

이제 사람들은 혜화동을 떠올릴 때, 마르쉐를 연상하게 될 것입니다.

+ 주재료인 고기를 잘게 다진 것으로 빵이나 음식에 발라먹을 수 있는 프랑스 사이드 음식.

도시 한 복판에 시골장터의 사람 사는 냄새와 넉넉한 웃음이 되살아났습
니다. 역시 사람은 서로 잇대어 살아야 제대로 살아가게 되나 봅니다.
도시와 농촌의 만남, 농부와 요리사의 만남, 전통과 현대의 만남, 나와
이웃의 만남이 한데 어우러져서 여럿이 하나 되는 세상을 만들어가는
모습이 기분 좋습니다. 서울에 가면 패션의 거리 압구정동이나 명동이
아니라 혜화동에 가보렵니다. 얼쑤 좋다, 좋구나 좋아~.

실업과 해고는 결코 남의 일이 아닙니다

최근 극심한 경제난으로 기업의 구조조정과 정리해고를 사실 보도하고 심층 보도하는 언론매체들이 눈에 띄게 늘어나고 있습니다. 그런데 놀라운 사실은 얼마 전 벨기에의 한 마케팅 대행사에서 인터넷 투표를 통해 기업의 해고를 결정하는 방법을 마케팅 전략으로 사용해서 큰 호응을 얻었다는 사실입니다. 이 시장 조사는 해고라는 끔찍한 사건을 회사의 홍보에 이용했습니다. 어떻게 해고라는 충격적인 사회문제를 자기들의 이익의 거리로 삼을 수 있을까요? 가슴 아픈 사람들의 경우와 처지를 도와주지는 못할망정 이를 그저 자기 이익의 수단으로 삼았다는 사실에 놀라고 씁쓸했습니다. 실제로 제 주변에서도 보면 직접적으로 자신의 일이 아니니 별 관심이 없다는 반응을 보이는 이들이 많습니다. 저와 같이 정년이 보장된 공무원이나 교사들이 더 그럴지도 모릅니다. 그러나 저는 이런 보도를 접하면 남의 일 같지 않기에 마음이 아프고 가슴이 답답해집니다. 직접적인 피해나 직면할 일이 아니더라도 실업에 따른 결과는 우리 모두의 아픔으로 다가옵니다. 해고는 해고자뿐 아니라 온 가족과 공동체에 영향을 미치고 사회 전체를 암담하게 만듭니다. 해고자와 그 가족은 우리와 아무 상관없는 먼 나라의 이야기가 아니라 바로 우리의 가족이고 친구이고 이웃입니다. 이들의 눈물과 아픔은 고스란히 우리 모두의 몫이기도 합니다. 이 사실은 아무리 강조해도 지나치지 않은 실제상황입니다.

오늘 우리는 경쟁을 자연스럽게 받아들이고, 주류에 편입하기 위해

266

정치적 발언을 할 여유도 없는 것 같습니다. 더러는 오늘의 세태를 보고 분노와 답답함을 느끼면서도 이를 감추는 데 익숙한 것 같습니다. 그저 상투적으로 매일 "안녕하세요.", "안녕해요."라고 인사를 주고받는데, 정말로 그런지 고민을 해봐야 하지 않을까 싶습니다. 그렇지 않다면 우리는 안녕하지 못한 상황을 감추려고 가면을 쓰고 '안녕하다'고 말하는 것인지도 모릅니다. 그런데 지난 2013년 '안녕들 하십니까' 열풍은 그래도 우리 사회가 훈훈한 기운이 감돌고 있음을 알게 해 준 감격스러운 사건이었습니다.

2013년 한국철도공사(코레일) 노조의 파업을 보고 어느 추운 겨울날 고려대학교 경영학과 주현우 학생이 학교의 후문에 붙인 대자보에서 유래한 구호가 바로 "안녕들 하십니까"입니다. 이 대자보는 고려대학교만이 아니라 여러 대학교과 고등학교에까지 이어졌고, 페이스북 페이지로도 반향을 일으켰습니다. 이 대자보에는 "철도 민영화에 반대한다며 수천 명이 직위해제 되고, 불법 대선개입, 밀양 주민이 음독자살하는 수상한 시절에 어찌 모두들 안녕하신지 모르겠습니다. 안녕들 하십니까?"라고 적혀 있었고 내용에는 쌍용자동차 노조 이야기도 포함되어 있었습니다. "만일 안녕하지 못한다면 소리쳐 외치지 않을 수 없을 것이다. ……그래서 마지막으로 묻고 싶습니다! 모두 안녕들 하십니까!"라는 글로 끝을 맺었습니다.

주현우는 '이 글을 읽어 달라'는 뜻으로 학생들이 강의를 들으러 가는 시간에 맞춰 대자보를 썼습니다. 2013년 12월 10일, 그는 학생들에게서 따뜻한 음료만 70개도 넘게 받았다고 합니다. 당일에만 대자보 옆에는 40개의 화답성 게시글이 붙었습니다. 페이스북의 '안녕들 하십니까' 페이지는 12월 14일 하루 사이에 2만 명이 '좋아요'를 누르기도 했습니다. 12월 15일에는 15만 개, 12월 16일엔 21만 개, 12월 20일엔 26만 개로 불어났습니다. 페이스북 페이지에는 대학생뿐 아니라 졸업을 앞둔 고등학생, 수험생, 워킹 홀리데이 중인 대학생, 12월 16일에는 페이스북 계정에 '응답하라 1228' 이미지와 함께 "1228개의 안녕하지 못한 이유가 1228장의 대자보로 쌓이길 기다립니다!"라는 글도 같이 올라왔습니다.

이외수는 자신의 트위터에 "한해가 저물어 가는데 이 나라의 젊은이들은 모두에게 안녕을 묻기 시작했습니다. 안녕하십니까? 그 물음 뒤에 '어디로 가십니까'도 환청처럼 들립니다. 하지만 어쩐지 부끄러워서 자신 있게 대답할 수가 없습니다. 그대는 어떠신가요."라고 글을 적었습니다. 공지영은 "2013년 올해의 키워드는 단연 '안녕들 하십니까?'이다."라며 주현우를 지지하였습니다. 이처럼 이 대자보는 젊은 세대의 불안감과 좌절감을 제대로 짚어 냈습니다. 이는 매우 감성적인 터치로 우리가 정말 이 사회에서 우리의 책무를 다하고 있는가 하는 생각으로 자신을 돌아보게 하였습니다. 특정 계층만 안녕한 사회가 아니라 우리 모두 안녕한 사회를 만들기 위해 최선을 다해야 함을 일깨워 주었습니다. '안녕들 하십니까' 열풍은 우리 사회가 지속 가능하지 않고 공멸할 수 있다는 위기의식이 사람들의 의식을 깨우고 공감하는 울림을 불어 일으켰습니다. '안녕들 하십니까'는 지난날의 추억으로 지나칠 수 없습니다. 오늘 우리 사회는 아직도 안녕하지 못한 사람들이 많고 그들의 울음이 가슴 아픕니다.

오늘날 우리의 현실은 극심한 경제난으로 인해 각종 선거에서 최대 이슈 중 하나도 일자리 창출일 정도입니다. 그만큼 우리 사회는 일할 사람은 많은데 일자리가 부족하여, 일자리에 대한 경쟁이 치열합니다. 게다가 일자리가 있는 사람도 해고되어 하루아침에 길거리로 나앉기도 합니다. 일(work)은 사람들이 자신이 누구인지를 알려 주는 매우 중요한 지표 중의 하나이며, 소득의 원천이고, 가족과 사회적 관계를 유지시켜 주는 등 살아가는 데 중요한 수단입니다. 특히 임금을 받고 자신의 노동을 팔아 일자리를 유지해야 하는 노동자의 경우는 일자리의 존속 여부가 기업의 행태에 따라 좌지우지되기 십상입니다.

우리 사회에 언제부터 해고라는 어두운 그림자가 '일상어'가 되었을까요? 실업과 해고는 늘 있던 문제이지만 IMF시대로 접어들면서 사회구조적 문제로 자리 잡기 시작했습니다. 2000년대 들어서는 정리해고가 구조조정의 주요 수단으로 시행되어, 쌍용자동차, 시그네틱스, KEC, 진방스틸, 한국공항공사, 재능노동자 등 열거할 수 없는 많은 사업장의 노동자들이 갑작스런 해고로 고통을 받게 되었습니다. 특히 쌍용자동차는 삼미특수강, 대우자동차 노동자의 해 고 이후 우리 사회에서 매우 커다란 파장을 몰고 온 정리해고 사건으로, 매스컴을 통해 '23인의 죽음의 행렬'로 그 참상이 알려져 왔습니다.

해고는 해고라는 한순간으로 끝나는 것이 아닙니다. 해고 이후에는 무슨 일이 벌어지는 것일까요? 많은 국내외 연구가 해고와 실업에 따른 결과를 알려 주고 있습니다. 빈곤으로의 추락, 사망률, 건강상태 악화, 질병 및 장애의 증가, 생활양식의 변화, 가족관계 및 관계차원의 변화 등이 주요한 결과로 다루어지고 있습니다.

먼저 사망률을 살펴보면 다음과 같습니다. 어느 연구에 의하면 정동장애,[+] 우울증 환자들 중 실직자의 자살률이 다른 환자들보다 2.9배 높

+ 정동질환에는 조증(躁症; 지나친 활동, 자신감 넘치는 말, 팽배한 자부심 등으로 인해 들뜨고 과대망상적이며 흥분된 상태) 또는 울증(鬱症; 생활에 대한 무감각, 수면장애, 감정불안, 무가치감, 죄책감 등을 느끼는 낙담한 상태) 상태가 포함되며 종종 이 2가지 상태가 복합적으로 나타나는 조울증(躁鬱症) 등이 있습니다. 정동장애를 보이는 사람은 망상·환각 등의 현실감각을 잃는 정신질환 증상을 갖고 있거나 그렇지 않은 경우도 있습니다. 조울증의 경우 갑작스럽게 시작되었다가 회복되는 조증과 울증이 서로 교대로 나타나기도 합니다. 울증이 일반적으로 더 많이 나타나며, 울증에서 회복되는 시기에 잠시 지나친 낙관과 다행감(euphoria)을 보이지만, 참된 의미의 조증은 나타나지 않습니다. 조증의 가장 과격한 증상은 타인에 대한 폭력이며, 반면에 울증의 가장 과격한 증상은 자살입니다. 통계자료에 따르면 조울증은 유전적 요인과 관련이 있으

다고 합니다. 또한 49,321명의 스웨덴 중년 남자를 대상으로 한 연구에서는 1992~1994년 동안 90일 이상 실직을 경험한 남자에서 1995~2003년 동안 사망률이 실직하지 않은 남자에 비해 1.91배 높았고 처음 4년의 사망률이 높아 실직 이후 빠른 대응이 필요하다고 합니다.

1971년과 1981년에 영국(England와 Wales)에서 인구 조사에 포함된 대상을 분석해 본 결과 일자리가 있는 사람은 평균 사망률보다 낮은 사망률을 나타내고 있습니다. 실업 이전에 질병이 있었던 실업자는 평균사망률보다 3배나 높고 병이 없던 실업자는 37%가 높은 것으로 나타났습니다. 사회계층의 차이에도 모든 사회계층에서 실업은 고용된 사람보다 높은 사망률을 나타냈고 특히 심혈관계질환, 폐암, 사고, 자살로 인한 높은 사망률을 나타냈습니다.

특히 실업 후기보다는 실업 초기에 사망률이 높게 나타났는데 실업 후기에는 구직에 대한 포기나 실업 상태에 대한 '강제된 적응'이 사망률을 낮출 수도 있을 것입니다.

종신고용의 종말과 함께 고용불안정과 실업이 증가하고 있는 일본 사회에서도 자살로 인한 사망률이 급격히 늘어나고 있습니다. 1999년 한 해 동안 일본인은 총 33,048명이 자살하여 헝가리 다음으로 세계에서 자살률이 높은 나라가 됐습니다. 이 중 유서를 남겨 자살의 원인을 알 수 있었던 9,027건 중 41%가 좋지 못한 건강상의 이유 때문인 것으로 밝혀졌고, 경제적인 이유 때문에 자살한 사람은 2,779명인 30.8%로 자살 3건 중 1건이 재정적인 이유 때문인 것으로 나타났습니다. 완전 고용에 가깝던 일본 사회의 경기 침체로 인한 실업의 증가는 전체 자살자의

며, 보통 청년기에 처음 발병하는 것으로 보입니다. 그리스에서 조울증은 2세기쯤 고대 그리스의 의사인 카파도키아의 아레타이오스가 기록했고, 근대적인 기록은 독일의 정신의학자 E. 크레펠린의 기록에서 볼 수 있습니다. 현재 쓰이고 있는 조울증이라는 용어는 17세기 프랑스에서 소개된 'folie maniaco-mélancholique'에서 유래되었습니다.

47%가 실업자였습니다.

사망률뿐 아니라 해고노동자의 정신건강도 심각한 것으로 알려졌습니다. 주요 우울증 환자들 중 치료에 반응하지 않는 우울증 환자들은 실직과 그로 인한 경제적 고통의 경험이 많다고 하였고, 이들은 다른 우울증 환자에 비해 우울의 정도가 심하고, 자살 경향이 높으며, 치료기간이 길고, 보다 많은 약제가 투여된다고 합니다.

2008년 영국의 정리해고자 546명을 대상으로 한 연구에서는 사회적 지지가 적은 사람들은 일반인에 비해 정신병의 발생이 7.52배 높고, 중등도의 사회적 지지를 받은 사람은 3.27배, 많은 사회적 지지를 받은 사람은 1.36배 정신병이 발생한다고 합니다. 사회적 지지를 많이 받을수록 정신건강이 좋아짐을 알 수 있습니다.

쌍용자동차 해고노동자를 면접한 내용을 보면 "방금 전에 쓴 물건을 찾지 못해 쩔쩔매거나 몇 번 들은 이야기를 기억하지 못해 가족들에게 핀잔을 듣기도 한다.", "보통 사람이 10개의 정신 에너지로 기억하고 일을 하고 집중을 한다면, 해고노동자의 경우 7개 정도가 어딘가로 누수된다. 이들에게는 늘 해결되지 않은 스트레스가 안에 있기 때문에 3∼4개의 에너지로 일상을 한다." 따라서 "집이나 아이와의 관계에서도 실제 쓸 수 있는 에너지가 적고, 집단갈등도 많이 발생한다."라는 것이 정신전문가의 이야기입니다.

실업 및 해고는 질병과 장해의 정도도 높이고 있는데 실업자는 비실업자보다 더 많은 질병과 건강상의 장해도 가져옵니다. 영국의 인구조사 자료의 분석 결과를 보면 실업 여성과 남성은 비실업자보다 2배나 높은 만성질환을 가지고 있고 비실업자보다 60∼80% 높은 건강장해를 호소하고 있는 것으로 나타났습니다. 호주의 경우 인구조사에 포함된 25∼64세의 여성과 남성 실업자를 살펴본 결과 '건강상태가 나쁘거나 보통'

인 사람이 '건강상태가 좋거나 아주 좋다'고 본 사람보다 두 배가 더 많았습니다. 실업자는 비실업자보다 만성질환은 30∼40%가 더 많게, 최근의 건강문제는 20∼30%가 더 많게 나타나 실업자의 건강상태가 좋지 않은 것으로 파악됐습니다.

이렇듯 실업과 해고는 사망률 증가, 부정적인 사회심리적인 상태, 각종 질병과 장해의 증가 등을 가져옵니다. 해고는 소득감소에 따른 경제적 어려움을 경험하고, 소비 억제를 낳고 심리적으로 부정적인 상태로 돌입하며 가족 간 유대나 결속력의 저하, 사회적 접촉의 저하, 건강악화, 자아정체감의 불투명성, 미래에 대한 계획 부재 등으로 연결됩니다. 구조조정과정의 해고에 따른 사회 심리적 영향은 건강의 문제를 넘어 정체감의 상실, 낮은 자존감, 사회에서의 주변화와 소외, 가족 불화, 감소된 사회적 접촉과 지원, 네트워크의 상실, 사회적 낙인 등을 포함합니다.

해고자의 삶의 질과 건강이 해고로 인해 훼손되었다면 이에 대한 대안은 사회가 맡아야 합니다. 일자리에 관한 한 기업과 정부가 '긴박한 경영상의 어려움'인 경우를 제외하고는 해고 자체를 막아야 하며, 현재 해고된 사람의 삶의 질을 높일 수 있는 방안을 마련해야 합니다. 건강하고 일할 동기가 있는 사람에게는 일자리가 제공되는 것이 최고의 지향점이 될 것입니다. 더 나아가 일자리의 여부뿐만 아니라 어떤 일자리인가도 중요합니다. 임금이 적고 노동조건이 열악하여 지속적으로 일을 하기 힘든 환경이라면 이 또한 건강과 일자리를 모두 잃을 결과를 낳을 수 있기 때문입니다. 이 때문에 노동 환경을 개선하여 산재 발생이나 건강 훼손을 막기 위해 법대로 기업과 정부에서 그 책임을 다해야 할 것입니다.

실업과 해고의 문제는 우리 심각한 사회문제입니다. 이 문제를 지나친다면, 그 어떤 사회 정의를 위한 고담준론의 언변은 공허한 메아리일 뿐입니다.

스마트 시대, 스마트 인류를 위한 교육과 종교

인류 역사상 정보기술만큼 빠르게 진화하고 확산된 기술은 찾아보기 힘들 것입니다. 철도가 보급되는 데는 125년, 라디오는 60년이 걸렸지만, 컴퓨터는 25년, 인터넷은 21년 걸렸습니다. 스마트폰의 일반화는 불과 5년이 걸렸습니다. 이제 앞으로 또 어떤 정보기술이 우리에게 다가올지 모르겠습니다. 정보기술이 얼마만큼 빠르게 진보하고 있는지를 경험적으로 알려 주는 몇 가지 법칙이 있습니다. 대표적인 반도체 제조업체인 인텔사의 공동 창업자 고든 무어는 반도체 집적회로의 성능이 18개월마다 2배로 증가한다는 것을 발견하였습니다. 무어의 법칙에 의하면, 컴퓨터 성능은 18개월마다 2배씩 향상되고, 컴퓨터 가격은 18개월마다 반으로 떨어집니다. 무어의 법칙은 비약적으로 발전하는 정보 기기의 면모를 보여 줍니다. 이와 유사한 법칙으로 황의 법칙+도 있습니다. 이는 메모리 반도체의 집적도가 1년에 두 배씩 늘어난다는 이론입니다. 다시 말해서 1년마다 기억 용량이 두 배씩 증가한다는 것입니다. 실제로 우리가 애용하는 메모리 스틱의 용량은 달마다 증가되고 있으며, 가격도 상상할 수 없을 정도로 떨어지고 있습니다. 대학 도서관의 모든 장서를 저장할 수 있는 1테라바이트 기억 장치도 몇 만 원이면 구입할 수 있게

+ 황의 법칙(Hwang's Law)은 우리나라의 삼성전자의 기술총괄 사장이었던 황창규가 제시한 이론입니다. 2002년 2월 미국 샌프란시스코에서 열렸던 ISSCC(국제반도체회로학술회의)에서 그는 '메모리 신성장론'을 발표하였는데, 무어의 법칙과 달리 메모리반도체의 집적도가 1년에 두 배씩 늘어난다는 이론이었습니다. 그는 이에 맞는 제품을 개발하여 이론을 입증하는 데 성공하였습니다.

되었습니다. 이처럼 정보기술은 실감하기 어려울 정도로 비약적으로 진화하고 있습니다.

2007년 스티브 잡스가 아이폰을 선보인 이래로, 정보기술은 차원이 다른 방향으로 진화해 가고 있습니다. 다양한 기능으로 무장한 스마트폰이 홍수처럼 쏟아져 나와, 스마트 혁명을 주도하고 있습니다. 6개월마다 새로운 스마트 기기가 출현할 정도로 진화의 속도 역시 가속화되고 있습니다. PC에서 스마트 기기로 패러다임의 전환되면서 스마트 TV, 스마트 홈, 스마트 워크, 스마트 뱅킹, 스마트 교육 등 모든 분야에서 스마트 열풍이 거세게 불고 있습니다. 이제 스마트하지 않으면 무자비하게 도태되는 시대가 되었습니다.

스마트폰, 태블릿 등 스마트 정보 기기는 긴밀하게 연결된 네트워크를 형성하고 다양한 앱 서비스로 일상생활에서 최고 동반자가 되고 있습니다. 날씨, 뉴스, 여행, 요리, 문화 행사뿐만 아니라, 언제 어디서든지 알고자 하는 궁금증을 해결해 주고 가족, 친구, 선후배, 동호회 등과 연결시켜 주는 만병통치약의 역할을 합니다. 심심하지 않게 영화도 보여주고, 음악도 들려주며, 게임도 하게 해 줍니다. 교회에서도 최근엔 스마트폰이나 아이패드를 사용하는 이들이 늘고 있습니다. 이들은 성경과 찬송가를 소지하지 않고 교회에 와서 예배시간에 이런 기기를 꺼냅니다. 이를 보고 기성세대는 오해하기도 하지만 사실 이들은 예배시간에 딴 짓을 하기 위해 그런 것이 아닙니다. 이제는 인쇄매체의 성경과 찬송가가 아닌 스마트 기기의 기능으로 성경과 찬송가를 보기 위함입니다. 낯선 길을 찾을 때도 약도를 보거나 길가는 사람들에게 묻지 않아도 됩니다. 자동차의 내비게이션과 같은 길 찾기 기능도 가능해졌습니다. 앞으로 또 무엇이 우리를 놀라게 할지 모르고 우리의 삶의 방식을 바꿀지 모르나 지금까지는 인류가 발명한 최고 기술이 스마트 기술이며, 스마트 정보 기기가 없으면 생활 자체가 불가능한 시대가 된 것이 사실입니다.

이처럼 놀랍게 우리의 삶을 편리하게 하는 스마트 정보기술과 기기가 급속도로 스마트하게 진화하면 그에 따라 우리의 삶의 질도 높아지고 그 기능을 숙지하느라 우리도 스마트하게 진보할 것 같으나 사실은 정반대입니다. 스마트 시대의 문제점은 여러 가지로 드러나고 있습니다. 구세대나 저학력자들은 이러한 기기를 작동하지 못하거나 작동 미숙으로 마치 문맹이나 컴맹처럼 '스마트 맹인'으로 치부되기도 합니다. 이들 기기가 생활필수품처럼 이해되면서 대다수의 사람들이 사용하면서 아날로그 시대의 낭만적인 편지나 직접적인 접촉과 만남과 공동체성이 약화되고 있습니다. 또한 이들 기기를 구입하지 못하거나 매달 사용료를 지불할 능력이 못되는 이들은 스마트 빈곤층으로 인식되어 사람들과의 사귐에 어려움을 겪게 되니 빚을 내거나 과소비 형태로 사용하는 문제도 생겨나고 있습니다.

또한 스마트 기기의 발전과는 정반대로 우리 인간은 빠른 속도로 멍청해지고 있습니다. 아날로그 시대는 불편하고 속도가 느려 답답한 일이 많았습니다. 그러나 그러기에 이를 보완하기 위해 우리의 두뇌를 재빠르게 회전시키고 요령을 터득하여 암기에 익숙하였습니다. 그리고 보완책으로 수첩이나 메모지를 소지하고 다녔습니다. 그런데 이제는 굳이 불편을 감수할 필요가 없어졌습니다. 소형 컴퓨터 기능이 가능한 스마트기기의 발전으로 친구의 이름이나 전화번호를 기억하지 못하게 된 것은 물론이고, 곱셈이나 나눗셈을 제대로 못하는 것이 당연한 시대가 되었습니다. 이제 사소한 기억이나 계산은 스마트 정보 기기가 대신해서 기억하고 계산해 줍니다. 사람이 바다에 빠져 구조를 요청하고 있을 때도 스마트폰으로 구조 방법을 검색하는 시대가 되었습니다. 인간의 기억 능력은 점차 쇠퇴되어 '디지털 치매'가 사회문제로 대두하고 있고, 스마트 기기가 없으면 무엇을 어떻게 할지를 모르는 '의식 장애'가 확산되고 있습니다. 스마트 기기에 의존된 인간은 정보 기기가 스마트하게 되면 될수록 자신의 기능을 상실하거나 박탈당하고 있습니다. 이러한 현상이 지속된다면, 결국에는 인간의 능력을 스마트 정보 기기에 위임하고 두뇌활동이 저하된 생각하지 않는 노예로 살게 될지도 모릅니다.

다윈의 진화론에 의하면, 생물학적으로 강한 종이 살아남는 것이 아니라 환경에 적응한 종이 살아남습니다. 스마트 시대를 스마트하게 적응하지 않는 인간은 도태될 수밖에 없습니다. 그러니 변화된 스마트 환경에 도취해서 매달마다 새로운 스마트 기기를 업그레이드해야 하는 부담이 있습니다. 이것이 과연 옳고 행복한 삶인가요? 너무도 편리하다 보니 무비판적으로 빠져들었고, 너무도 빠른 변화에 정신없다 보니 우리는 생각하는 존재성을 잃은 듯합니다. 제가 즐겨 본 서부 영화의 멋진 장면입니다. 빠른 속도로 광활한 대지를 내달리다가 잠시 말을 멈추게 하고 숨을 고릅니다. 생각을 가다듬고 주위 동료와 상의를 합니다. 인디언들의 인상 깊은 이야기에도 달리다가 반드시 멈춰야 한다고 합니다. 그 이유는 너무 빨리 달리다 보니 영혼이 그 속도에 미쳐 따라오지 못할까 봐 입니다. 어쩌면 우리도 너무나 빠른 스마트 시대를 살다 보니 정작 중요한 것이나 소중한 것을 놓치고 잊고 잃고 사는지도 모릅니다. 과연 편리, 발전, 진보, 진화, 빠름이 옳고 좋은 것일까요? 이제는 일단 멈춤을 해 보면 어떨까 싶습니다. 한번 생각을 가다듬어 보면 어떨까요?

우리가 스마트 기기의 기능을 업그레이드할 것이 아니라 우리 스스로 우리 자신을 스마트하게 업그레이드하면 어떨까요? 스마트 시대일수록 거꾸로 아날로그 시대의 장점을 되살려 나가면 어떨까요? 더 많이 읽고, 더 많이 생각하고, 더 많이 학습하여 더욱더 인간답게 되어야 스마트 환경에 제대로 주인 의식을 적용할 수 있습니다. 정보 기기의 성능이

2배로 스마트하게 될 때마다, 생각하지 않고 스마트 정보 기기에 로그인 하는 인간은 2배로 멍청해 질 것입니다. 스마트 시대에는 스마트 정보 기기보다 생각하는 스마트 두뇌가 더 중요합니다. 그러기에 최근 다시금 아날로그의 정서가 각광받고 오래된 노래가 리메이크되고 지난 역사가 재조명되고 있습니다. 스마트 시대에 정신없이 이에 따라가기에 급급한 인간형을 교육하는 것은 비교육적입니다. 분명 인터넷 강의나 인터넷 지식 검색이나 스마트 기기의 교육 효과가 우리에게 유용하지만 그렇다 고 만남과 소통과 공동체성을 중요하게 여기는 학교 제도나 교육을 폐기 할 수는 없습니다. 그러기에 수십 개의 사이버대학교와 방송통신교육매 체와 정보 지식의 홍수 시대임에도 기존의 학교문화는 건재합니다. 오늘 우리의 학교와 교육은 스마트 시대의 장점을 수용하되 이를 비판적으로 수용해 나가야 합니다. 또한 이를 자기주도적으로 비판적 지성으로 자기 화하는 힘을 길러 주어야 합니다. 그래야만이 앞으로 더욱 발전에 발전 을 거듭할 스마트 기기에 노예가 되지 않고 주인이 될 수 있습니다.

이는 우리 기독교와 같은 종교도 마찬가지입니다. 기독교는 수십 년, 아니, 수백, 수천 년의 전통과 문화와 소통하면서 교리와 조직과 공동체 를 형성해 왔습니다. 이는 상경의 해석과 적용도 마찬가지입니다. 새로 움은 늘 기독교에 위협적인 도전이었고, 긴장시켰습니다. 그러나 그것이 기독교를 무력화시키지는 못했습니다. 오히려 기독교를 더욱 견고하게 하였고, 풍성하게 하였습니다. 그중 하나가 오늘날 기독교에서 유행하는 이른바 CCM(기독교실용대중문화)입니다. 이것도 처음에는 피아노나 드럼, 기타 등의 세속적인 악기가 성스러운 교회에서 어떻게 수용되는가 하는 갈등의 과정을 통해 기독교음악문화를 풍성하게 하였습니다. 이는 그리 스철학이나 현대과학이나 동양철학이나 우리나라의 전통문화도 마찬가 지입니다. 스마트 기기의 발전이 기독교와 같은 종교를 약화하거나 무력화하는 것이라고 단정 짓고 거부하기보다는 이를 비판적으로 수용하여 잘 활용해야 합니다. 아울러 이미 스마트 시대를 사는 스마트 인류에게 적합한 종교문화를 고민해야 합니다. 또한 비약적으로 진보를 거듭하는 스마트 시대에 오히려 스마트 인류는 정신 문화와 영성의 깊은 의미와 가치와 필요성에 갈급해 합니다. 이들은 기독교에 스마트 기기가 아무리 발전해도 채울 수 없고 대신할 수 없는 그 무엇을 갈망하여 기독교를 검색하고 찾아올 것입니다. 이러한 정신과 영혼의 목마름을 해갈해 줄 그것이 우리에게는 준비되어야 합니다.

더 중요한 자리의 교육

이제 성큼성큼 봄이 다가오고 있습니다. 봄이 되면 겨울에 하지 못한 여러 가지 일들로 기대가 되고 설레기도 합니다. 봄이 되면 제가 좋아하는 프로야구 경기가 진행될 것입니다. 추운 겨울, 전지훈련을 통해 전열을 가다듬은 프로야구 팀들의 열띤 경기가 삶의 재미를 더할 것입니다. 야구는 다른 경기에 비해 인기 종목이고 관심도 높아졌습니다. 이렇게 야구가 인기있는 이유는 프로야구가 활성화되었을 뿐만 아니라 해외에서 활약하는 선수들의 좋은 소식들이 들려지기 때문입니다. '코리안 특급'이라 불리는 박찬호 선수는 국보급 선수로 활약상이 대서특필되곤 하였습니다. 지금은 류현진, 추신수, 임창용 선수 등이 미국 메이저리그와 일본에서 맹활약 중입니다. 이들의 활약이 얼마나 대단한 평가를 받는지는 그들의 계약금과 연봉이 일반 직장인들과는 비교할 수 없다는 사실에서도 알 수 있습니다. 그만큼 이 선수들의 가치와 역량은 세계 최고라고 해도 지나친 말이 아닐 것입니다. 그러니 방송사마다 이들의 활약을 앞다투어 중계합니다.

학교에 몸담고 있다 보면 이 선수들을 보고 '나도 저렇게 될 거야'라며 야구 선수를 꿈꾸거나 야구 선수는 아니더라도 그처럼 꿈을 이루는 사람이 되겠다고 다짐하는 아이들을 많이 봅니다. 저는 어려서부터 야구를 참 좋아했습니다. 제가 어렸을 때는 고교 야구가 한창 인기였는데, 몇 집에 한 대밖에 없는 TV 앞에 동네 사람들이 모여 앉아 시청하던 기억이 납니다. 그러다가 1980년대 초에 생긴 프로야구는 온 국민을 열광의 도가니로 몰아넣었습니다. 코리안 시리즈 결승전이 열리는 경기장은 표를 구하기가 어려울 정도였고, 방송사마다 정규 방송을 미루고 생중계하였습니다.

야구에서 제일 중요한 포지션은 투수입니다. 경기 내내 가장 큰 비중으로 스포트라이트를 받습니다. 그러니 다른 포지션의 선수보다 계약금이나 연봉도 많습니다. 그러나 야구경기를 좀 더 주의 깊게 본다면 투수 못지않게 중요한 포지션이 있음을 알 수 있습니다. 바로 '포수'입니다. 야구에서 투수와 포수의 관계는 '배터리'라고 할 정도로 매우 중요합니다. 투수는 겉으로 드러나기에 각광 받지만 그런 투수를 뒷받침하면서 이끄는 사람이 바로 포수입니다. 투수는 그라운드의 정중앙에 있기에 경기의 핵을 이룹니다. 멋진 투구 폼으로 관중을 휘어잡는 모습은 예술이라고 할 수 있습니다. 이에 반해 포수는 쪼그려 앉아 마스크로 얼굴을 가립니다. 투수에 비해 모자란 듯 보입니다. 그러나 포수는 그라운드의 안방마님이라고 불릴 정도로 팀 전체의 수비를 관장합니다. 투수는 타자와 포수만 보면 되지만 포수는 타자와 투수만이 아니라 주자와 내야와 외야를 두루 보고 경기를 이끌어가야 합니다. 그러니 포수의 시야는 깊고도 넓습니다. 민감한 투수를 격려하고 위로하면서 다독이는 역할은 물론이고 주자들의 출루와 도루와 홈인의 가능성을 머릿속에 그려야 합니다. 그러니 포수의 중요성은 아무리 강조해도 지나치지 않습니다. 이처럼 겉으로 드러나지는 않지만 더 중요한 자리요, 역할이 바로 포수입니다.

세계 문화유산으로 지정된 우리나라 전통 예술 판소리에도 포수와 같은 역할이 있습니다. 투수에 해당하는 사람이 명창(소리꾼)입니다. 명창은 인간문화재로 지정할 정도로 살아있는 문화재로서 존경을 받고 예우를 해 줍니다. 그러나 판소리를 제대로 아는 사람들은 명창보다 더 중요한 사람으로 '고수(鼓手)'를 꼽습니다. 그래서 생긴 말이 '1고수 2명창'으로, 즉 "한 명의 고수는 두 명의 명창과 같다."라는 말입니다. 고수는 판소리를 하는 명창 앞에 앉아서 북으로 장단을 맞추며, 흥을 돋우고, 격려해 줍니다. 이를 추임새라고 합니다. 추임새를 잘 넣으면 명창도 잘하고 관중들도 고수의 추임새를 따라 흥을 돋웁니다.

"얼씨구! 잘한다! 좋다! 아무렴!"

이런 장단에 모두가 흥겨운 공연으로 빠져들게 됩니다.

세상이 온통 일등만을 찾습니다. 공부도, 스포츠도, 수입도, 외모도 모두 일등만을 위해 존재하듯 우리 사회는 지금 온통 일등만을 향해 달려가는 거대한 용암의 흐름과도 같습니다. 2등은 없고 꼴등은 더더욱 용납되지 않습니다. 오로지 일등만이 필요하고 금메달만 인정받는 등 우리 사회의 모든 시스템은 일등을 위해 작동하고 있습니다. 이런 사회에 만연해 있는 일등지상주의를 부추기고 확대 재생산하는 데 각종 언론 매체들이 적지 않은 영향을 미치고 있습니다. 대표적인 예가 바로 방송의 일등지상주의입니다. 우선 방송은 모든 평가에 앞서 무엇보다도 시청률 경쟁에서 이겨야 한다는 중압감에 자유롭지 못합니다. 방송사 간, 동일 시간대 유사 프로그램 간, 인기스타가 총 출동하는 출연진 간의 경쟁은 가히 전쟁을 방불케 하는 살벌한 현장이기 때문입니다. 이렇듯 방송은 치열한 경쟁에 익숙한 습성 때문에 그 안에 담긴 프로그램이나 메시지도 일등을 향한 경쟁으로 가득 차 있습니다. 1인자는 단 한 사람만 필요합니다. 모두가 될 수는 없습니다. 그런데 다들 1인자만 되려고 하면 어떻게 될까요? 동물의 왕국을 연상시키는 결과가 초래될 것입니다. 서로 싸우고 헐뜯느라 너 죽고 나 죽는 결과가 생기고, 이긴 사람, 차지한 사람도 상처뿐인 영광만 얻게 될 것입니다.

오늘날 현대인의 불행은 '누군가와의 경쟁에서 이겨야 한다'는 끊임없는 중압감에서 비롯됐는지도 모릅니다. 어린이들은 학교에 들어가면서부터 공부를 잘해서 친구들을 이겨야 한다는 압력에 시달립니다. 공부뿐아니라 음악, 운동, 미술 심지어는 봉사 실적까지도 이겨야 한다는 극성스런 부모의 일등 만들기 프로그램의 노예가 되어 가고 있습니다. 성인이 되어 사회에 나가 취직을 한다고 해도 이기기 위한 경쟁에서 자유롭지 못합니다. 승진 경쟁에서 이겨야 하고 연봉 경쟁에서도 지면 안 되고업적과 실적으로 평가하는 구조조정 대상에서 살아남기 위한 생존 경쟁에서도 동료에게 밀리면 그날로 끝장인 게 오늘의 살벌한 직장 모습입니다. 그런데 이런 경쟁 제일주의가 단순히 이기기 위한 경쟁을 넘어, 오로지 일등을 해야 한다는 일등지상주의로 그 정도가 심해지고 있다는 게문제입니다.

일등지상주의는 하나의 승자를 위해 모두를 패자로 만드는 비인간적이데올로기입니다. 한사람의 승자가 존재하기 위해 때로는 수백, 수천의동반자 즉, 패자가 아울러 존재하기도 합니다. 사실은 승자에 가려 잘보이지 않지만 빛나는 패자, 아름다운 2등이 얼마든지 많습니다. 지는자가 있어야 이기는 자가 있고, 2등이 있어야 비로소 일등이 있다는 사실에 주목하는 사회가 건강한 사회입니다. 패자와 꼴찌에게도 성원과환호를 보낼 줄 아는 사회가 성숙한 사회이기 때문입니다. 최고의 시청률을 기록하지 못해도, 경쟁 시간대 프로그램을 앞서지 못해도 결코 흥분하거나 이성을 잃지 않는 방송을 성숙한 방송이라고 부르는 이유도바로 여기에 있습니다. 엄밀한 의미에서 세상에 패자는 없습니다. 패배한 것이 아니라 그 종목이 부족했을 뿐입니다. 우리 모두는 나만의 강점을 얼마든지 갖고 있습니다. 방송의 일등지상주의가 개성 제일주의로바뀌어야 합니다.

안타까운 사실은 오늘날 교회도 이런 승리 또는 일등지상주의 열풍에서 자유롭지 못하다는 것입니다. 교회학교의 성적 중심 교육과 전도, 봉사, 구역별 출석 실적에 순위를 매기는 일 그리고 각종 항존직(안수집사, 권사, 장로) 선거에서도 과열된 경쟁이 이루어지는 등 교회도 점차 '일등'과 '승리'에 휘둘리는 위험한 선을 넘어서고 있습니다.

우리의 아이들에게 투수, 명창만 되라고 가르치는 교육은 참교육일 수 없습니다. 이런 교육에서는 상생과 협력이 아닌 치열한 경쟁만 있을 뿐입니다. 단 한 사람, 소수의 사람만의 성공이 있을 뿐이고, 대다수의 사람들은 패배자가 되고 방관자가 될 뿐입니다. 이런 교육은 치열한 경쟁과 차가움으로 치닫게 하는 죽임의 교육입니다. 이렇게 교육받은 사람들은 자신만 최고이고 다른 사람은 아랑곳하지 않는 사람으로 성장하게 됩니다. 오늘날 우리 사회 곳곳에서 발생하는 문제는 이런 사람들이 일으키는 문제이기도 합니다. 제가 보기에 이런 사람들은 자기애적 성격장애로 자신과 공동체에 문제를 일으키는 사람들입니다. 이런 사람들을 생각하면 떠오르는 이야기가 있습니다.

그리스 로마 신화에서 포세이돈의 아들로 태어난 희대의 악당 '프로크루스테스'는 지나가는 행인을 붙잡아 자신의 쇠침대에 눕힌 뒤 행인의 키가 침대 길이보다 짧으면, 행인의 몸을 잡아 늘려 죽이고 행인의 키가 침대 길이보다 길면 다리를 잘라 죽였습니다. 프로크루스테스는 테세우스의 손에 죽게 됩니다. 테세우스는 프로크루스테스를 눕히고 그의 키가 쇠침대보다 길자, 그의 다리를 잘라 죽였습니다. 여기서 '프로크루스테스의 침대'란 말이 생겨났습니다. 이 말은 자기의 생각에 맞추어 남의 생각을 고치려는 것, 남에게 해를 입히면서까지 자기의 주장을 밀고 나가려는 것을 뜻합니다. 혹시 우리 자신도 모르게 이런 행동을 하고 있지는 않은지 가끔 되돌아보아야 합니다. 이 각박한 사회가 조금이라도 인간적으로 느껴지려면 끊임없는 자기 성찰이 필요합니다. 내 기준이 완전하게 맞을 수 없습니다. 알고 보면 기준이란 것 자체가 지극히 자의적이고 주관적이고 입장에 따른 것으로 자기 중심적입니다. 그것을 대의(大義)라고 우기고, 합리화할 뿐 가만히 생각해 보면 결국 자기 이익에 민첩한 것일 수 있습니다.

아무리 강조해도 지나치지 않은 것이 '더불어 함께하는 삶'이고, '자신을 낮추는 겸손'입니다. 자신만이 최고라고 생각하지 않고 자신을 낮추는 사람은 진정으로 사람을 품을 수 있고, 사람의 마음을 움직일 수 있습니다. 나만이 아니라 우리가 되고, '네 탓이요'가 아니라 '네 덕이야!'가 됩니다. 좋은 일의 기쁨은 내 노력이나 내 자랑이 아니라 다른 사람에게 공로를 돌리는 마음이어야 합니다. 각종 시상식에서 자신이 노력해서 오늘에 이르렀다가 아니라 오늘의 자신을 만들어 준 이들의 사랑과 도움 덕분임을 증언하는 수상 소감을 들으면 마음이 훈훈해지고 기분이 참 좋습니다. 우리가 사는 세상에는 협력의 리더십, 낮아짐의 리더십, 섬김의 리더십이 꼭 필요합니다.

사람은 잇대어 살아야 합니다. 혼자 가쁘게 가는 것이 아니라 여럿이서 함께 어우러져 가야 합니다. 때로는 넘어진 친구에게 손을 내밀어 주는 여유와 배려가 필요합니다. 오늘 우리의 교육에서 이와 같은 교육은 아무리 강조해도 지나치지 않습니다. 우리의 아이들이 지향할 자리는 남을 짓밟고 올라서야 하는 높은 자리가 아닙니다. 비록 이름도 빛도 없는 자리라고 해도 그것이 옳고, 바르고, 꼭 필요한 자리라면 이를 자청할 수 있도록 가르치고 보여 주는 교육이 참된 교육일 것입니다. 이를 위해 우리의 교육현장에서 유념할 교육 지표로, 학교 예배 순서지에 게재하는 제가 쓴 글입니다.

모두가 행복한 우리 학교

일등만을 인정하는 교육
환경을 죽이고 물질을 숭상하는 교육
기계와 기술이 인간을 대신하는 교육
그런 메마른 교육으로는 새로운 세상을 열어갈 수 없습니다.
지금 우리에게 필요한 것은 한 사람의 지도자가 아니라
더불어 살 줄 아는 열 명의 사람입니다.

이야기 다섯
사랑의 원리

성숙한 사회는 나에게서 시작되리

엄마가 서너 살 어린아이를 혼내면 무서운 마음에 그 당시엔 엄마 말을 잘 들을 수 있지만, 감사하다고 생각하지는 못합니다. 그렇기에 엄마가 보지 않는 곳에서는 같은 잘못을 또 저지르기도 합니다. 이 나이의 아이들은 맛있는 것을 주거나 칭찬해 주어야 감사하다는 마음이 생깁니다. 이 아이가 잘 자라서 부모님이 혼을 낼 때도 나를 위한 것이라는 것을 알고 감사한 마음을 느낀다면 우리는 그때 철이 들었다고 할 것입니다. 그렇다면 과연 우리 사회가 철든 사회가 되기 위해서는 누가 변해야 할까요? 우리 사회는 무슨 일이 생기면 나라의 지도자나 관련 공무원들을 질책하고 탓합니다. 물론 그들이 그 자리에 있기 때문에 짊어져야 하는 책임을 다 해야 하는 것은 당연합니다. 그러나 우리가 그들을 비난하는 데 너무 많은 에너지를 쓰고 있지는 않은지 되돌아보아야 합니다. 다른 누군가를 탓하는 데 이 에너지를 쓰기보다는 바로 나 자신을 변화시키는 데 이 에너지를 써야 합니다.

이렇게 한 사람, 한 사람이 자신의 철학과 행동 양식을 되돌아보는 자세를 취할 때, 우리 사회는 진정 철든 사회가 되어 갈 것입니다. 사회 구성원 한 사람으로서 나를 돌아보고 성숙하자는 작은 변화가 하나의 거대한 움직임이 되어 사회 전체의 정신 혁명으로 이어질 수 있으려면, 그 에너지를 모아줄 구심점이 절실히 필요합니다. 이것이 바로 종교계가 해야 할 역할입니다. 국민들의 불신과 분노, 한탄의 에너지를 자기 반성에 의한 희망과 발전의 에너지로 전환시켜야 할 것입니다.

미국 하와이의 주정부 청사 앞에는 특이한 동상이 하나 서 있다고 합니다. 대개 중요한 건물 앞에 세운 동상은 존경받을 만한 사람을 기리고 그 사람의 업적을 연상케 하는 의미로 위엄을 갖춤은 물론 예술적인 아름다움도 겸비되어 있습니다. 그런데 어찌된 일인지 이 동상은 얼굴이 흉측할 정도로 일그러져 있어서 보기에도 끔찍할 정도라고 합니다. 그런데 왜 하와이 사람들은 이해하기 어려운 동상을, 이곳에 세워 놓았을까요? 이를 알려 주듯 이 동상 밑에는 다음과 같은 글이 적혀 있다고 합니다.

"성 다미엔. 1840~1889. 이 사람은 우리를 위해서 자기의 목숨을 버린 우리의 좋은 친구였다. 우리에게 이보다 더 귀한 친구가 있을까?"

한센병(나병; 문둥병)의 아버지라고 불리는 다미엔은 벨기에서 엄청난 부를 자랑했고, 몇 손가락에 꼽히는 갑부 출신이었습니다. 그러므로 그는 주어진 재산만으로도, 호의호식하면서 일평생을 편안하게 살 수 있었습니다. 그러나 그는 자기에게 물려준 모든 재산을 정리해서 가난한 사람에게 나누어 주었습니다. 그리고 혼자서 멀고 먼 하와이의 많은 섬들 중, 외딴 지역의 아주 작은 섬인 '몰로카이'로 건너갔습니다. 그 당시 몰로카이 섬은 절망과 죽음의 섬이었습니다. 왜냐하면 한센병자들만 그 안에 모여서 살았기 때문입니다. 다미엔은 바로 이러한 섬사람들과 함께 하려고 찾아간 것이었습니다. 그는 오직 하나의 마음뿐이었습니다.

'어떻게 하면 저 사람들에게 하나님의 사랑을 제대로 전할 수 있을까? 어떻게 하면 저들의 마음에 소망을 심어줄 수 있을까?'

그의 마음은 자나 깨나 이러한 생각으로 불타오르고 있었습니다.

그러던 어느 날 그는 어두운 밤길을 걸어서 자신의 움막으로 돌아오다가 한센병자들이 나누는 대화를 엿듣게 되었습니다. 그들의 대화는 이러했습니다.

"흥, 본인이야 몸이 성하니까 그런 배부른 소리를 하지. 자기도 우리
처럼 한센병에 걸려서 날마다 몸이 썩어 들어가 봐! 어디에서 소망을
찾고, 어디에서 하나님을 찾겠다는 말을 할 수가 있겠어!"

이 말을 들은 다미엔은 그 자리에서 꼼짝도 할 수 없을 정도로 몸이
얼어붙는 엄청난 충격을 받았습니다. 천근만근같이 무거운 발걸음으로
자신의 움막에 돌아온 그는 무릎을 꿇고 하나님께 기도하기 시작했습
니다.

"하나님! 저들의 말이 맞습니다. 제가 진정으로 저들을 사랑하기 위해
서는 저들과 똑같은 모습이 되어야겠습니다. 그러니 저에게도 한센병을
주시기를 바랍니다. 예수님은 저를 위하여 그 귀하신 몸을 버리지 아니
하셨습니까? 하물며 이 미천한 종이오리까! 그러니 저에게도 한센병을
허락하여 주시기를 바랍니다."

그는 이렇게 간절히 기도하고 나서 마음을 굳혔습니다. 한센병자의
고름이 섞인 피를 자신의 몸에 집어넣었습니다. 그로부터 얼마 지나지
않아 그의 몸도 감각이 무뎌지기 시작했습니다. 눈썹이 빠져나갔습니다.
손가락이 오그라들더니 그 마디가 떨어져 나갔습니다. 그가 바라던 대로
치료가 불가능한 그야말로 죽음 그 자체인 한센병자가 되었습니다.

그는 문둥병에 걸린 자신의 모습을 보면서 하나님께 진정으로 감사를
드렸습니다.

"하나님, 감사합니다. 이제야 비로소 제가 저들 앞에서 '우리'라는 말
을 떳떳하게 사용할 수 있게 되었습니다. 저의 기도를 들으시고 저에게
한센병을 허락해 주신 것을 진실로 감사드립니다."

그는 감각을 잃어 가고 여기저기 고름으로 일그러지는 얼굴과 몸을
갖게 되었지만 기쁨 가득한 웃음으로 만나는 사람들에게 이렇게 외쳤습
니다.

"하나님은 문둥병이 걸린 우리들도 지극히 사랑하십니다."

이런 그의 말에 감동 받지 않을 사람이 없었습니다. 그의 진심과 헌신적인 사랑과 섬김에 이 섬의 모든 한센병자들은 마음 문을 열기 시작하였습니다. 그리고 그가 전하는 복음을 받아들였습니다. 이렇게 해서 절망과 죽음의 섬이었던 몰로카이가 소망과 생명이 넘치는 섬으로 바뀌게 되었습니다.

담쟁이

도종환

저것은 벽
어쩔 수 없는 벽이라고 우리가 느낄 때
그때
담쟁이는 말없이 그 벽을 오른다
물 한 방울 없고 씨앗 한 톨 살아 남을 수 없는
저것은 절망의 벽이라고 말할 때
담쟁이는 서두르지 않고 앞으로 나아간다
한 뼘이라도 꼭 여럿이 함께 손을 잡고 올라간다
푸르게 절망을 다 덮을 때까지
바로 그 절망을 잡고 놓지 않는다
저것은 넘을 수 없는 벽이라고 고개를 떨구고 있을 때
담쟁이 잎 하나는 담쟁이 잎 수천 개를 이끌고
결국 그 벽을 넘는다.

작은 불꽃 하나가 큰 불을 일으키는 것과 같이 한 사람의 헌신으로 인해 몰로카이 섬 전체, 아니, 하와이 주 전체가 변했습니다. 비록 시작은 작고 연약해 보이나 한 사람의 열정과 희생이 가슴 뭉클한 감동을 전해 주었습니다. 많은 사람들이 오늘 우리 사회가 직면한 문제를 지적합니다. 불행하게도 교회와 학교도 예외가 아닙니다. 그러나 더 큰 문제는 문제를 분석하고 지적하는 사람은 많지만 정작 이 문제를 부둥켜안고 해결해 보겠다고 불구덩이 속으로 뛰어드는 사람은 잘 보이지 않는다는 사실입니다.

우리는 하나님의 뜻이 무엇인지, 예수님이 이 땅에서 어떻게 사셨는지를 잘 압니다. 그러나 성 다미엔처럼 거룩한 부담감으로 예수 닮기와 예수살기를 실천하는 손과 발은 드뭅니다. 이것이 오늘날 우리 기독교의 문제이고 교회 교육의 문제입니다.

이제 우리가 마음을 새롭게 헌신하려면 문제를 바라보는 시선을 '나' 밖에서 '나'를 제외한 것에서 방향을 바꿔야 합니다. '나' 안에서 나부터, 작은 것부터 예수 정신을 보여 주어야 합니다. 하와이 주 정부가 성 다미엔을 기념하고 그러한 사람이 나오기를 갈망하는 것처럼 오늘 우리 사회는 우리 기독교계에서, 기독교 교육현장에서 말과 혀로만이 아닌 행함과 진실함으로 예수를 증언하는 모습이 드러나기를 갈망하고 있습니다.

특별함과 따뜻함이 깃든 결혼식

결혼의 벽은 높습니다. 물론 집값이 가장 큰 부분이지만 '식'에 들어가는 비용 역시 만만찮습니다. 안 해 본 사람은 두려워하고, 해 본 사람은 '생각도 하기 싫다'면서 고개를 젓는 결혼식입니다. 과연 우리 사회는 이 결혼식에 얼마나 많은 돈을 쓰고 있을까요? 2012년 여성가족부 조사 결과 평균 결혼 비용은 2억 808만 원, 이 중 집 마련에 1억 4천, 결혼식과 신혼여행에 2천4백, 혼수에 4천2백이 소요된다고 했습니다. 신혼여행 비용을 대략 4~5백으로 봤을 때 결혼식에만 들어가는 비용이 2천만 원이라는 계산이 나옵니다. 단 하루, 그것도 몇 시간을 위해 우리는 직장인의 한 해 연봉을 쏟아붓고 있는 셈입니다.

이처럼 많은 돈을 들이면서도 판에 찍어낸 듯 30분 만에 후다닥 끝마치는 '인스턴트 결혼식'의 범람 속에 이에 대한 비판적 성찰을 통해 대안을 찾는 움직임이 늘고 있습니다. 비용을 줄인 '작은 결혼식', 업체를 끼지 않고 직접 하는 '셀프 웨딩', 펜션 등에 가까운 사람들만 초대하는 '하우스 웨딩' 등이 등장하고, 이에 맞춘 대안적인 웨딩업체들도 늘어나고 있습니다. 단순하고 틀에 박힌 결혼식을 넘어 개성 있거나 가치를 추구하는 움직임이 커지고 있습니다. 검소하되 따뜻한 결혼식, 축의금 내고 밥만 먹는 것이 아닌, 진심으로 즐기고 축하할 수 있는 '잔치'들이 많아지고 있습니다. 친환경 결혼식은 생화를 꺾는 대신 화분으로 꾸미고, 식이 끝난 후에 하객들에게 선물로 나눠 주기도 합니다.

기부결혼식을 진행하는 사회적 기업 '착한잔치좋은날(이하 좋은날)'은

2010년 시작 이래 점점 많은 예비부부들이 대안결혼식으로 찾고 있습니다. 서울시청 시민청 협력업체인 '좋은날'은 시민청사, 구청 등 공적 공간에 신청한 예비부부들을 대상으로 매번 다른 결혼식을 진행하고 있습니다. 컨설팅과 인력 등 서비스 비용을 투명하게 공개하며, 컨설팅 비용의 10%와 전체 수익금 일부로 한 달 1회 이상 구세군 두리 홈 등 미혼모 자녀의 백일잔치나 돌잔치, 소외된 어르신들을 위한 잔치를 열고 있습니다.

좋은날은 하나부터 열까지 패키지로 꽉 짜인 인스턴트 결혼식과는 달리, 드레스부터 메이크업, 촬영, 식사, 본식 진행 등 각각의 요소를 신랑 신부의 의사대로 유연하게 조율합니다. 대학 밴드 동아리에서 만난 커플을 위한 콘서트 결혼식, 환경을 생각하는 커플을 위한 에코(환경친화적) 결혼식, 연애부터 결혼까지를 하객들에게 PT식으로 발표한 토크쇼 결혼식 등을 기획합니다. 그러면서도 가치 소비를 권유하는데, 친환경 청첩장 업체나 직업자활 NGO의 케이터링, 은둔 청소년 공연 팀의 축가 등을 제시하는 식입니다. 기본적으로 들여야 할 부분까지도 이윤이 아닌 보다 나은 세상을 위한 뜻있는 단체와 손을 잡고 있습니다. 소개 등의 과정에 낀 거품을 없애다 보니 당연히 비용이 절감되고 나만의 결혼식을 하면서도 절감한 비용을 이웃과 함께 나누니 뜻깊습니다.

어느 결혼식에 참석하여 받게 된 감동이었습니다. 업체를 끼지 않고 지인들의 재능을 기부 받아 진행한 재능기부 셀프 웨딩이었습니다. 친구들이 축의금 대신 재능으로 인테리어, 촬영, 웨딩 신문, 본식 진행, 공연을 맡았고, 환경과 이웃을 생각하는 에코와 기부의 의미를 조합했습니다. 청첩장과 웨딩 신문은 재생지로 인쇄했으며, 식장을 생화 대신 화분으로 꾸미며 식이 끝난 후 하객들에게 선물로 전했습니다. 신부의 부케와 신랑과 혼주들의 부토니에도 리본으로 만들었고, 실내를 꾸민 천과 종이도 직접 시장에서 구매, 이후 커튼 등으로 재활용이 가능하게 했습니다. 신부대기실과 폐백을 없애고, 신랑 신부가 하객들을 직접 맞이해 함께 촬영했습니다. 입장은 양가 어머니들, 양가 아버지들에 이어 신랑 신부가 함께 입장했습니다. 주례가 없는 대신 신랑 신부의 가족 대표가 덕담을 전했고, 신랑 신부를 잘 아는 어르신이 기도를 했습니다. 친구들의 축사가 담긴 동영상과 축하 공연, 마지막으로 신랑 신부가 감사 인사와 추구하고자 하는 가치들을 담아 직접 혼인문을 낭독했습니다. 생화 대신 받은 쌀 화환과 축의금 일부를 소외된 이웃을 위해 기부했습니다. 하객들은 '우리 좋자고 생명의 허리를 꺾진 않겠다는 마음으로 준비했다'는 신랑 신부의 혼인문을 가장 많이 기억했습니다. 오늘날은 '나만의 것'을 찾는 시대라고들 개탄하는 이들이 많은데 기부와 나눔이 깃든 결혼식은 흐뭇합니다.

우리 밥상에 가까워지는 채식 문화

채식주의자가 흔해졌습니다. 예전에는 '입 짧은 사람', '까탈스러운 사람' 정도로 치부되던 '채식주의자'들이 늘고 있습니다. 지난 10년 동안 국내 채식 인구는 두 배로 늘어나 대략 50만 명 정도가 채식을 하며, 채식할 의향이 있다는 잠재적 채식 인구까지 합치면 전 국민의 20% 정도에 이른다고 합니다.

채식의 이유는 주로 콜레스테롤, 고혈압 등 건강이나 살생을 꺼리는 윤리적인 데에서 출발하지만, 좀 더 구체적이고 다양한 원인도 존재합니다. 그중 환경문제는 최근 많은 저서와 연구결과로 관심을 받는 이유입니다.

경제학자 제레미 리프킨은 『육식의 종말』에서 12억 8천 마리의 소들이 전 세계 토지의 24%를 차지하고, 미국의 경우 곡물의 70%를 가축이 먹어치운다고 폭로했습니다. 유엔식량농업기구는 1970년 이후 사라진 열대우림의 70%가 축산업 때문이라고 밝히기도 했습니다. 대량가축 사육으로 인해 불필요한 환경 파괴가 자행된다는 것입니다. 고기 1킬로그램을 만들기 위해서는 7킬로그램의 곡식이 필요합니다. 비효율도 이런 비효율이 없는데, 오히려 전 세계적으로 1인당 육류 소비는 50년간 5배나 증가했습니다.

이 내막에는 미국과 유럽의 대규모 사육 시설과 메이저 육가공업체들이 자국 경제를 위해 국가와 교묘히 결탁해 약소국에 고기를 떠넘기는 정치·경제적인 이유가 큰 비중을 차지하고 있습니다.

이른바 '육식신봉주의'의 내막이 알려지고 채식의 필요성에 대한 공감대가 형성되면서 채식의 구체적인 종류들도 알려졌습니다. 몇 년 전, 채식을 한다는 친구가 달걀을 먹는 것을 보고 "너 채식한다며?"라고 물었더니 친구는 이렇게 말했습니다.

"난 눈 달린 것만 안 먹어. 그것도 채식 종류야."

이제는 흔해진 채식, 지금은 누구나 다 어느 정도 필요에 공감하는 채식, 그 종류는 얼마나 다양할까요?

채식은 크게 다섯 가지 종류이며 세계 공통입니다. 우리가 흔히 생각하는 '동물성 제품을 섭취하지 않는 채식'은 단계 중에서도 가장 완전한 채식으로 '비건(Vegan)'이라고 합니다. 그보다 낮은 단계는 우유와 치즈 등 유제품만 먹는 '락토(Lacto)', 여기에 달걀까지 먹는 '락토 오보(Lacto-Ovo)', 여기에 생선을 먹으면 '페스코(Pesco)'입니다. 알고 보니, '눈 달린 것만 안 먹는' 친구는 락토 오보, 즉 소나 돼지, 닭과 생선을 먹지 않고 달걀과 유제품은 먹는, 채식의 5단계 중 무려 3단계의 채식주의자였습니다.

놀라운 점은, 전반적으로 채식을 하지만 고기나 유제품을 가끔 먹는 것도 채식의 종류, 가장 낮은 단계인 '세미(Semi)'라는 것도 있습니다. 이 세미에도 세 종류가 있는데, '페스코(Pesco)'는 유제품과 달걀, 어류까지 가능하며, '폴로(Pollo)'는 페스코에 조류까지 더한 채식입니다. 종류보다는 시간에 따른 채식인 '플렉시테리언(Flexitarian)'도 있는데, 이를테면 평일에는 채식을, 주말에만 육식을 하는 등의 경우를 의미합니다.

우리는 흔히 채식을 '육류 금지', '동물성 식품 금지' 같이 철두철미한 자기와의 전쟁 식으로 생각하는 경향이 있으나 실제로는 그렇지 않습니다. 이따금 필요에 따라 육식을 하는 세미 채식주의자들도 많으며, 이들은 더 높은 단계로 나아가기 위해 '참는 것'이 아니라 자신의 라이프 스타일에 맞는 단계를 선택해 유지하는 것이 목표입니다.

먹을 것이 넘쳐나는 세상, 이제 우리는 어떻게 건강하게 먹을 것이냐를 고민합니다. 웰빙열풍을 타고 채식 식당이나 채식 요리 강좌도 늘고 사찰 음식도 관심을 끌고 있습니다. 서울의 안국동의 'ㅇ' 채식 식당은 채식 중에서도 가장 높은 단계인 비건(Vegan) 음식을 판매해 스님이나 불교, 힌두 국가 관광객들의 명소가 됐습니다. 채식주의자들의 모임도 곧잘 열립니다. 짜장면과 콩까스, 매실탕수채와 쌈불고기를 주문한 자리에서 고기를 거의 먹지 않는 K씨는 "고기를 안 먹다 보니 중국 음식을 접하기 어려웠는데, 채식짜장면은 자주 먹을 수 있다" 말했습니다. 고기 대신 버섯을 넣은 짜장면과 각종 야채와 콩고기를 튀겨 만든 매실탕수육은 식감이 육류와 흡사했습니다. 고기를 좋아하지만 채식을 시작하려는 J씨는 "콩고기로 만든 콩까스는 돈까스의 치감이 못 미친다"라며 "채식 식단은 서양식 요리법보다는 우리나라 식으로 요리해야 더 어울리는 것 같다"라고 평가했습니다. 전체적으로 포만감이 덜하며, 먹는 데 소요되는 에너지가 적어 '먹는 피로'가 덜한 느낌입니다.

최근 구제역이나 조류 독감 등으로 살처분된 가축들의 수가 수십 마리가 넘곤 합니다. 얼마나 안타깝고 가슴 아픈 일인지 모릅니다. 자식처럼 키우던 가축들을 졸지에 생매장을 해야 하는 농민들과 살처분에 동원된 사람들의 고통은 물론이려니와, 그 장면을 속수무책으로 바라보고만 있어야 하는 우리 모두의 마음도 찢겨지듯이 괴롭고 아픕니다. 구제역과 조류독감 등으로 살처분 사태를 지켜보면서 우리의 식생활도 점진적으로 채식 문화 위주로 바뀌가는 노력이 절실히 필요하다고 생각됩니다. 우선 육식부터 가능한 대로 줄여 나가고 생선도 영양가 풍부한 채식식단으로 바꿔 나가는 연구가 필요합니다. 이미 세계적으로 채식 문화가 널리 확산되고 있으며, 채식 식단에 대한 영양학적 연구도 활발하게 진행되고 있습니다. 고기나 생선을 먹지 않으면 영양결핍증이 나타날 수 있다는 염려는 그동안 영양학이 고기와 생선 위주로 식단을 짠다는 전제하에서 서양 중심으로 연구되었기 때문에 생긴 오해입니다.

앞으로 채식 위주로 식단을 짜는 것이 건강과 영양학적으로뿐만 아니라 생명, 환경생태학, 식량문제, 인성교육, 영성을 맑히는 등 그 외도 여러 가지로 좋다는 전제하에서 연구하게 되면 인류 시민 정신 문화가 크게 진화하는 계기가 될 것입니다.

이웃이 불행할 때 내가 진정으로 행복할 수 없는 것처럼, 환경생태학적으로 우리의 이웃인 살아 있는 다른 생명을 죽이지 않고 해치지 않는 것이 우리 자신에게도 이롭고, 궁극적으로 인간 모두를 행복하게 만든다는 것을 알아야 합니다. 고기를 먹고 싶은 욕구를 채우려고 내가 죽이거나 다른 사람으로 하여금 죽이게 할 때, 살생의 업을 짓게 되고 그 과보를 받게 될 것입니다.

또 인간의 신체 구조는 육식에 적합하지 않다는 학설이 미국 콜롬비아대학 헌팅건 박사의 비교해부학 논문에서 증명되었습니다. 육식동물은 소장과 대장의 길이가 짧고 대장은 곧고 평평한 것이 특징이지만 초식동물은 소장과 대장이 깁니다. 그 이유는 육류에는 섬유질이 적고 단백질의 농도가 높으므로 영양분을 흡수하는 데 오랜 시간이 걸리지 않기 때문입니다. 인간은 다른 채식 동물처럼 소장과 대장의 길이가 길어서 약 8.5m에 달합니다. 장의 길이가 육식동물보다 길기 때문에 우리가 먹은 고기는 장시간 장에 머무르게 되고, 그 결과 고기가 부패하여 독소가 만들어진다는 것입니다. 이러한 독소들이 암의 원인과 관련이 있고, 체내 독소 제거기능을 하는 간에 부담을 주고, 신장과 심장 질환에도 영향을 미친다고 합니다.

바야흐로 인간이 과거와 같이 약육강식의 고등동물처럼 살아서는 인간의 미래는 보장받을 수 없으며, 만물의 영장으로서 일체 생령을 보호하고 미물 곤충과 금수초목까지 함께 더불어 잘 살 수 있도록 어버이 같은 마음으로 성숙되어야 할 시대가 오고 있습니다. 채식은 단지 먹는 것에만 국한된 '취향'이 아닙니다. 채식은 살생에 대한 거부로 다른 생명체를 소중히 하는 보은일 수도 있고, 말초적인 자극과 순간적인 만족감보다 건강한 섭생을 추구하는 선택일 수도 있습니다. 혹은 경제 논리를 내세워 건강하지 않은 소비를 강요하는 자본주의에 대한 저항일 수도 있습니다. 채식은 내가 어떻게 살아갈 것이냐를 먹는 문제로 집약한 삶의 지향, 가치관인 것입니다.

주객이 전도된 대학 축제의 아쉬움

제가 사는 지역에 비교적 규모가 큰 종교 계통의 사립 종합대학교와 전문대학이 가까이에 있어 가끔 들러 캠퍼스를 거닐기도 하고 예능계 학과와 동아리 별로 펼치는 연극, 음악, 무용 등의 공연을 관람하기도 합니다. 이런 점에서 대학은 지역과 함께하는 문화의 전당이기도 한 것 같습니다. 해마다 열리는 대학 축제에는 저희 집 아이들과 학교 학생들을 데리고 참석하여 즐거운 시간을 갖습니다. 올해도 어김없이 학교 근무를 마치고 대학 축제에 갔습니다. 저녁이지만 춥지도 않고 어둡지도 않아 좋았습니다. 대학에 오면 즐겁습니다. 마음이 편안해지고 분주한 일상을 벗어나는 힐링이 일어나는 듯한 자유를 만끽합니다. 대학에는 지성의 전당답게 도서관에 수를 헤아리기 어려울 정도로 많은 책들이 있고, 호숫가를 거닐거나 수목원과 각종 조각상들을 접하면 바쁜 삶에 거칠어진 감성이 아름다운 감응으로 신선한 자극을 얻을 수 있습니다. 대학은 날카로운 이성으로 학문을 연마하고 넘치는 끼를 마음껏 발산할 수 있는 곳입니다. 대학생들의 가슴 속에 있는 세계를 품은 패기와 옹골찬 기상들이 감탄을 자아내게 합니다. 대학에 대한 이런 생각들을 하니 대학생들이 부럽습니다. 인생에서 가장 빛나고 힘차고 열정적인 황금기가 바로 대학시절일 것입니다. 더욱이 공부에 찌들대로 찌든 고등학교 시절을 이겨 내고 얻어 낸 대학생의 특권입니다.

대학에 도착하여 학생회가 만든 전단지를 펼쳐 보았습니다. 멋진 디자인과 절묘한 문구들과 일목요연하게 정리된 일정을 보니 역시 대학이다 싶었습니다. 전단지를 보니 지방 중소 도시이기에 쉽게 접하기 어려운 유명 연예인들의 명단이 출연자 명단에 있었습니다. 그것을 본 아이들은 환호성을 내지르며 신이 났습니다. 역시 규모가 큰 종합대학다운 축제의 위상인가 싶었습니다. 그런데 문득 이번 축제에서도 느껴지는 아쉬움과 의문으로 마음이 편하지 않았습니다. 우리가 쉽게 접하기 어려운 이 시대의 대중문화를 선도하는 스타 연예인들을 접하는 것은 좋습니다. 그러나 대학 축제의 주체는 분명 대학생이어야 하는데 연예인들이 중심으로 강조되어 있었고 정작 학생들의 공연이나 전시 등은 부수적인 것처럼 게재되어 있었습니다. 그러니 대학 축제가 아니라 스타 연예인 기획사의 쇼케이스나 연합콘서트인 것만 같았습니다. 이렇게 하면 대학의 총학생회나 대학생들의 준비하는 수고가 덜할 것이고 스타 연예인들을 섭외만 잘하면 이들의 전문성과 인기로 축제가 성대하게 진행될 것입니다. 이런 제 생각에 대해 대학 측에서 이렇게 말할지는 모르겠습니다.

"남의 축제에 와서 그냥 즐기고 가면 되지, 왜 삐딱하게 생각하는 건가요?"

저 역시도 남의 축제에 보탬도 안 하면서 투덜거리고 비난하는 것 같아 좋게 생각하려고 애써 보기도 하였지만 '대학'이 빠진 채 스타 연예인이 주목 받고 있으니 이상합니다. 대학생들의 축제라기보다는 콘서트에 가까운 느낌이랄까? 전형적인 주객전도(主客顚倒) 현상으로 보입니다. 대학 축제가 단순 콘서트 장으로 전락해 버린 현실이 안타깝습니다. 그런데 이런 현상은 이 대학만 그런 것이 아니라 다른 대학에서도 대동소이한 것 같습니다. 이런 모습이 올해만 그런 것도 아니고 계속되어 왔습니다. 다들 그렇게들 하니 이상하다는 생각을 하지 않고 관행으로 당연하게 여기는 것인지도 모르겠습니다. 대학은 기존의 틀을 비판하고 창의적으로 새로운 발상과 질서를 창출해 나가고 실험 정신을 펼치는 곳인데

그냥 해 오던 대로, 남들도 그러니 어쩌랴 하는 방식은 아무리 생각해
봐도 아닌 것 같습니다.

얼마 전 보도에서, 어느 국회의원이 교육부로부터 제출 받은 자료에
따르면, 수도권 주요 국립대들의 축제 예산 약 1억 1천만 원의 절반인
약 4천8백만 원이 연예인 섭외 비용으로 쓰인 것으로 밝혀졌다고 합니
다. 이는 대다수 대학이 연예인 섭외에 축제 예산 대부분을 소비하고
있다는 의미일 것입니다. 여기에는 기독교대학도 예외가 아닙니다. 제
가 갔던 대학도 이번 예산에 대해 들으니 '이건 아니다' 싶었습니다. 이
대학 총학생회는 2014년 예산 9천여 만 원 중 5천500만 원을 이번 축제
예산으로 편성했다고 합니다. 한해 예산의 50%가 단 3일간의 축제에
집중된 것입니다. 그런데 그 비용의 대부분이 스타 연예인 섭외에 사용
됩니다. 그러니 다른 프로그램을 할 재정적 여력이 없습니다. 다른 지역
의 모 대학의 경우도 3일간의 가을 축제를 위해 무대 설치비와 운영비
등을 포함해 매년 6천만 원 정도 축제에 사용되었다고 합니다. 이 중에
서 60% 이상이 스타급 연예인의 출연료였습니다.

제가 대학에 다닐 때는 학생회비가 등록금에 포함되어 강제였지만 최
근엔 대부분의 대학이 학생회비를 자율선택제로 전환한 것으로 압니다.
매년 학생회비 납부율이 낮아지니 총학생회 재정이 넉넉지 않은 것이
현실입니다. 그럼에도 축제 예산에서 연예인 섭외 비용이 상당한 비중을
차지하는 이유는 무엇일까요? 언제부터인가 '대학 축제' 하면 가장 먼저
연예인 초청 무대를 떠올립니다. 이는 대학생들이 가장 기대하는 순서이
기도 합니다. 인터넷이나 SNS, 페이스북 등 대학생들 사이에서 축제는
각 학과나 동아리 등에서 어떤 행사들을 실행하고 있는지보다는 어떤
스타급 연예인이 언제 오는지가 최고의 관심사입니다. 상황이 이렇다
보니 각 대학 총학생회는 유명 연예인 섭외를 위해 열을 올리게 되고

다른 콘텐츠에 배정되는 예산은 자연스레 줄어들 수밖에 없습니다. 유명 연예인 초청에 급급한 대학이 한둘이 아니다 보니 연예인들에게 대학 축제는 요긴한 수입원이 되기도 합니다. 그러니 가을철 대학 축제 시즌에 기획사의 매출을 올리려는 마케팅 전략을 세우는 연예기획사들도 생겨났습니다. 수도권 대학에 비해 지방권 대학의 경우는 출장 부대 비용까지 더해져 비용 부담이 클 것입니다. 비싼 등록금으로 힘겨워하는 대학생의 현실을 생각해 보면 지나치게 특정 스타급 연예인 공연으로 흐르는 축제는 지양해야 할 것 같습니다. 이는 대학다운 모습도 아닙니다. 차라리 축제 준비로 사용되는 예산을 학생들의 복지나 장학금으로 돌리는 것이 더 나을지도 모릅니다.

총학생회가 대학 축제에서 스타 연예인 초청 공연을 배제한다면 학생들의 원성으로 학내 여론의 몰매를 맞게 될지도 모릅니다. 결국 대학 축제가 대학다운 변모를 갖추려면 학내 구성원 간의 전반적인 공감대가 형성되어야 합니다. 그러니 주최 측인 총학생회를 비난하고 탓할 수만은 없습니다. 자칫 섣부른 문제의식에 도취되거나 소박한 영웅 심리로 단번에 대학 축제를 변화시키려는 시도는 위험천만한 일일지도 모릅니다. 진정으로 대학 축제를 개선해 나가려면 장기적인 기획과 전략으로 대학다운 소통과 공감의 열린 마당을 통해 토론이나 공청회를 여는 것도 좋을 것입니다. 이 과정에서 학생들의 여론을 지속적으로 수렴하는 노력이 동반되어야 함은 물론입니다. 이에는 학교신문이나 방송이나 대자보 등의 여론 형성의 채널도 유용할 것입니다.

이렇게 의식전환을 위한 노력으로, 스타급 연예인 섭외에 치중돼 있는 예산을 서서히 학내 구성원들이 기획하고 진행하는 콘텐츠로 돌려 나가야 합니다. 가을 축제를 위해 3월 개강 때부터 다양한 학과와 동아리 등을 통해 개성 있는 콘텐츠를 발굴해 나가야 할 것입니다. 콘텐츠

확보를 위해 총학생회에서 사업 아이디어 공모전을 개최하는 것도 좋은 방법입니다. 중앙 동아리·학과 동아리에 대한 지원 확대는 대학 축제를 풍성하게 꾸리는 데 일조할 수 있을 것입이다.

최근 몇몇 대학은 대학만의 축제가 아닌 지역 주민이나 외국인 유학생들을 위한 행사를 마련해 상당한 호응을 얻어내기도 합니다. 대학이 속한 지역과 함께하는 지역 문화 축제는 대학이 속한 지역에서 대학의 이미지를 고양할 수 있고 대학이 지역을 섬기는 미담으로도 비춰질 것입니다. 또한 축제 시즌만 되면 겉돌기 시작하는 외국인 유학생들을 고려하여 함께하는 프로그램을 펼친 경우, 총학생회 측의 세심한 배려가 돋보였습니다.

수백, 수천여 만 원을 들여 초청한 연예인이 무대 위에 머무는 시간은 한 시간이 채 되지 않습니다. '일시적인 감흥에 이토록 큰 예산을 들여야 하는 것인가?', '대학생들의 축제에 연예인이 주(主)가 되는 것이 타당한가?' 한 번쯤 되돌아볼 만한 일인 것 같습니다. 학생 참여 행사를 늘려 공연장 주변으로 한정됐던 인파를 곳곳으로 분산시킬 필요도 있습니다. 각각의 대학 구성원이 대학 청년 문화에 대한 빈곤함을 느껴, 자발적이고 주체적인 청년 문화를 창조하는 의견을 개진하고 공유해 나가면 어떨까 싶습니다. 저희 세대의 대학은 누구나 의견을 개진할 수 있는 대자보 문화가 하나의 자랑이었습니다. 이 문화는 지금도 통용되고 그 효과도 드러나는 것으로 압니다. 그러기에 저는 대학에 가면 꼭 대자보를 읽으면서 대학의 지성과 소통의 현장을 느끼곤 합니다. 학교신문이나 각종 SNS 등의 채널을 통해서도 얼마든지 의견을 모을 수 있을 것입니다. 부디 지금의 소비적이고 단발적인 이벤트성 대학 축제에 대한 반성적 지성으로 이 시대의 지성과 열정을 대표하는 대학의 진면목을 대학 축제를 통해 보여 주기를 기대해 봅니다.

새로운 도시 주거 문화 '쉐어 하우스'

대학 입학 전형의 한 유형인 수시 모집 기간엔 고3 학생들과 재수생들이 대학원서를 작성하느라 정신없습니다. 제가 목사다 보니 교인들이나 학교 교직원들, 졸업생들이 제게 대학 합격을 위해 기도해 달라고들 합니다. 또한 국어 교사를 겸하다 보니 자기소개서 쓰는 것을 도와 달라는 요청들도 많습니다. 그리고 제가 서울에서 대학을 나와서 그런지 서울이나 수도권 대학을 희망하는 경우 진학 상담을 해 달라는 요청도 많습니다. 얼마 전엔 저희 중학교 졸업생인 고3 학생이 쓴 자기소개서를 좀 봐 달라고 찾아와, 문맥의 흐름과 진학하고자 하는 취지를 극대화하고 거기에 맞는 체험 활동과 경력 등을 부각시키는 방향으로 써 보라고 권면해 주었습니다. 또한 목표로 하는 대학과 학과에 대해 제가 아는 정보와 의견을 전해 주었습니다. 사정이 이렇다 보니 직접적으로는 저와 연관이 없는 대학 입시지만 제게도 중요한 과제가 되고 있습니다.

다행히 학생들이 서울 소재 대학에 진학 확정이 되면 다시 한 번 상담을 해 오곤 합니다. 이는 지방 출신 학생들이 선망해 온 서울 소재 대학 합격은 기쁜데 기숙사 사정이 여의치 않아 자취를 해야 하나 하는 문제에 대한 것입니다. 친인척이 서울에 거주하면 신세를 지면 되지만 최근엔 이것도 많이 꺼리고 있습니다. 아무리 친인척이라고 해도 현대사회에서는 교류가 별로 없다 보니 대학 4년을 신세진다는 것이 쉽지 않고 친인척이 방이 남아도는 경우가 많지 않습니다. 그러니 서울에서 전세나 월세 등을 알아봐야 하는데 서울 부동산 여건이 지방에서 보기엔 턱없이 비싸니 고민들입니다. 더러는 서울에 지방 학생들을 위해 지방자치단체나 시민단체, 교회들이 운영하는 기숙사가 있긴 하지만 역부족입니다. 올해도 서울 소재 대학에 합격한 이들의 거주 문제를 함께 고민해야 하는 상황입니다. 또한 전문계 고교를 졸업한 이들이 서울로 취업을 하기도 하니 지방민의 서울 거주 문제도 고민거리입니다.

지방에서 서울 소재 대학에 입학했을 때, 신입 대학생들은 곧 맞이할 잿빛 미래를 알지 못합니다. 그동안 선망해 온 서울 진출의 기쁨과 잔소리하시는 부모님을 떠나 혼자만의 자유로운 삶이 신기하고 설레는 것도 잠시, 하숙이든 자취든 밥 안 먹고 숨만 쉬어도 들어갈 돈이 수십만 원입니다. 운 좋게 기숙사에 당첨되어도 한두 해뿐, 결국 집 없는 설움에 눈물을 쏟아야 겨우 도시 한구석에 발 뻗을 두어 평을 갖게 됩니다. 직장을 잡아 올라오는 경우도 예외는 아닙니다. 도대체 왜 그리 비싼지 알 수 없는 월세를 꼬박꼬박 내고, 왜 또 올라야 했는지 모를 전셋값을 위해 발버둥을 칩니다. 이 땅의 젊은이 대부분이 늙어서도 겪는 하우스 푸어(House Poor)는 '살기 위해서가 아니라 집을 사기 위해 노동을 하는' 서울살이의 잔혹한 현실입니다.

얼마 전에는 인근 대학의 연극 동아리 공연을 보았습니다. '기막힌 동거'라는 제목으로 전세도, 월세도 아닌 '타임방'이라는 새로운 형태로 동거하게 된 이들의 비밀스런 일상의 에피소드를 코믹하게 다룬 내용이었습니다. 간략한 연극 내용은 이러합니다. 변두리 단칸방에 세를 살고 있는 '숙현'은 낮 시간 동안 쓰지 않는 자신의 방을 휴학생 '아연'에게 빌려 주지만, 등록금 마련을 위해 한 푼이라도 돈을 아껴야 하는 아영은 그 방세조차도 감당하기 힘들어 몇 달을 밀리고 맙니다. 어느 날 숙현은 밀린 방세를 받기 위해 요리조리 도망치는 아영을 찾아가지만 갑자기 새로운 동거인 '동곤'이 들이닥치고 엎친 데 덮쳐 구두쇠 집주인은 이들의 관계를 오해해 급기야는 방을 빼라고 통고합니다. 상황은 점점 걷잡을 수 없이 커져 가고 봉합하기 어렵게 꼬여만 가면서 벌어지는 연극은 슬픈 우리 사회의 현실을 반영하고 있었습니다.

팍팍한 현실에 기적을 바라지만 기적은 쉽게 일어나지 않습니다. 도시 빈민들의 현실은 전세를 월세로 돌리면서 수입의 상당 부분을 손에도 못 쥐는 주거비로 지출하고 있습니다. 연봉이 높아도 늘 가난합니다. 집은 그야말로 '자고 씻는' 공간이 되어가지만, 그 '자고 씻는' 데 돈이 너무 많이 듭니다. 이런 현실에 집 없는 사람들은 새로운 개념에 눈을 떴습니다. 이것이 바로 도시의 새로운 주거 문화로 등장한 '도시 살이의 잔혹한 현실인 쉐어 하우스(Share House)'입니다. 쉐어 하우스란 다수의 사람들이 한 집에 살면서 침실은 따로, 거실과 화장실 등은 공유하는 개념입니다. 이는 월세와 공과금을 나누어 내며 높은 집값과 거주 비용을 아낄 수 있는 대안입니다. 서울을 시작으로 부산과 인천 등 대학가나 직장인 밀집 지역에 확산되고 있습니다. 이는 이름만 낯설 뿐이지 사실 우리 곁에 꾸준히 있어 왔던 공동 주거의 형태입니다. 지방 학생들의 하숙집이며 지자체나 종교 단체나 몇몇 대형교회들이 운영하고 있는 학사가 바로 쉐어 하우스 구조입니다. 대학가 벽보에 흔히 붙어있는 '잠만 자는 방'이나 '하우스 메이트'도 큰 의미의 쉐어 하우스로 볼 수 있습니다.

이처럼 새로운 주거 문화로 떠오른 공동 주거 시스템이 '쉐어 하우스'라는 낯선 이름으로 확산된 이유는 무엇일까요? 서울 성북동에 쉐어 하우스 '따로 또 같이'를 꾸린 사람의 사례는 바람직한 의미로 주목을 끕니다. 대학가 원룸에서 혼자 살던 그가 쉐어 하우스를 연 것은 의외로 경제적인 이유가 아닌, 어느 비오는 날 자전거를 복도에 들여놨던 일 때문이었습니다. 비갠 후에도 복도에 있던 자전거가 불편했던지, 누군가가 '불편하니까 치워 달라'고 쪽지를 붙여놨습니다. 아차, 싶었던 그는 그 자리에 '알려줘서 고맙습니다. 근처에서 카페를 하고 있는데 언제든 커피 한 잔을 대접하고 싶습니다'라는 쪽지와 함께 명함을 붙여두었습니다.

명함은 일주일이 넘도록 그대로 있었습니다. 성북동 마을공동체 활동을 하고 있던 그는 '정작 내 건물의 옆집이나 윗집 사람을 모르는 것'에 충격을 받았습니다. 너무나 많은 사람들이 서로를 불신하며 외롭게 살아가고 있었고, 그 역시 그 안에 웅크리고 있었던 것입니다. 그는 당장 내 문제가 아닌 청년들 모두의 문제, 사회의 문제에 대해 고민했습니다. 때마침 부동산계의 새로운 트렌드이던 다양한 '쉐어 하우스'를 연구하며 결론에 이르렀습니다. '돈을 나누어 내는 동거인보다는 함께 살아가는 주거 공동체를 만들자'는 것이었습니다. 각자의 삶을 존중하되 강요와 불편이 되지 않는 '한 집에서 따로 살기'를 추구하는 의미로 이름도 '따로 또 같이'로 지었습니다. 3개의 방에 총 4명이 거주하는 '따로 또 같이'는 2인 1실일 경우 17만 5천 원의 월세와 공과금을 포함한 관리비 10만 원을 받습니다. 최근 우후죽순으로 늘어나는 상업적인 쉐어 하우스들보다 훨씬 저렴합니다. 정확히 유지할 만큼만 나눠 받는 확고한 원칙은 "만약 돈이 남는다면 누군가 주거 공동체로 인해 이익을 본다는 의미"이기 때문이었습니다. 같이 사는 삶, 불편하진 않을까요? '따로 또 같이' 계약서에는 '1년 단위 계약, 특별한 사유 없을시 연장 가능'과 함께 '정기적으로 밥을 같이 먹는다' 정도가 기재되어 있습니다.

공동의 집안일은 신경 쓰이는 사람이 먼저 하는 분위기가 조성되어 있습니다. 그가 먼저 화장실이며 부엌을 청소했더니 이내 암묵적으로 휴일 아침은 함께 청소하고 같이 밥을 먹는 것으로 자리 잡혔습니다. 그는 같이 사는 게 물론 혼자 사는 것보다 편하진 않지만, '편리가 곧 최선'이라는 착각이 개인주의를 넘어 이 땅에 만연한 이기주의를 낳고 있는 현실을 되짚어 본 것이라고 말합니다.

이처럼 쉐어 하우스란 '같이 사는 사람의 문제를 공유하고 함께 해결하고자 하는 의지가 있는 사람들의 주거 공동체'입니다. '저녁이 있는 삶'을 위한 밑그림이 이 '따로 또 같이'에서 그려집니다. 서로의 존재에 대한 필요성을 느끼고 함께 살아가는 마을을 아낄 때 비로소 삶을 누릴 여유가 생깁니다.

그러나 경제적인 이유로 선택하는 쉐어 하우스 비용이 점차 높아지는 부작용도 따르고 있습니다. 실제로 서울 마포구의 'S' 쉐어 하우스는 1인실의 경우 보증금 120만 원에 월세 59만 원, 2인실은 인당 보증금 80만 원에 월 39만 원으로 입주 희망자들의 불만을 사고 있다고 합니다. 또한 생면부지의 사람들이 모여 살기 때문에 철저한 검증과 확인을 요구하는 목소리도 높습니다. 월세에만 기준을 맞춰 입주자를 받는 한곳은 입소문에 의해 계약 해지가 줄을 잇고 있습니다. 최근 서울에 등장한 쉐어 하우스의 형태들의 몇 가지 사례입니다.

소행주(소통이 있어 행복한 주택) 한 집을 나눠 쓰는 것이 아니라 여러 집이 식당, 놀이방 등을 공유하는 공유 주택으로 서울 마포구 성산동에 9가구가 1호를 시작했으며 강북구 수유동에 5호가 입주 예정입니다.

두레주택 서울시가 마련한 국내 첫 공동 생활형 공공임대주택으로 2013년 11월 5가구를 모집한 도봉구 방학동에 이어 구로구 온수동, 금천구 시흥동 등 21개 동에도 조성하고 있습니다.

민달팽이 유니온 청년 주거의 안정화와 보편적 주거권 보장을 위해 만들어진 시민단체로 3월 주택 협동 조합을 창립, 출자금으로 주택을 매입 또는 임차해 조합원에게 일정 기간 저렴한 임대료에 공급할 예정입니다.

쉐어 하우스 WOOZOO 국내 최대의 쉐어 하우스로 창업가, 미술가, 여행,

요리 등 각각 집마다 다른 콘셉트로 운영됩니다. 서울 종로구 권농동을 1호점으로 동대문구 제기동에 11호점 '디저트를 좋아하는 사람들의 집'까지 운영되고 있습니다.

어린 시절, 서울 변두리에선 다시 빈민들의 주거 공간은 판자촌을 이어받은 형식이었습니다. 엉성한 주택들이 다닥다닥 붙어 있고 과밀 인구다 보니 화장실은 마을 공동으로 사용하였습니다. 그러다 보니 아침 출근과 등교 시간에는 화장실에 줄 서기가 일상이었습니다. 공동 빨래터도 마찬가지로 줄을 서는 것이 당연하였습니다. 지금 생각하면 그때 그 시절이 마치 남의 나라 일 같고 거짓말 같지만 사실입니다. 사는 게 힘들고 어려웠지만 그 나름으로 이웃 간의 정이 돈독했고 사람살이의 여유와 협력이 삶의 재미를 더하곤 하였습니다.

올해 처조카가 제가 사는 지역 대학에 입학하였습니다. 이모부로서 저희 집에 거주할 방이 있으면 좋으련만 제가 사는 여건이 여의치 않아 참 미안했습니다. 경기도에서 내려오는 원거리 학생이니 대학 기숙사에 입실이 어렵지 않을 것이라 여겼는데 기숙사 여건상 입실이 어려웠습니다. 이를 어쩐다 싶은 마음에 어렵더라도 저희 집에서 같이 살던가 인근에 저렴한 방을 월세로라도 얻어야 하나 고민하였습니다. 그렇게 고민하는데 처형 네가 하나의 방법을 찾아냈습니다. 그것이 이것이 바로 '쉐어하우스' 형태였습니다. 처조카는 입학하게 된 대학의 한 선교 단체가 운영하는 대학 인근의 주택에서 10여 명이 공동으로 월세를 부담하는 형태로 거주하게 되었습니다. 처조카는 이곳에서 공동으로 생활하면서 신앙적 성숙도 이루어 나갈 수 있었습니다. 그러나 외동딸로 부모의 품을 떠나 낯선 곳에서 전혀 모르는 사람들과 공동 생활을 한다는 게 쉬운 일은 아니었습니다. 때로는 문화적 차이와 갈등으로 서운한 일이 생겼지

311

만 신입생이다 보니 말도 못하고 참고 지내기도 하였습니다. 처조카는 이런 저런 사정으로 지금은 휴학을 하고 자신이 살던 경기도나 서울권 대학에 다시 도전하게 되면서 부모님 품으로 돌아갔습니다. 저는 처조카의 경우를 보면서 쉐어 하우스 문화가 서울이나 도시만이 아니라 지방 대학가에도 있음을 알게 되었습니다. 아마 이런 쉐어 하우스 문화는 이제 낯선 것이 아니라 일반화될지 모릅니다. 이처럼 새롭게 등장하고 그럴 수밖에 없는 문화적 흐름에 오늘 우리의 교육계나 교회는 어떤 의미를 부여하고 바람직한 방안을 내놓을 수 있을까 하는 생각을 해 보았습니다.

최근 어느 기업의 보고서는 1인 가구가 일시적인 사회현상이 아닌, 기업과 국가 차원에서 대처해야 할 변화라고 밝혔습니다. 국내 1인 가구는 이미 지난 2012년 전체 가구 수의 25%에 육박했으며, 2035년에는 35%에 이를 것이라고 전망됩니다. 1인 가구가 가장 고민하고 부담스러워하는 대상이 바로 주거로, 최근 불어오는 쉐어 하우스 열풍이 이를 입증하고 있습니다. 주거는 사람이 살아갈 기본적인 본능으로 당연한 권리입니다. 이에 경제적 효과와 사람들 간의 정을 얻을 수 있는 쉐어 하우스의 인기는 계속될 것입니다. 더불어 환경이나 예술, 종교 등 아예 특정한 목적을 두고 주거 공동체를 꾸리는 곳도 늘어날 전망입니다. 시대를 읽는 혜안과 유연하고 창의적인 아이디어가 삶에 가장 가까운 주거 분야에 속속 들어오고 있습니다.

최근 어느 소수 종교에서는 발 빠르게 쉐어 하우스에 대한 고민을 하면서 그 실천방안으로 서울의 신도들의 집이나 집회체의 부속 시설로 쉐어 하우스를 만드는 계획을 진행하고 있습니다. 종교는 진공 상태에 존재하거나 세속 사회를 떠나서 존재하지 않습니다. 변화된 문화에 발맞춰 나가거나 더 앞서 나가는 사회의 선도적인 역할을 해 나가는 것이 종교의 사회적 사명인지도 모릅니다. 오늘 우리의 교육 그리고 종교계는 이에 대한 합리적이고 바람직한 방안을 모색해 나가야 할 것입니다.

싱글 라이프의 문화 시대

급변하는 현대사회의 흐름에 따라 이전 시대에서는 볼 수 없었던 새롭고 다양한 삶의 방식들이 등장하고 있습니다. 이 중 하나가 바로 싱글 라이프 문화입니다. 최근 어느 보도에 의하면 1인 가구의 비중은 이미 25%를 넘어서면서 4인 가구를 앞질렀습니다. 노년 독거 가구도 큰 비중을 차지하지만, 대부분은 젊은 층의 비혼(非婚)이나 미혼(未婚)입니다. 이 용어가 낯설지 모르나 방송 등 미디어에서는 이미 익숙하게 된 용어들이 있습니다. 아마 '돌싱'이라는 말을 들어 보셨을 것입니다. 이 말은 '돌아온 싱글'의 줄임말로 결혼해서 살다가 이혼하여 혼자 사는 사람을 말합니다. 이런저런 이유로 전문직 여성들이 결혼 적령기를 지낸 여성들을 일컬어 노처녀라고 하지 않고 듣고 부르기 좋은 '골드미스'라고도 합니다. 예전에 한 방송국에서 골드미스로 팀을 이룬 〈여걸식스〉라는 프로그램도 있었습니다. 학력과 경제력을 두루 갖춘 여성이란 뜻입니다. 남자들의 경우도 혼자 사는 사람들이 늘고 있습니다. '기러기 아빠'라고 불리는 자녀의 더 나은 교육을 위해 아내와 자녀들을 외국에 보내고서 혼자 남아 검소하게 지내면서 유학비를 충당하는 남자들도 있습니다. 최근 공중파 방송국에서 혼자 사는 남자들의 이야기를 예능의 소재로 삼아 〈나 혼자 산다〉라는 프로그램으로 하고 있습니다. 최근 1인 미디어 게임 방송 BJ '대도서관'의 인기로 국내에서 유명해진 게임 GTA를 한 케이블 방송 개그 프로그램에서 패러디하기도 합니다.

네 집 가운데 한 집은 혼자 사는 '1인 가구' 시대입니다. 결혼이 싫은

'골드미스', 결혼 생활을 접은 '돌싱(돌아온 싱글)', 황혼 이혼으로 갈라선 장년층에다 독거노인까지…… . 1인 가구의 증가는 식품·음료 시장에 지각 변동을 몰고 왔습니다. 간단히 끼니를 해결할 김밥과 도시락, 수십 가지 즉석 식품을 갖추고 매일 종류별로 '1+1' 행사를 하는 편의점은 실적 부진에 신음하는 유통업계에서 '나 홀로' 상승세를 이어가고 있습니다. 어디서든 고개만 돌리면 눈에 들어오는 편의점 팽창의 배경엔 '가족의 변화'가 자리 잡고 있습니다.

1인 가구를 중심으로 가까운 거리, 소량 판매, 간편한 쇼핑이 자리 잡으면서 편의점 업계는 싱글족 잡기에 공을 들이고 있습니다. 최근 찬 바람만 부는 유통업계에서 편의점만 연간 5~10%대 성장세를 보이는 게 이들 덕분이기 때문입니다. 1인 가구가 많이 사는 '독신 상권'을 찾아내 그 지역 매장을 집중 관리하기도 합니다.

편의점마다 진열대에서 가장 눈에 잘 띄는 곳에 도시락, 찌개류 등 조리 식품과 만두, 떡볶이, 소량 반찬 등 전자레인지로 간단히 조리할 수 있는 가정간편식을 진열하기 시작했습니다. 즉석 밥이나 라면 같은 즉석식품도 메인 코너에 종류별로 진출했습니다. 식사대용 상품으로 100g 안팎의 소량 식품은 자체 브랜드까지 만들어 'PB 상품'으로도 출시하고 있습니다.

이처럼 요즘 편의점 매출을 주도하는 상품은 간편식입니다. 어느 편의점 업체는 도시락·덮밥류 매출이 전년 대비 43.4%, 즉석면과 즉석밥은 각각 20% 이상 증가했다고 밝혔습니다. 또 다른 업체도 간편식 매출이 무려 77.2%나 늘었다고 합니다. 도시락과 주먹밥은 각각 42.1%, 34.1% 증가했습니다. 특히 한 업체는 1인 가구가 몰려 있는 상권을 아예 '독신 상권'으로 지정·관리합니다. 독신 상권에 있는 점포는 싱글족의 구매 특성에 맞춰 상품 진열 등을 달리 합니다. 미반식품(김밥·도시락 등

밥이 들어간 제품)과 조리빵, 음료 등의 매출이 상대적으로 높습니다. 이렇게 관리하는 독신 상권 점포는 서울에 25개, 전국에 390여 개나 됩니다. 한 관계자는 "2ℓ 생수나 라면 등 1인 가구 손님이 찾는 물건을 눈높이 위치에 배치하고, 심리적 특성을 고려해 점포 근무자에게 따로 교육도 시키고 있다."라고 말할 정도입니다.

이처럼 혼자 사는 이른바 '1인 가구' 비중이 높아지면서 경제·산업 전반에서 새로운 타깃층으로 급부상하고 있습니다. 외국에서는 혼자서 먹기 좋은 개량형 소형 수박이 등장하고, 지방의 국립명문대 구내식당에 1인용 식탁이 생기는 등 이미 '솔로 경제'가 자리 잡고 있습니다.

국내에서도 솔로 트렌드를 반영한 1인용 제품들이 쏟아지기 시작했습니다. 1인 가구를 타깃 삼은 인터넷 쇼핑몰도 '우후죽순' 격으로 생겨나고 있지만, '나홀로족'의 감성과 문화를 먼저 이해해야 제품이든 사이트든 성공할 수 있다는 지적입니다.

지난 30년간 1인 가구는 급증해 왔습니다. 보건사회연구원과 통계청 자료에 따르면 1985년 1인 가구 비율은 6.9%에 불과했지만 1990년 9.0%, 2000년 15.5%로 증가하기 시작했습니다. 2010년에는 23.9%로 급증했으며, 2012년에 25%를 넘었습니다. 2020년 29.6%에 이어 2021년에는 드디어 30%대에 진입한 뒤 2033년 전체 가구 중 3분의 1(33.6%)을 넘어설 것으로 전망되고 있습니다. 실제로 1인 가구 수는 2000년 222만 4,000가구에서 2010년에는 414만 2,000가구로 10년 사이 거의 2배 가량 증가했고 2015년이면 500만 가구를 돌파할 것으로 분석되고 있습니다. 원인으로는 결혼 가치관의 변화와 개인주의 확산과 같은 인구·사회학적인 변화와 고용불안 등 경제적 요인이 복합적으로 작용한 것으로 분석되고 있습니다.

싱글 생활 연구소의 분석에 따르면 1인 가구의 54% 정도가 스스로

1인 가구를 선택했으며, 43% 정도가 원룸에 거주하고 주거 형태는 월세가 36%로 가장 많았습니다. 1인 가구들이 스스로 꼽는 장점은 행동에 통제나 간섭이 없는 것이었고 단점은 고독이었습니다. 이에 업계에서는 오래전부터 1인 가구를 새로운 소비층으로 지목하고 다양한 제품군을 쏟아 내고 있습니다. 한 대형마트는 해마다 크리스마스를 앞두고 1인 가구를 겨냥한 '반반 트리'를 내놓기도 했습니다. 원통형 트리의 절반만 만들어 크기와 가격을 반으로 낮춘 것입니다. 혼자 사는 작은 원룸이나 오피스텔을 가득 채우는 대신 트리 한쪽을 벽에 붙여서 쓸 수 있습니다.

롯데마트나 홈플러스 등 대형마트들은 꽤 오래전부터 요리 후 남은 재료를 처리하기 힘든 한우나 채소 등을 작은 분량으로 묶어 판매하거나 1~2인용 가전제품들로 나홀로족을 끌어들이고 있습니다. 카페베네와 할리스커피·투썸플레이스·스타벅스 등 대형 프랜차이즈 커피전문점들도 기존에 2인 이상 먹을 수 있던 베이커리 제품의 크기를 줄이는 등 관련 마케팅에 열을 올리고 있고, 혼자 즐기기 좋은 회전 초밥집과 라면집도 다시 호황기를 맞고 있습니다. 특히 대학가 등을 중심으로 1인 식탁을 구비한 식당도 늘고 있는 추세입니다.

편의점 점포 수가 1인 가구 급증과 맞물려 최근 들어 급격히 늘어난 것도 영향을 준 것으로 보입니다. 한국편의점협회가 공식 집계한 편의점 점포수는 2013년 12월 말 기준 2만 4,859개로 3년 전인 2010년보다 52% 늘었습니다. 1인 가구는 근거리 쇼핑을 선호하고 한 번에 적은 양을 잦은 빈도로 구매하는데, 특히 1~2인 가구의 월평균 1인당 소비지출은 3~4인 가구보다 높은 편으로 현재 1인 가구의 성장은 소매 유통 시장 내 구매 행동 변화를 주도하고 있습니다.

이처럼 업계가 1인 가구에 주목하는 건 나름의 이유가 있습니다. 최근 대한상공회의소 조사 결과를 보면 1인 가구의 소비 여력은 3~4인

가구보다 큰 것으로 나타났습니다. 전체 월수입에서 소비와 저축이 자유로운 월가처분 소득이 차지하는 비중이 1인 가구가 32.9%로 3~4인 가구의 17.2%에 비해 두 배 가까이 높습니다. 금액 면에서도 1인 가구의 월가처분 소득이 80만 5,000원으로 3~4인 가구의 73만 5,000원보다 많았습니다.

대형마트 입장에서 1인 가구가 아직은 블루오션이 아닙니다. 한 대형마트 관계자는 "1인 가구 상품들을 자체 기획하기보다 바이어들이 제안한 상품 중에 선택해서 판매하고 있다."라고 말합니다. 아직은 가족 고객이 주류이기 때문으로 풀이됩니다. 대신 나 홀로 족들은 신선·가공식품을 제외한 패션·의류, 가전, 신발·구두, 화장품 등 대다수 물품을 대형마트가 아닌 인터넷몰에서 구입하는 것으로 조사됐습니다. 1인 가구의 '은둔성' 때문이라는 분석입니다. 실제로 1인 가구 직장인들은 혼자서 뭔가를 사러 다니기보다 인터넷을 통해 제품을 구매하는 것을 선호합니다. 이에 따라 11번가·G마켓·옥션 등의 열린장터, 쿠팡·위메프·티몬 등 소셜커머스처럼 1인 가구를 타깃으로 마케팅을 펼치고 있는 인터넷몰도 늘고 있습니다. 기존에는 가족 위주 제품이 주를 이뤘지만 이젠 혼자 사는 사람을 위한 제품이 모인 사이트도 필요합니다. 당장 물건을 올려서 파는 것보다 여기서 추천한 물품은 정말 1인 가구에 필요하고 믿을 만하다는 신뢰도를 먼저 쌓는 게 중요합니다.

이처럼 혼자 사는 사람들이 늘고 있습니다. 특히 주목해 볼 일은 이들 계층의 대다수가 청장년층이라는 사실입니다. 대학이나 일자리를 찾아 큰 도시로 홀로 상경하는 젊은이들은 대부분 원룸이나 1.5룸에서 생활합니다. 이들은 최소한의 가전과 가구를 두고 살며, 거의 모든 식사를 외부 음식으로 해결합니다. 직접 장을 보기보다는 인터넷쇼핑을, 오프라인 관계보다는 온라인에서 익명으로 맺는 관계를 편안해 합니다. 이러한 청장년층 1인 가구의 특징에 따라 경제와 문화, 사회의 판도도 크게 변화하고 있습니다. 경제적으로는 '솔로이코노미'라는 마케팅 개념을 내세워 소량 판매나 콤팩트 제품들을 등장시켰으며, 문화적으로는 커뮤니티보다 소셜 네트워크 서비스(SNS), 1인 미디어가 힘을 얻고 있습니다.

우리나라의 1인 가구 증가세는 세계에서 가장 빠른 수준이며, 국가경제에 차지하는 비중 또한 큰 편입니다. 월평균 1인 소비 지출액을 봤을 때, 2인 이상 가구의 경우 73만 원인 데 비해 1인 가구는 95만 원으로 혼자 사는 1인이 월 평균 22만 원 더 쓰고 있습니다. 1인 가구, 즉 싱글슈머(single+comsumer)는 세계의 모든 기업들이 향후 더 커질 것이라 꼽는 소비군입니다.

한 기업체의 연구에 따르면, 1인 가구의 소비 트렌드는 소형과 효율, 안전, 나 자신이라는 주제로 나뉩니다. 가구와 가전이 작아지고, 소포장한 식품이나 생활용품이 늘어나며 여러 기능을 내재한 제품들이 인기입니다. 이러한 추세는 식생활에서 두드러집니다. 다인가구가 많은 재료를 저렴하게 구입한다면, 1인 가구는 품을 덜 들이고 효율 높은 식문화를 추구합니다. 조리할 필요가 없는 1회 1인 분량의 완성된 음식을 찾다보니 편의점에서도 도시락 매대가 넓어지고 도시락 전문점도 많아지고 있습니다.

제한된 주거 공간을 효율적으로 사용하기 위한 빌트인 가전과 가변형 가구도 인기입니다. 침대와 소파가 합쳐졌거나 화장대 뚜껑을 닫으면 책상이 되는 식입니다. 이사가 잦은 1인 가구는 책꽂이, 서랍장 등도 조립형으로 구매하며, 비싸고 오래가는 것보다는 저렴하고 몇 년 안에 버릴 수 있는 제품을 구매합니다. 이러다 보니 도시락 업체에서 판매 중인 국내 도시락 시장은 역대 최고 성장률을 보여 2조 원대에 돌입했습니다. 도시락 전문점과 무인택배시스템의 증가도 생겨나고 있습니다.

 1인 가구는 '안전'에 대한 욕구가 높습니다. 보안이 철저한 여성 전용 도시형 생활 주택이 늘고 외부인과의 접촉이 적은 무인택배 시스템, 편의점 택배 서비스가 각광을 받고 있습니다. 못 박기나 짐 옮기기, 병원 동행 등을 해 주는 생활 지원 서비스도 1인 가구에게 인기입니다. 1인 가구의 또 하나의 특성은 자신의 개성을 추구하고 여가생활을 다양하게 즐기려는 소비 비중이 크다는 것입니다. 부양 의무가 있는 2인 가구에 비해 패션, 미용 분야에 지출이 많으며 주말을 이용한 활동이 다양합니다. 최근 여행 업계에서도 새로운 트렌드로 '혼자 가는 단체 여행'이 떠오릅니다. 동반인이 없는 1인 여행객들이 패키지를 이용할 수 있는 상품으로, 한 팀을 한 기수로, 여행 이후로도 관계를 지속시킵니다.

 이렇듯 1인 가구들은 더 이상 일시적인 현상이 아닌 우리 사회의 미래입니다. 문화적으로도 그 현상은 두드러집니다. 2000년대 초반 인터넷 커뮤니티나 카페 등을 통해 지인을 찾고 그룹을 만들었다면, 2000년대 중후반은 싸이월드나 블로그라는 이른바 '독고다이' 시대였습니다. 그러나 이 현상들은 '실제로 아는 사람'들과의 관계가 큰 비중을 차지하고 있었습니다. 2010년을 기점으로 넘어서자 사람들은 소셜 네트워크 서비스를 통해 간편하게 자신을 표현하고, 내가 모르는 사람에게까지 알려지기를 바랍니다.

 1인 미디어는 이러한 '알려지고픈 욕구'를 미디어와 결합시킨 예입니다. 처음에는 지면을 옮겨온 개념의 1인 인터넷신문으로 시작했다면, 이제는 유튜브나 팟캐스트, 아프리카TV를 통해 누구나 자신의 얼굴과 목소리를 내보낼 수 있습니다. 소재나 허용의 범위가 무한정에 가깝고, 콘셉트와 역량이 뛰어난 경우 높은 수익을 올리기도 합니다. 대표적인 1인 미디어인 '대도서관' 나동현은 게임방송 BJ(Broadcasting Jockey)로, 자신이 게임을 하며 해설을 하는 영상을 다음 TV팟과 아프리카TV, 유튜브에 올립니다. 1년도 안 되어 누적 조회수 1억 뷰(view)를 넘었으며, 한 해 연봉으로 치면 3억 원이 넘는 수입을 올리고 있습니다. 게임을 만들거나 잘 하지 않아도 '혼자서도 게임을 잘 즐기면' 성공할 수 있다는 새로운 성공스토리 모델입니다. 이와 같은 1인 미디어의 확산은 방송실이나 녹음실 등 전용 공간의 증가로 연결되고 있습니다.

이러한 1인 문화 열풍은 외로운 사람들이 자신이 외롭지 않다고 자기를 세뇌시키려는 발버둥인지도 모릅니다. 불특정 다수의 관심과 인정을 통해 고독을 극복하려 합니다. 누구나 도전할 수 있다는 평등함이 매력이지만 끝까지 살아남는 것은 혹독한 1인 미디어는 자유, 개성, 합리, 효율 등 1인 라이프의 여러 가지 특성의 결합체라고 볼 수 있습니다.

혼자 사는 사람들은 제약받기 싫어하며 개인의 사생활을 중요하게 여기고 형식과 관습에 얽매이는 것을 싫어합니다. 집에 와도 눈치 볼 필요 없이 자유롭게 사는 세월이 누적되면 누적될수록 더 그렇습니다. 합리성과 효율성과 재미를 추구하며, 이를 위해서는 큰 비용이나 시간을 투자할 수 있습니다. 오프라인 관계를 맺는 것보다 온라인상의 관심과 응원을 더 편안해 합니다. 앞으로 어떤 세상이 도래할 것인지 전망하는 것은 현황을 파악하는 것만큼 중요합니다. 앞으로 2020년 우리나라의 1인 가구는 588만 명으로 전체 가구의 30%를 차지할 것으로 전망하기도 합니다.

더욱 주목해야 할 점은 현재 혼자 사는 젊은 세대들이 다음 사회의 주요 세대가 되는 10~20년 뒤입니다. 1인 라이프의 습성이 사회적 큰 결정의 배경이 될 때, 그에 유연하게 대처하고 변화하지 않는 현상들은 소외되거나 도태될 것입니다. 교육의 주요 기능 중 하나는 미래세대에게 사회적응력을 길러 주는 역할입니다. 이러한 사회화 기능을 수행하려면 기존의 구태의연한 교과교육의 틀로는 어렵습니다. 이제는 당연하게 결혼하고 다인가구로 가정을 이루고 사는 것이 아닌 다양한 가정, 가구의 형태는 기존의 가치를 담아낸 교과서 교육을 어렵게 합니다. 변화된 세상에 적응하고 이를 새롭게 자기 주도적으로 수용하고 자기화해서 창의 인성으로 개선해 나가는 문화 주체가 되도록 교육적 대처가 요청됩니다. 그러므로 교과수업은 물론 창의적 체험 활동과 앞으로 도입될 자유학기제 등을 통해 미래지향적인 교육의 체질 개선이 필요합니다.

수년 전부터 신자의 증가 수(특히 청장년층)가 둔화, 감소에 이르는 종교계에 늘어나는 1인 가구나 싱글 라이프에 대한 실태 분석이 시급합니다. 이를 바탕으로 종교계의 접목의 방안을 모색해 나가야 합니다. 권위적이고 비민주적인 종교 조직으로는 싱글 라이프 문화에서 배척받을 수 있습니다. 어쩌면 지금의 종교 조직과 공동체 구조는 너무 많은 간섭과 제약으로 1인 라이프에 익숙한 사람들을 밀어내고 있지는 않는지요? 집단으로 모이는 것을 중시하는 오프라인 중심의 종교 조직 형태도 그 장점은 살리되, 싱글 라이프에 맞는 온라인 종교생활 문화가 가능한 문화 매체들의 개발도 중요할 것입니다.

늘어나는 1인 가구의 싱글 라이프 문화는 아주 오래전의 문화 속에서 창시되고 형성된 종교경전과 교리와 조직에 대해 새로운 시대에 따른 새로운 해석과 적용을 요구하고 있습니다. 분명 진리는 변하는 것이 아닙니다. 그러나 그 진리를 현실의 삶 속에서 적용해 나갈 삶의 방식이 변하고 그에 따라 사람들의 마음밭이 변했습니다. 변치 않는 진리와 급변하는 세상의 만남은 언제나 긴장 속에서 소통해 왔습니다. 이러한 긴장 속의 소통을 통한 바른 적용과 종교적 접목이 바로 오늘 종교인의 고민이요, 사명일 것입니다. 이에 대한 논의와 통의가 종교 공동체에서 활성화되기를 기대해 봅니다.

일등만이 아닌 진정한 올림픽 정신

세상이 온통 일등만을 찾습니다. 공부도, 스포츠도, 수입도, 외모도 모두 일등만을 위해 존재하듯 우리 사회는 온통 일등만을 향해 달려가는 거대한 용암의 흐름과도 같습니다. 2등은 없고 꼴등은 더더욱 용납되지 않습니다. 오로지 일등만이 필요하고 금메달만 인정받는 등 우리 사회의 모든 시스템은 일등을 위해 작동할 뿐입니다.

올림픽대회는 단순히 스포츠계의 이야기가 아니라 전 세계의 축제로서 그 의미를 분명히 하는 것을 알 수 있습니다. 그러기에 올림픽 대회의 실황은 전 세계의 관심 속에서 중계됩니다. 그러다 보니 국가적으로도 올림픽대회 경기는 자기 나라를 전 세계에 알리는 좋은 기회가 될 수 있고 국민들의 통합과 화합에 유익하기도 합니다. 이런 이유로 올림픽 경기에 대한 관심은 지나칠 정도로 대단합니다.

그런데 저는 문득 올림픽 경기가 열리기도 전에 연일 보도되는 올림픽 경기 관련 소식을 접하면서 이런 생각을 했습니다. 사람들은 올림픽 대회 경기와 결과에 기대하고 기뻐하고 감동하고 감격하고 심지어 감사기도까지 드리는데 과연 우리가 이렇게 하는 것이 옳은 것일까요? 우리의 눈이, 우리의 마음이, 우리의 믿음이 여기서 그쳐야만 하는 것일까요? 언젠가 모 대기업의 광고 카피가 생각납니다. "모두가 1등만을 기억합니다. 2등은 아무런 의미가 없습니다." 이 광고는 매우 우수한 광고 카피로 인정받았고, 열정을 필요로 하는 여러 기관과 사람들에게 인용되었습니다.

그러나 저는 이 광고가 담고 있는 비인간적이고 반윤리적인 의미를 떠올려 보았습니다. 결국 이 광고는 자칫하면 우리가 사는 세상을 협력과 화합보다는 무한 경쟁의 정글로 인식시킬 수 있습니다. 그리고 일등 만능주의를 심어 주어 무조건 일등만 하면 된다는 식의 발상으로 협력과 배려와 나눔의 여유를 허용치 않게 됩니다. 우리는 올림픽 경기에서 메달을 따는 것에만 집중한 나머지, 최선을 다했지만 아쉽게도 메달을 따지 못한 선수들에게 전해줄 위로와 격려를 보낼 여유가 없습니다. 자랑스럽게 감격하는 순간, 털썩 바닥에 주저앉은 패배자의 허탈한 심정, 좌절감과 수치심으로 뒤범벅된 사람의 슬픔에는 눈길을 주지 않습니다. 이것이 과연 올림픽 경기에 임하는 바람직한 자세일까요?

올림픽은 옛날 그리스인들이 제우스 신에게 바치는 종교적인 의식의 하나로 강한 소수의 남성을 뽑는 축제였습니다. 이것을 근대 올림픽으로 개선하여 승화시킨 사람이 바로 '피에르 드 쿠베르탱'입니다. 그는 올림픽을 통해서 전 세계의 청년들이 평화를 사랑하며, 인생에 대한 존엄성을 지니게 되기를 소망했습니다. 그의 말입니다.

사람의 성공 여부를 결정짓는 기준은 그 사람이 승리자냐 아니냐에 달려 있는 것이 아니라 그 사람이 어느 정도 노력하였는가에 달려 있습니다. 그러므로 인생에서 가장 소중한 것은 승리를 쟁취한 최종 결과가 아니라 진지하게 준비하고 경기에 정정당당하게 임하는 과정에서 최선을 다하는 것입니다. 올림픽 경기는 전 세계에 하나의 이상을 심어 주는 일이며, 그 이상은 바로 현실 생활의 일부를 이루는 것입니다. 이것은 육체의 기쁨, 아름다움과 교양, 가정과 사회에 봉사하기 위한 근로라는 세 가지 정신입니다.

그런데 오늘날 올림픽은 과연 쿠베르탱이 꿈꾸던 사람의 완성, 세계의 평화에 기여하고 있을까요? 소수의 승리자만을 기억하고 영웅으로 떠받드는 축제가 과연 이러한 이상을 실현시킬 수 있는 것일까요? 우리 사회는 숭고한 이상은 사라지고, 맹목적인 국가주의와 천박한 자본주의와 가벼운 상업주의로 왜곡된 승리 지상주의로 얼룩지고 말았습니다. 심지어 금메달을 향한 치열한 각축전으로, 무조건 이겨야 한다는 중압감에 약물 복용까지 감행하는 지경에 이르렀습니다. 경기장에서는 소수의 승리자의 영광을 위하여 수많은 패배자들의 좌절과 슬픔이 당연시되는 양상입니다. 이제부터 올림픽을 본연의 정신을 되새기면서, 참다운 신앙인의 자세로서 바라보면 어떨까 싶습니다. 고(故) 박완서 선생님의 수필집 『꼴찌에게 보내는 갈채』에 나오는 글을 되새겨 보고자 합니다.

　　어느 날 버스를 타고 가다가 마라톤 행렬을 만나게 되었습니다. 선두주자를 보고 싶은 마음에 서둘러 큰길로 달려갔지만, 이미 선두 그룹은 지나간 뒤였습니다. 길가에 있는 라디오방 스피커를 통해서 벌써 선두주자가 결승선에 들어오고 있음을 알리는 아나운서의 목소리와 군중의 환성이 들렸습니다. 실망한 눈에 한 마라토너가 푸른색 유니폼을 입고 달려오는 것이 보였습니다. 그에게는 환호는커녕, 아무도 관심조차 보이지 않았습니다. 그 마라토너가 가까이 왔을 때, 자신도 모르게 다음과 같은 색다른 감동을 느끼게 되었다고 합니다.
　　"나는 그런 표정을 생전 처음 보는 것처럼 느꼈다. 여태껏 그렇게 정직하게 고통스러운 얼굴을, 그렇게 정직하게 고독한 얼굴을 본 적이 없다. 가슴이 뭉클하더니 심하게 두근거렸다. 그는 20등, 30등을 초월해서 위대해 보였다. 지금 모든 환호와 영광은 우승자에게 있고 그는 환호 없이 달릴 수 있기에 위대해 보였다. 나는 그를 위해 뭔가 하지 않으면 안 된다고 생각했다. 왜냐하면 내가 좀 전에 그의 20등, 30등을 우습고 불쌍하다고 생각했던 것처럼 그도 자기의 20등, 30등을 우습고 불쌍하다고 생각하면서 에라 모르겠다 하고 그 자리에 주저앉아 버리면 어쩌나 그래서

내가 그걸 보게 되면 어쩌나 싶어서였다."+

　그래서 인도에서 차도로 뛰어내리며 그를 향해 열렬한 박수를 보내며 환성을 질렀습니다. 그녀는 '지금 그가 괴롭고 고독하지만 위대하다는 것을 알아야 했다'고 생각하면서 더 힘껏 박수를 보내고 환호성을 내질렀습니다. 그녀의 고독한 환호에 이상하게 쳐다보던 사람들이 하나둘씩 동조하기 시작했습니다. 푸른색 마라토너 뒤에도 또 그 뒤에도 주자들은 잇달았습니다. 그녀의 고백입니다.

　　꼴찌 주자까지를 그렇게 열렬하게 응원한 그 박수는 승리자에게 보냈던 환호만큼이나 신나는 것이었고, 더 깊이 감동스러운 것이었고, 전혀 새로운 희열을 동반한 것이었다.++

　그렇습니다. 진정한 올림픽 정신은 소수의 승리자만을 위한 박수와 환호가 아니라, 다수의 패배자들을 향해서도 박수를 보내 주는 여유와 너그러움이 있어야 합니다. 하나님은 소수의 승리자만을 위한 하나님이 아니십니다. 왜곡된 올림픽의 껍질 속에 감춰진 '일등만이 최고'라는 생각은 기독교 신앙과 함께할 수 없습니다. 성경이 증언하는 하나님은 약한 사람들을 일부러 찾아가서 선택하여 강한 사람들을 부끄럽게 하시는 분이십니다. 400여 년을 노예로 살아온 사람들을 선택하여 해방으로 이끄신 하나님, 처참한 식민지 치하에서 가난하고 보잘것없는 목수의 아들로 이 땅에 오셔서 약한 사람들과 병든 사람들의 친구가 되어 주신 예수님이 우리의 구세주이십니다. 우리는 지금 이 시간에도 다수의 약하고 패배한 사람들도 사람 대접 받는 세상을 만들기 위해, 일하고 계시는

＋ 박완서, 『꼴찌에게 보내는 갈채』(평민사, 1977), 34~35쪽에서 인용.
＋＋ 같은 책, 35쪽.

하나님만이 우리의 하나님이심을 고백해야 합니다. 몇 사람의 승리자를 추종하는 것에서 벗어나 수많은 꼴찌들에게 힘찬 박수를 보내는 자세로 살아가야 합니다. 왜냐하면 바로 우리가, 우리의 가족이, 우리의 친구가 다수의 꼴찌이기 때문입니다. 우리의 눈은 꼴찌들의 모습 속에서 쓰러질 듯하지만 결코 쓰러지지 않는 희망으로 가득한 하나님의 형상을 바라볼 수 있어야 합니다. 때로는 우리가 일등을 하지 못한다고 해도, 꼴찌의 아픔 속에서 눈물을 흘린다고 해도 결코 불의와 타협하지 않는 용기를 지니는 참된 믿음의 사람들이 되어야 합니다. 오늘 우리의 교육은 일등만을 인정하는 것이 아니라, 더불어 숲을 이루고 상생의 나무들이 되는 기쁨, 그 지혜와 결단을 가르치고 보여줘야 합니다.

사람이 먼저랍니다

친환경 시대의 대안적 이동 수단

요새 전주 한옥 마을을 스마트하게 여행하는 방법이 화제입니다. 전주 여행의 새로운 명물인 이 '이상한 탈 것'은 커다란 두 개의 바퀴를 가느다란 바 하나로 움직이는 자가 평형 이륜차(1인용 전동스쿠터)입니다. 이른바 '왕발통'이라 불리는 이 새로운 기계의 이름은 '나인봇'. 앞서가는 사람은 다 안다는 '세그웨이'의 보급형이자 국내에서 급속히 확산 중인 대안적인 탈 것입니다.

제한된 국토 안에서 늘어나기만 하는 자동차들은 오래전부터 미래를 위협해 왔습니다. 고갈을 목전에 두고 있는 기름 값은 계속 오를 것이며, 교통 체증과 환경 오염은 날로 심해지고 있습니다. 조금 더 빨리, 조금 더 편하게 이동하려는 욕구가 이제는 우리의 삶을 옭죄고 있습니다. 이런 현재를 예견한 인류는 일찌감치 대안적인 탈 것에 대해 연구해 왔습니다. 연비 향상을 뛰어넘어 전기나 태양광, 수소연료를 쓰는 자동차를 연구해 왔으며, 자전거의 기능과 효율을 높이는 노력을 해 왔습니다. '왕발통'의 원조 '세그웨이' 역시 2001년 이러한 노력 속에 탄생했습니다.

1회 전기 충전으로 30km대의 이동이 가능한 친환경·저비용의 이 기계는 세계적인 관심과 확산을 불러왔습니다. 그러나 최소 1천2백만 원에 달하는 가격과 50kg의 무게 등을 문제로 인식, 후발주자들은 가격과 무게를 낮추기 위해 노력했습니다. 주식회사 스타플릿이 중국으로부터 수입해 판매하는 나인봇은 가격 4백만 원대 초반, 무게 23kg로 지금까지 나온 1인용 전동스쿠터 중 가장 매력적인 스펙을 자랑하고 있습니다.

328

전국을 다니며 상담과 교육, 판매를 하는 나인봇 전도사는 여전히 고가이지만, 점점 더 많은 분들이 상담을 신청하고 있다면서 경제적으로 여유 있으면서도 트렌드를 앞서가는 30～50대가 주 고객이며, 알려지는 단계이기 때문에 잠재 고객 인프라 확보 과정이라고 말합니다. 최근에는 설악문화제나 경찰영화제 등에서 대여하거나, 커피숍, 꽃집 등에서 홍보용으로 구매하는 경우가 늘었고 여러 국가기관이나 단체와 MOU를 체결하여 다양한 나인봇 투어가 펼쳐지기도 합니다.

현재 나인봇의 가격은 4백만 원 초반, 누군가는 '웬만한 중고차 값'이라고 하지만 유지에 들어가는 비용은 매일 30km를 365일 이용한다고 했을 때, 현재 기준 1년 충전료가 2만4천 원 정도입니다. 한 달에 서울～제주도 거리를 왕복하면서도 2천 원의 유지비가 드는 셈입니다. 현행법상 자전거 개념이기 때문에 면허취득이나 등록 등의 여타 비용도 들지 않습니다. 이는 운전자의 신체 움직임을 감지해 움직이기 때문에 초등학생부터 어르신들까지 쉽게 탈 수 있는 것이 장점입니다. 그전까지는 외출이 불편하고 위축됐던 어르신이나 장애인이나 정형외과 치료중인 사람들이 사용하기도 합니다.

이렇게 나인봇과 같은 1인용 전동스쿠터가 급물살을 타고 있다면, 자전거의 진화인 전기자전거의 확산이 예상되고 있습니다. 국내 자전거 인구가 이미 1천만을 넘어선 가운데, 최근 안전행정부의 자전거법 개정에 자전거인들이 열광한 바 있습니다. 전기자전거는 자전거에 모터를 부착해 시속 30km 안팎의 낮은 속도로 구동하는 2륜 교통 수단입니다. 배기가스가 없어 친환경적이며, 운동 효과가 있으면서도 힘을 덜 들이는 전기자전거의 한 달 충전 요금이 1천 원 정도입니다.

전기자전거의 등장에 전 세계인들이 열광했지만, 유독 국내에서만 더딘 성장세를 보여 왔습니다. 중저가 제품도 평균 120만 원에 달하는 높은 가격도 문제지만, 면허 관련 법률이 까다롭다는 점도 큰 걸림돌이었습니다. 이제까지 모터를 장착한 자전거는 오토바이와 마찬가지로 '원동기장치 자전거'로 분류됐습니다. 오토바이처럼 면허 소지자만이 사용할 수 있고 자전거 전용도로 이용도 불가능했습니다.

이에 최근 안전행정부는 모터를 장착한 자전거 형태의 교통수단도 자전거에 속하도록 자전거법의 자전거 정의를 변경하였습니다. 이로써 전기자전거에 대한 관심이 더욱 높아지고 있으며, 글로벌 자동차 회사도 개발에 참여하고 있습니다.

이러한 탈 것의 대안은 한국과 같이 거대도시 중심의 국가에서 큰 유행이 예상됩니다. 교통체증과 매연으로 고통 받는 중국의 경우 최근 한해 팔린 자전거 중 절반이 전기자전거이며, 국가적으로 친환경·저비용의 대안 탈 것에 대한 관심과 투자 열기가 높습니다. 그러나 자동차 산업이 경제 성장의 큰 비중을 차지했던 국내에서는 그 노력이 더디다는 평가입니다. 한정된 땅과 자원을 뺏고 뺏기는 제로섬의 시대는 지났습니다. 이제는 '제2의 발'인 탈 것에 눈을 돌려야 할 때입니다.

최근 자전거로 출퇴근하는 사람들이 많아지고 있습니다. 아침이면 도심 곳곳에서 '자출버스'가 출발합니다. 운동복에 노트북 가방을 멘 직장인들의 자전거 행렬, 즉 '자전거출근버스'의 준말입니다. 자전거로 출근하는 사람의 준말인 '자출족'은 놀이나 운동 정도로 인식되던 자전거를 삶의 유용한 도구이자 생존필수품으로 끌어온 내공 높은 자전거 마니아들입니다.

저도 학교 근처에서 살다가 이사를 하고 난 후 자전거로 출퇴근하고 있습니다. 자출족이 된 후 건강 외에도 예상치 못했던 소득을 얻었습니다. 주변을 보는 여유는 물론, 화석 연료가 아닌 순수한 내 힘으로만 이동한다는 성취감이 생겼습니다. 또한 기본적인 거리에 대한 인식이

의존적에서 자주적으로 바뀌었습니다. 잘 타든 못 타든 스스로 정한 거리를 지키며, 내 한계와 맞닥뜨렸을 때 이를 극복하는 기쁨을 느낍니다. 그러나 자전거 마니아들 사이에서 속칭 '장비빨'의 경쟁이나 도로 위의 위험 노출 등에 대한 문제점도 있습니다. '좀 탄다'는 표현 안에는 '1천만 원 정도 들었으면 인정'과 같은 암묵적인 룰이 있기도 합니다. 또한 자전거 도로가 확보되지 않은 상태에서 도심을 다니다 보면 차량 운전자들과 곧잘 실랑이가 벌어지기도 하는데, 이것이 바로 생명과 직결된 일입니다. 최우선은 언제나 안전입니다.

고운 만남과 사귐으로 가득한 그때 그 시절

우리 기독교는 사랑과 은혜를 소중한 사람됨의 덕목으로 되새기고 가르칩니다. 이는 하나님의 사랑만이 아니라 사람과의 관계에서도 그렇습니다. 제게는 참 소중한 만남과 사귐이 있었습니다. 안타깝게도 오랜 사귐으로 이어지지는 못했지만 지금도 잊지 못하는 분으로 가슴 속에 간직한 사랑 깊음의 시간이었습니다. 고 최규섭 장로님과 저는 이른바 학연, 지연, 혈연으로는 전혀 무관한 사이였습니다. 그럼에도 장로님과 저는 왠지 모를 친근함으로 만나면 즐겁고 헤어지면 아쉽고 또 만남을 기대하는 사이였습니다. 늘 넉넉한 웃음으로 대해 주시고 다정하게 이야기 보따리를 풀어 주셨습니다. 늘 제게 예의를 갖추시면서도 격의 없이 대해 주셨고 고구마 하나라도 챙겨 주시면서 덕담을 잊지 않으셨습니다. 그 아름다운 사랑이 제 마음에 심어져 지금까지 목사로서, 교사로서, 한 가정의 가장으로서 살아가는 힘이 되고 있습니다. 장로님을 떠올리면 울음이 나오니 길게 말하거나 글이 되지 못하는 아픔이기도 하지만 장로님과의 사귐은 지금까지 제 삶의 이야기이고 수업 자료이고 글감으로 되살아나고 있습니다. 이처럼 사람과 사람의 만남과 사귐은 시간의 길이도, 또한 관련된 그 무엇도 아닌가 봅니다. 무려 30여 년의 연령 차이이고 고향, 하는 일, 관심사도 달랐습니다. 그럼에도 저는 장로님의 이야기가 좋았고 장로님은 저희 집에 오셔서 이야기하는 걸 즐기셨습니다. 전혀 그렇지 않은데도 늙은이가 주책으로 수다를 떤다고 하시면서도 늘 입가에는 함박웃음 가득하셨습니다.

　장로님을 처음 알게 된 것은 제가 황등에 오면서부터이니 한 15년 전입니다. 당시 저는 서울 구로동에 살다가 지금의 황등중학교에서 국어 교사 자격증 소지자로 교목을 겸직하고 교회 파트 교역자를 할 사람을 구하면서 이 조건에 따라 당시 김영일 교장 선생님의 연락으로 오게 되었습니다. 저로서는 전혀 뜻밖인 지역이고 학교였습니다. 저는 부모님의 고향이 경남 함양군으로 친가와 외가가 모두 경상남도이고 서울서 나고 자라 전라북도와는 아무런 연고가 없었습니다. 더욱이 황등중학교와 황등교회는 대한예수교장로회 통합측 소속이었습니다. 저도 부모님이 출속하시고 봉사하시는 교회가 대한예수교장로회 통합측 은성교회이긴 하지만 저는 이 교단에서 신학 공부를 하거나 목사 후보생 수련을 쌓지 않았습니다. 늦게나마 고학으로 성공회대학교 신학과에서 학부를 마치고, 한신대학교 신학대학원을 졸업하게 되면서 한국기독교장로회 소속 목사 후보생이었고 구세군 안양교회에서 5년간 교육전도사를 하면서 그곳에서 아내를 만났으니 아내는 구세군 교단 출신입니다. 이런 이유로 학교에 오라는 연락을 감사하게 받아들이고 기뻐해야 하는데 그렇지만은 않았습니다. 낯설고 뜻밖이었기에 이 연락에 흔쾌히 가겠다고 말씀드리지 못하였습니다.

　솔직히 저로서는 서울, 경기 지역에서 자리를 찾고 있다고 말씀드렸으니 정중히 사양한 것이었습니다. 아쉬워하시는 김영일 교장 선생님의 음성이 다정하셔서 더욱 송구스러웠으나 그때의 저로서는 그랬습니다. 그러나 제 바람은 이뤄지지 않았습니다. 당시는 서울, 경기 지역에서 교사를 많이 채용하지 않는 때였기에 저는 채용되지 못하였습니다. 하는 수 없이 김영일 교장 선생님께 혹시 채용이 아직 안 되셨다면 내려가겠다고 하니 좋아하시면서 당장 내려와서 보자고 하셨고 그렇게 해서 다음 날 잘 알지도 못하는 황등이란 동네에 처음 와 보았습니다. 교장실에서 몇 분과의 면담을 거쳤고 합격이니 내려오라고 하였습니다.

이렇게 해서 3월 1일 자로 제 삶의 터전인 서울을 떠나 황등에 오게 되었습니다. 그 당시 저로서는 애매한 상황이었습니다. 당시 결혼을 약속한 지금의 아내가 교통사고로 인해 장기간 입원 중이라 부득이 저 혼자 내려와야 했고, 1학기는 검증의 형식으로 정식 교사가 아니라 기간제라는 신분이었습니다. 이렇게 시작한 그해 첫 학기에, 마침 같은 재단 성일고등학교에서 사감을 겸하는 것으로 하여 제가 머물 거처가 해결되었습니다. 이렇게 한 학기를 보내고 아내도 퇴원하게 되어 여름 방학 중 결혼을 하였고, 2학기에는 정식 교사 발령을 받게 되었습니다. 저로서는 참으로 잘된 일이었고 새로운 인생의 본격적인 시작이었습니다.

그런데 문제는 제가 가진 돈이 별로 없는데 이 돈으로는 황등에서 마땅한 신접살림을 차릴 만한 집이 없다는 것이었습니다. 그때 우연히 최규섭 장로님이 소일거리 삼아 집을 주선해 주신다는 소식을 듣고 부탁을 드렸습니다. 평소 저를 대견하게 봐 주시던 차에 부탁을 드리니 흔쾌히 해 주시겠다고 하셔서 매우 기뻤습니다. 사실 너무 가진 돈도 적어 괜히 부담 드리는 건 아닌가 싶기도 하였습니다.

장로님은 만사를 제쳐두고 제가 살 전셋집을 얻어 주시려고 애를 쓰셨습니다. 객지에 와서 고생하며 학생들 가르치는 저와 제 아내를 위해 폐암으로 힘드신 노구이심에도 여기저기 알아보고 찾아가셔서 아주 좋은 집을 주선해 주셨습니다. 그 당시 단돈 500만 원에 독채에 가까운 집이었습니다. 넓은 마당에 여기저기 예쁜 꽃들이 자라나고 있었고, 교회와 학교와 시장이 모두 가까운 곳이었습니다. 어쩜 이렇게 좋은 집을 구하실 수 있으신 건지 장로님의 수완에 놀랐습니다. 저는 소개비를 얼마를 드려야 예의에 어긋나지 않으려나 고심하던 끝에 10만 원을 봉투에 넣어서 드렸습니다. 이에 장로님은 환히 웃으시면서 받으시고는 이렇게 말씀하셨습니다.

"안 주셔도 되는데 한 전도사님 뜻이 그러하시니 사양 않고 받을게요. 대신에 다는 말고 3만 원만 받을게요. 그래야 한 전도사님이나 저도 마음이 편할 것 같아요."

"아닙니다. 이것도 적게 드리는 건데요. 받아 주세요."

장로님은 한사코 그렇게 하자고 하셔서 결국 그렇게 하고 말았습니다. 집에 돌아와 아내에게 말하니 아내는 제게 억지로라도 드리고 뛰쳐 나왔어야지 하는데 그 말이 맞는 것 같았습니다. 그런데 장로님은 저를 또 놀라게 하셨습니다. 그날 이후 저희 집에 가끔 오실 때 채소나 과일을 들고 오셨습니다. 그러고 보니 장로님은 그 3만 원도 받으신 게 아니라 제게 더 베풀어 주셨습니다. 장로님은 이런 분이셨습니다. 사실 10만 원도 적은 금액이었는데 이를 마다하시고는 아예 받지 않으시는 게 아니라 직접 가져온 제 손이 부끄럽지 않게 성의표현은 되도록 3만 원을 받으셨습니다. 이는 사례를 하려는 제 마음을 받으신 것이었습니다. 그리고는 그 금액에 더해서 정을 나누는 것으로 돌려주셨습니다. 저는 장로님께 선물을 받은 것만이 아니라 정을 받고 삶의 지혜를 받았습니다. 이 일은 제게 큰 교훈이 되었습니다. 제가 누군가에게 은혜를 베풀어서 그가 답례를 하면 사양할 만하면 그렇게 하고, 그의 입장에서 받는 것이 마음을 편하게 하는 것이면 적은 금액으로 받습니다. 그리고는 그 금액 이상으로 밥을 사거나 책을 사서 주거나 하는 식으로 정을 담아 줍니다. 그러면 그 사람과의 관계가 더 돈독해졌습니다.

그때 볕이 좋아 저희 부부와 장로님이 도란 도란 앉아서 과일도 나누어 먹고, 고구마 줄기도 다듬으면서 행복해 하곤 하였습니다. 누가 보면 아버지와 아들 내외가 다정하게 지내는 것처럼 보일 정도로 장로님과 저희 부부는 그랬습니다. 장로님은 제게 오랜 삶의 경륜에서 나오는 교훈들을 가감 없이 풀어내 주셨습니다. 제가 잘 모르는 사람들의 성격과 교회의 역사와 학교의 유래도 들려 주셨습니다. 그 이야기들이 지금까지 제게 큰 유익이 되고 삶의 지침이 되었습니다.

장로님은 폐암으로 고생하는 상황이시기에 일을 많이 못하시고 그저 맡겨진 회계감사 일에 충실하다고 하시면서 일에 임하는 자세도 일깨워 주셨습니다. 장로님은 오랜 공직생활과 여러 단체와 교회에서 봉사해 오시면서 자신의 일에 충실하셨는데 지나고 나니 고집이 좀 세고 너무 일에 파묻혀 사느라 삶의 여유가 없었던 것 같다고 하셨습니다. 그런데 크게 아프게 되니 가정의 소중함도 알고 여유도 갖고 욕심도 내려 놓게 되었다고 하시면서 일은 충실하게 하되 가정과 여유를 잃지 말라고 조언 해 주셨습니다.

장로님과 저희 부부가 다정하게 지내다 보면 가끔 어느 집사님이 들 리시면서 같이 하셨습니다. 이에 장로님은 환한 표정으로 그분을 맞이하 시고 늘 칭찬과 격려를 아끼지 않으셨습니다. 가만히 보니 이 분은 예전 엔 교회에 나오셨다는데 지금은 나오지 않으시고 형편도 넉넉해 보이지 않으셨고 가깝게 지내는 사람도 없어 보였습니다. 언젠가 장로님께 그분 에 대해 여쭈어 보니 안타까운 표정으로 그분에 대한 간략한 이야기를 해 주셨습니다.

"저런 사람을 교회가 더 많이 사랑해야 하는데 안타깝습니다. 교회 장로로서 제가 부족한 탓입니다."

저는 그때 큰 감동을 받았습니다. 장로님은 부족해 보이는 사람이라 고 해도 존귀히 여기셨고 그 사람의 이야기에 귀 기울이셨습니다. 그러 니 그분도 장로님에게는 다정히 다가오는 것 같았습니다. 가끔은 앞뒤가 안 맞는 이야기를 하셔도 장로님은 그 이야기에 맞장구를 쳐 주시면서 진심으로 대하셨고 뭐라도 챙겨 주셨습니다. 장로님은 늘 하루하루가 은혜라고 하셨고 만나는 사람이 다 소중하다고도 하셨습니다. 저를 보면 늘 아들 같고 대견하다고 좋아해 주셨습니다. 그 이유는 제가 공부를 잘해서나 설교를 잘해서가 아니었습니다. 저는 사람들 귀하게 여길 줄 안다고 하셨습니다. 사실 제 아내가 교통사고로 크게 다쳐 2년 여 세월을 병상에 머물 때 같이 힘든 시기를 극복하여 결혼한 게 대견해 보이셨나 봅니다.

늘 넉넉한 마음으로 함박웃음 가득히 저희 집 대문을 들어오시던 그 모습이 지금도 눈에 선합니다. 지금도 그때 그 집 근처에 가면 장로님 생각에 가슴이 먹먹해지기도 합니다. 장로님은 마치 정이 깊은 시골 할 아버지처럼 제 가슴 속 깊이 아로새겨진 분이십니다. 아주 가끔은 제가 보람 있는 일로 저 스스로 가슴이 뿌듯할 때 장로님이 옆에서 같이 웃어주시는 듯합니다.

가끔은 허전한 마음에 너무도 아쉽습니다. 아직도 저는 사람됨이 어리숙하고 황등이 조금은 낯설고 인생살이가 버겁습니다. 나이 차이나 입장 그런 거 다 무시하고 마음 편히 수다도 떨고 조언도 구할 어르신이자 친구 같던 분이 안 계시다는 사실이 마음을 허전하게 합니다. 장로님 소천 이후 서울에서 이른바 명문대라고 하는 데서 교육대학원도 졸업하고, 여러 곳, 여러 대학에서 학위 공부도 하고, 자격증도 따고, 박사도 하고, 책도 십여 권을 썼지만 이것들로는 채워지지 않는 외로움과 허전함이 큰 것은 그만큼 장로님께 의존했던 제 마음이 큰가 봅니다. 그리고 그 만큼 장로님은 제게 소중한 분이셨습니다. 인간적으로는 너무도 빨리 데려가신 하나님이 원망스럽습니다. 어쩌면 하나님도 장로님이 좋으셔서 빨리 데려가셨을 것입니다. 문득 제가 장로님처럼 그 누군가에게 소중한 사람으로 기억될까 하는 생각을 해 보곤 합니다. 이것이 제 삶의 목표이기도 합니다. 목사, 교사, 박사, 작가 그런 것들이 중요한 게 아니라 사람 향기 가득한 사람이고 싶습니다.

　장로님의 임종이 임박하다는 소식에 급히 수업 교체를 하고는 교회 교역자분들과 함께 서울로 향했습니다. 멀고 먼 서울로 향하는 내내 제 마음은 장로님에 대한 생각뿐이었습니다. 그런데 놀라운 것은 왠지 도착할 때까진 장로님은 살아계실 것만 같았습니다. 제가 무슨 가족도 아니고 알고 지낸 것이 고작 약 1년 정도인데 저도 모르게 그런 자신감이 있었습니다. 주위 분들에게 내색은 안 했지만 저는 장로님을 뵈러 가는 길이기에 아주 슬프지만은 않았습니다. 이는 평소 늘 제게 당신의 죽음이 임박하였음을 말씀해 오셨기에 안타까운 마음은 있었지만 황망해 하지는 않았던 것 같습니다. 그렇게 도착한 서울 연세대 세브란스 병원에서 제 예상대로 장로님은 저를 맞이해 주셨습니다. 비록 숨을 가쁘게 몰아쉬시면서 힘들어하셨지만 멀리서 찾아온 저를 보고 반가워하시는 듯했습니다. 장로님은 고향에서 임종을 맞이하고 싶어 하셨고, 중국에서 오고 계시는 따님을 간절히 기다리기도 하셨습니다. 그날 임종이 임박하여 안타깝게도 장로님의 이 두 가지 바람은 생전에 이루어지지 못하셨습니다. 그러나 장로님은 고요히 눈을 감으셨습니다. 사람이 죽을 때 보면 그 사람의 진실을 안다고 하는데 장로님은 어쩌면 그렇게 편안히 삶을 마감하실 수가 있으실까 싶게 편안하셨습니다. 죽으신 것이 아니라 잠이 드신 것만 같았습니다.

　장로님의 장례는 황등교회장으로 하여 온 교인과 지역 주민들이 지켜보는 가운데 엄숙하게 거행되었습니다. 저는 그때야 제 곁에 장로님이 안 계신다는 것을 알았습니다.

　'아, 이제는 다정하게 대해 주시던 장로님이 안 계시는구나.'

　이 생각에 저도 모르게 눈물이 핑 돌았습니다. 장로님 생각에 눈물이 나곤 하여 일부러 장로님 댁에 가지 않았습니다. 그럼에도 조정자 권사님과 자녀손들은 제게 서운하단 말 한마디 하지 않으셨습니다. 제가 방문하지 않은 이유를 아신건지, 아니면 저를 번거롭게 하지 않으시려는지 제게 장로님 이야기도 잘 꺼내지 않으셨습니다. 역시 장로님의 가족다운 모습이셨습니다. 그저 묵묵히 제기 살아가는 것을 대견해 하시며 바라봐 주시는 것을 잘 압니다.

사실 저는 아직도 장로님 이야기를 꺼내는 것도 쉽지 않습니다. 자꾸만 그때 그 시절이 그립고, 장로님이 그리워 눈시울이 붉어져 행여 누가 볼세라 눈물을 훔쳐야만 합니다. 벌써 15년이 흐른 지금도 이럴 정도로 장로님은 제게 큰 의미셨습니다. 혹자는 의아해할 것입니다. 만남과 사귐의 시간으로나 관련성으로나 장로님과 저는 별다른 게 없음에도 이처럼 제 가슴속에 큰 빛으로 자리 잡으신 것은 장로님이 다른 사람에게는 모르겠지만 제게는 다정다감하신 아버지처럼, 친구처럼 진실하셨고 진심으로 저를 사랑하셨기 때문이었습니다. 그 진실과 진심이 오늘 제게는 너무도 그립습니다. 언젠가 황등교회 당회실에 들렀다가 장로님 사진을 보았습니다. 마치 살아 생전의 모습처럼 또렷하여 저 혼자 한 참을 바라보았습니다. 저를 보고 지긋이 웃음 지으시는 것만 같아 즐거웠습니다. 아무런 말도 없으신 사진이었지만 그날 저는 큰 격려를 받는 듯한 감흥에 기뻤습니다. 그리고 교회당 회실에 걸린 사진을 통해 장로님이 얼마나 교회를 사랑하며 사셨는지를 느낄 수 있었습니다.

장로님, 사랑합니다. 언젠가 하늘나라에서 다시 만날 것을 믿습니다.

황등교회에서 작성한 최규섭 장로님 조사(弔詞)

"수고하고 무거운 짐 진 자들아 다 내게로 오라 내가 너희를 쉬게 하리라" 하신 하나님께 감사와 영광을 올립니다. 하나님께서 인생을 세상에 보내시며, 은혜를 주심 같이, 사랑하는 최규섭 장로님을 세상에 보내시고, 만 64여 년을 사랑으로 보살펴 주셨고, 이렇게 눈물, 고통이 없는 아버지의 품에 안아 주심을 감사드리며, 나그네 인생길을 사신 고인의 약력을 소개해 드립니다.

고 최규섭 장로님은 1938년 9월 25일 전북 익산시 황등면 황등리 차상에서 최치열 선생과 조경자 여사의 3남 3녀 중 막내로 태어나 당시 시대적인 어려움 속에서 시련 중에 성장하여 28세 되던 1966년 2월 22일에 조정자 권사와 결혼하여 슬하에 2남 3녀를 두셨으며 지난 2002년 5월 25일 오후 4시 15분에 하나님의 부르심을 받으셨습니다.

최 장로님은 결혼하시던 1966년에 본 교회에서 세례를 받으셨고, 늘 바른 신앙으로 하나님을 기쁘시게 하다가 1975년부터 황등교회에서 서리집사로 시작하여 1984년 5월 13일에는 안수집사로, 1998년 10월 18일 장로로 임직하셔서 하나님과 주님의 몸된 교회 교인들을 섬기며, 모범적인 신앙으로 빛과 소금이 되셨습니다.

특히 원광대학교 법학과를 졸업하신 후 교육계에 투신하여 경남 사천교육청을 비롯하여, 이리교육청, 이리중앙초교, 이리여고, 용안중학교, 함열고교, 이리동초교 등지에서 혼신을 다해 후학 양성에 힘을 기울이셨고, 1998년 12월 정년이 되어 퇴임하신 후에도 황등기독학원 재단이사로 활동하시다가 2000년도에 지병인 폐암으로 인해 쓰러지셨고, 지금까지 투병 생활을 하시다가 하나님의 부르심을 받았습니다.

장로님은 사회봉사에도 힘을 기울여 국제 와이즈맨 황등 지역 회장을 역임하셨고, 황등새마을금고 감사로 여러 해 동안 봉사하셨으며, 남달리 자녀 교육에도 심혈을 기울였으며, 특히 2남 3녀의 신앙 성숙을 위해 늘 기도하며, 교훈하셔서 자녀들 모두가 주의 교회를 섬기며 충성할 수 있도록 하였습니다.

큰 아들 최재헌·최순영 부부는 안양 한빛교회를 섬기며 삼우 인테리어에 근무하고 있으며, 차남 최영호는 황등교회에서, 장녀 최옥이·최인규 부부는 중국 북경 천진 엘림교회에서 봉사하며 동양제과에 근무하고 있고, 차녀 최옥정·유병재 부부는 인천 청천교회를 섬기며 LG. CNS에 근무하고 있으며, 막내 최옥진은 황등교회를 섬기며 신앙생활을 하고 있습니다.

자녀들의 이와 같은 신앙과 봉사는 장로님의 기도와 교훈, 그리고 본을 보이신 삶의 모습이라 생각하며 하나님께 영광을 돌립니다.

이제 64년 나그네 인생길을 청산하고, 사랑하는 교회와 모든 성도들과 사랑하는 가족들을 떠나 하나님의 품에 안기셨으니 이제는 예수 그리스도의 구원의 은총을 누리며 우리를 위하여 기도하시다가 주님께서 다시 오시는 그날에 그리운 얼굴을 뵈옵게 되리라 믿습니다.

2002년 5월 27일
황등교회장으로 거행된 장례식에서

지은이 **한승진**

1969년 서울 출생으로 성공회대에서 신학을 공부한 이후 상명대 국어교육과, 한국방송대 교육과(교육학사)·가정학과(가정학사)를 졸업했다. 그뿐만 아니라, 학점은행제로 사회복지학, 아동학, 청소년학으로 학위를 취득하였고 이후 한신대 신학대학원(신학석사), 고려대 교육대학원(교육학석사), 중부대 원격대학원·인문산업대학원(교육학석사), 공주대 대학원 윤리교육학과(교육학박사) 등에서 인문학적 소양을 쌓았다. 현재는 공주대 특수교육대학원 중등특수교육학과에 재학 중이다. 그 외에, 서울대 종교교사 자격과정, 원광대 전문상담교사 자격과정을 이수하였으며 기장총회교육원 선교대학원, 강남총회신학연구원 대학원에서 교단인정 목회학석사학위를 받았다.

주요 활동으로는 구세군 안양교회 교육전도사와 구로 섬돌야학 대검반 교사로 봉사하였고, 현재 익산 황등중학교에서 학교목사와 선생으로 학생들과 함께하고 있다. 월간 『창조문예』 신인작가상으로 등단하여 수필작가로 활동하면서, 주간 『크리스챤신문』과 주간 『전북기독신문』, 월간 『기독교교육』에 글을 연재하는 등 꾸준하게 글샘을 길어 올리고 있다.

대표적인 공동 집필로는 고등학교 교과서 『종교학』이 있으며, 저서로는 『쉽게 읽는 기독교윤리』, 『함께 읽는 기독교윤리』, 『하늘 향해 웃음 짓고』, 『현실사회윤리학의 토대 놓기』, 『우리가 잊지 말아야 할 것들』, 『어울누리를 꿈꾸며』 외 다수가 있다. 역서로는 『예수님이라면 어떻게 하실까』가 있다.

소통 길잡이   esea-@hanmail.net
http://cafe.daum.net/hanlove0602